証券理論モデルによる
ブラック・マンデーの
原因究明

佐藤 猛
Takeshi Sato

東京 白桃書房 神田

はしがき

本書を上梓するまでの経緯について認めたい。

1987年10月20日（火）の朝5時であった。まさにニューヨーク証券取引所（NYSE：New York Stock Exchange）の引け（取引終了）の時刻で，東京証券取引所（東証）のニューヨーク駐在員事務所から自宅に電話がかかってきた（New Yorkと東京では時差（サマータイム時）13時間で日本が早い）。

こうしたことは仕事柄，日常茶飯事であった。当時，筆者は東証（現JPX：日本取引所グループ）に勤務しており，東証に上場している100以上の外国株，例えばGM，IBM，AT&Tなどの上場管理を担当していた。円滑に市場を運営するために，上場外国企業の情報や本国での取引状況，例えば取引不均衡による売買停止，自己株取得や買収＆合併（M&A）による公開買付（tender offer），さらには為替相場の変動等について特別の情報等の連絡がNY事務所から頻繁にくる。今日は様子が違う。

確かに10月に入り，NYSEのダウ工業株（30種）平均（DJIA：Dow Jones Industrial Average）が下落傾向であり，それまで2週間で18%程度下落し続けていることは承知していたが，ニューヨーク駐在員によると19日（米国時間），ダウ工業株平均（DJIA）は前日の2,246ドルから1,738ドルへと508ドル（率では22.6%）の下落であり，ウォール街は騒然となっているという。

当時はまだインターネットも普及しておらず，いつもの時間よりも朝早く出勤してファックスやテレックス等から関係資料を入手した。早速，外国株の基準値段（NYSEの終値に為替レートを掛けて円換算する）を算出してみると目を瞠る前日比の下落率である。この基準値段をもとに外国株取引が始まった。

20日（火）の東証国内株の相場はDJIAの暴落の影響で，寄付き（取引開始）から大幅な値下がりで始まり，その後も続落した。午後3時の大引けでは日経平均が前日比3,836円安，14.9%の大幅下落で終わった。これは当

i

時，史上最大の下落率であった。このクラッシュ（株価暴落）の原因がよくわからなかった。関係者は当惑しきっている。

　早速，今日（20日）5時（日本時間）から始まるロンドン取引所の様子，明日（20日）のNYSEの相場の様子をリアルタイムでのフォローが徹夜で始まった。これは海外での証券取引所の動向，特に閉鎖や売買停止についての情報をいち早くキャッチして，国際的証券市場でもある東証が事前対応するための前線部隊の業務である。

　その夕方，東証の大幅下落を受けてロンドン取引所も続落したが，NYSEでは20日，21日は反転して落ち着きを取り戻したので安堵したが，特にポジション決済についての懸念は連邦準備制度理事会（FRB）の声明で払拭された。情報収集は2日間で終了した。

　暫くして10月19日（月曜日）を1929年のブラック・サーズデー（Black Thursday）に匹敵するとしてブラック・マンデー（Black Monday）と呼ばれるようになった。ブラック・マンデー直後，東証内ではロバート・シラーのコメント資料，その他いろいろな資料が回ってきた。例えば「米国における10月の暴落が提起した問題」という所内レポートでは，プログラム取引は規制すべきでない，むしろスペシャリスト制度の改善が検討されるべきであることが強調されていた。また今後，大統領特別委員会（通称，ブレディ委員会），証券取引委員会（SEC : Securities Exchange Commission）からのレポートを注視すべきであるとの但し書きもあった。暫くすると，これら資料は机の片隅に高く積まれていった。その後，米国では合併・買収（M&A : Mergers & Acquisitions）ブームに突入して，東証上場の米国企業RJRナビスコなどの国内投資家の権利処理に多忙を極めたからである。

　このように実務的体験はリアル感とともに，仕事が日刊紙の1面を飾ることも度々あったので社会に参加している（もちろん裏方の歯車であるが）との高揚感が迸ることも屢々あった。そこには何らの本質的なイベントの意義とソリューションが見出せないまま，ただ脳裏のなかで回想録として残るのみである。これらのイベントをより深く刻印するにはパーセプティブな時間が必要であった。

　その後，大学に移って，証券市場を本格的に研究する機会を得た。証券市

場の証券理論モデル（プライシング・モデル）の研究は自分自身の未知の分野であり，アカデミズムの点から強い関心を持った。そして，いままでの経験したイベントすなわち証券史におけるクラッシュをこのモデルを用いて理論的検証（データ解析は実務時代のテクニカル・ペーパー作成で辟易であった）を試みたいと思うようになった。アカデミズムと実務界の交差したイベントがブラック・マンデーであった。

　しかもコンピューターの発達による短期予測の実証主義志向が強い現代ファイナンス（証券理論モデル）研究は過去のイベントの教訓を等閑にしている傾向がある。このため，ブラック・マンデーの原因については断片的列挙か限定的説明で解決済みとの認識は必ずしも正鵠を射ていないとの想いは強い。その意味でクラッシュの原因の理論的かつ体系的な試みはまだアカデミズムでも実務界でも価値があると考えた。自分の能力と大分隔たりがあることも感じる一方，必然性な邂逅かもしれないとも思った。

　度々，多くの人に何故，ブラック・マンデーを研究するか聞かれたものであるが，いつの時代もガルブレイスの『バブルの物語』で語るごとく，クラッシュという大きなイベントの裏には人々の無数の小さなエピソード，または人生を織りなすストーリーがある。それは当時，クラッシュに対応するため迅速な金融措置をとった連邦準備制度理事会（FRB）の議長　グリーンスパンの緊張した１日のメモリー，先物市場のピット（立会場）が閉鎖しないよう粉塵努力したシカゴ・マーカンタイル取引所（CME）の元会長レオ・メラメッドから著者のような小さなエピソードまで。であるから時流によりクラッシュに関する研究テーマを変えようとは思わなかった。研究の一貫性だけは矜持として守りたかった。

　この研究の船出を思い立ってから，カレント性を志向する学会参加は極力控えて，大学の紀要（商学集志）に投稿することに注力した。2001 年，船出の時は日本での不動産バブル崩壊に続き米国もネット・バブル崩壊の局面を迎えていた。ブラック・マンデーの研究の初めての論文としての成果が「ポートフォリオ・インシュランス（PI）」（2003）に関するテーマであった。

　当初，ブラック・マンデーの原因究明はオプション理論（ブラック＆ショールズ・モデル）を利用したポートフォリオ・インシュランスを用いれ

iii

ば完結すると思って始めた。実はそうではなかった。次第に金融工学型ク
ラッシュに嵌っていった。効率的市場仮説の泰斗マートン・ミラーの文献を
調べたが，どうしても納得できない。続いてマーケット・マイクロストラク
チャーに移った。船は見知らぬポートに寄港して，五里霧中で後戻りできな
くなった。クラッシュに関連するモデルに限定して繰り返しモデルを解い
た。残念ながらマーケット・マイクロストラクチャーも満足できる説明が得
られなかった。フラクタルや複雑系まで彷徨したが行動ファイナンスの投資
心理に逢着した。結果的にはモデルを体系的にシェーマ化することができた
が，研究は結論が出ないまま袋小路に陥った。

　気づくと時代は 21 世紀に入り，証券市場は高頻度取引（HFT）の時代に
突入して，2008 年リーマン・ショック（Lehman Shock），2010 年フラッ
シュ・クラッシュが起きた。さらに 2011 年に東日本大震災に見舞われた。
アンハッピーなテーマであるクラッシュ研究に対して自己嫌悪に苛まされ
た。少し小休止しようと思った。

　そこで効率的市場仮説を前提とした証券理論モデルに限定して知識をまと
めた拙著『証券市場の基礎理論』（2008）を上梓した。続いて金融理論史と
非効率的市場仮説を加えた証券理論（モデル）をまとめた。これが拙著『証
券理論の新体系』（2016）である。これらは本書のテクニカル・ツール（付
録）に要約されている。

　時代の流れも変わり，証券市場においてもアウトライヤー・イベント（想
定外のイベント）に対する研究の重要性も再認識されるようになった。

　そこで投稿論文をまとめて，学位請求論文（商学博士）「証券理論モデル
によるブラック・マンデーの原因究明」を日本大学商学部へ提出することに
した。幸いにも 2016 年（平成 28 年）11 月に日本大学から学位を授与され
た。この学位授与に際しては寺西重郎先生（日本大学客員教授，一橋大学名
誉教授），辰巳憲一先生（学習院大学教授），日本大学商学部学部長をなされ
た勝山進先生（日本大学名誉教授）および小関勇先生（日本大学名誉教授），
そして同じ専門コースの宅和公志先生（日本大学教授）また今は亡き水越潔
先生門下の坂本恒夫先生（明治大学教授），箕輪徳二先生（埼玉学園大学教
授，元埼玉大学教授）をはじめ多くの先生にいろいろご指導，ご鞭撻を賜っ

た（役職名は当時のもの）。ここに厚く御礼を申し上げる次第である。

　本書は学位論文を基礎にして再構成したものである。上梓に際して改めて見直すと，ブラック・マンデーという1つのクラッシュ・イベントについて証券理論モデルから光を当てた拙い分析である。いろいろな失敗だらけの研究プロセスの披瀝でもあり，多くの点で浅学さが身に沁みる。それゆえ，あり得べき誤りや誤解があるかもしれない。読者諸賢のご叱正を賜ればこの上もなく幸いである。

　今回の出版にあたり日本大学商学部出版助成（A）を受けたことを記すとともに，日本大学商学部に感謝を申し上げたい。

　また拙著の出版に際しては森川八州男先生（明治大学名誉教授）の記念論文集のご縁でお付き合い頂いている白桃書房㈱代表取締役社長の大矢栄一郎氏に多大な労を煩わしたことに謝辞を申し上げる。

　　2017年12月

著　者

本書は学位論文（日本大学）「ブラック・マンデーの原因究明」（2016 年11 月）を基礎に若干の修正と加筆により作成されたものであるが，もともと学位論文は日本大学商学部『商学集志』を中心に 16 編の投稿論文を集大成したものである。以下，本書を構成する投稿論文等を掲記する。

ブラック・マンデーの原因分析の展開に関する論文
① ポートフォリオ・インシュランス（2003a）
② 基本的情報ベースモデル（2003b）
③ 情報ベースモデルのシナリオ（2004a）
④ Brady レポート（2004b）
⑤ 基本流動性モデル－カイル・モデル（2005a）
⑥ 流動性モデル－グロスマン＆ミラー・モデル（2005b）
⑦ フラクタル分析（2006a）
⑧ ファンダメンタルズと行動ファイナンスの融合（2006b）
⑨ DSSW モデル（2007）
⑩ アンドレ・オルレアンによるブラック・マンデーの説明（2013）
⑪ インパクト・モデル（2015b）
ブラック・マンデーの課題と影響に関する論文
① サーキット・ブレーカー（2008b）
② オプションの変容（2009a）
③ サブプライム問題（2010）
④ CDO の正規コピュラ・モデル（2012）
⑤ 課題の今日的意義（高頻度取引）（2015a）
（注）（　）は掲載時期で，詳細は「参考文献」を参照。

目　次

はしがき……………………………………………………………………………… i

図表一覧………………………………………………………………………… xxii

序章—本書の体系………………………………………………………………… 1

はじめに……………………………………………………………………………… 1

1　証券理論モデルと問題意識 ………………………………………………… 2

2　証券理論モデルによる原因究明 …………………………………………… 4

3　原因究明からの課題と影響の分析 ………………………………………… 7

4　結章—本書の総括………………………………………………………………… 9

5　付録（テクニカル・ツール）……………………………………………… 9

おわりに—問題意識に対する回答……………………………………………… 10

第 I 部　証券理論モデルと問題意識

第 1 章　ブラック・マンデーの状況分析………………………………… 13

はじめに……………………………………………………………………………… 13

1　ブラック・マンデーとは ……………………………………………………… 13

　1.1　ブラック・マンデーとは　　13

　1.2　1980 年代の証券市場　　16

2　ブラック・マンデー時の市場状況 ……………………………………… 20

　2.1　株価動向　　21

　2.2　売買状況　　25

3　ブレディ報告書 ………………………………………………………………… 27

　3.1　構成と目的　　27

vii

目　次

　　　　　構　成　27

　　　　　目　的　27

　　　3.2　報告書の概要　28

　　　　　序　論　28

　　　　　ブラック・マンデー　28

　　　　　市場パフォーマンス　28

　　　　　単一規制機関　30

　　　　　結　論　30

　　　　　その他の論点　31

　4　ブラック・マンデーの特質 ……………………………………………31

　　4.1　ブラック・マンデーの特質　32

　　4.2　投資家の売買動向　33

　　4.3　各報告書の相克　34

　　4.4　グリーンスパンの金融政策　34

　　　　　単一市場の規制　34

　　　　　グリーンスパン・プット　36

　おわりに ………………………………………………………………………36

第2章　アプローチとしての証券理論モデル …………………… 41

　はじめに …………………………………………………………………………41

　1　証券理論モデルとは …………………………………………………………41

　2　市場構造 …………………………………………………………………………43

　　2.1　情報の効率性　43

　　2.2　投資家の合理性　44

　　　　　合理的投資家　44

　　　　　合理的期待均衡　44

　　　　　ノイズ・トレーダー　45

　　2.3　市場構造の分類　45

　3　証券理論モデルの史的展開 …………………………………………………46

　　　　　　　　　　　　　　　　　　　　　　　　　　　　　目　次

　　3.1　標準モデル　　47

　　　　標準モデル　　47

　　　　完備市場　　48

　　3.2　代替モデル　　48

　　　　代替モデル（ブラック・マンデー前）　　49

　　　　代替モデル（ブラック・マンデー後）　　49

　　　　模擬実験―シミュレーション　　50

　　　　オプション価格の特性　　51

　　3.3　高頻度取引（HFT）下のモデル　　52

　4　証券理論モデルの類型化……………………………………………52

　　4.1　証券理論モデルの類型化　　52

　　4.2　採択された証券理論モデル　　54

　おわりに……………………………………………………………………54

第3章　問題意識による原因究明の類型化……………………… 57

　はじめに……………………………………………………………………57

　1　問題意識の提示……………………………………………………………57

　　1.1　研究対象としてのブラック・マンデー　　57

　　1.2　基本的な問題意識　　58

　　1.3　具体的な問題意識　　59

　　　　グリーンワルド＆スタインの見解　　59

　　　　リーランド＆ルービンスタイの見解　　59

　　　　ガミル＆マーシュの見解　　59

　2　問題意識による原因究明の類型化……………………………………60

　　2.1　理論的見解　　60

　　　　ハリスの見解　　61

　　　　フレンチの見解　　61

　　　　クライドンの見解　　61

　　　　ブラックの見解　　62

ix

目　次

　　　　カイルの見解　62
　　2.2　問題意識による原因究明の類型化　62
　3　歴史的イベント分析……………………………………………63
　　3.1　歴史的イベントの分析の意義　63
　　3.2　歴史分析のツールとしての証券理論モデル　64
　　3.3　通常科学としての歴史分析　65
　おわりに…………………………………………………………65

第Ⅱ部　証券理論モデルによる原因究明

第4章　標準モデルによる原因究明………………………… **71**

　はじめに……………………………………………………………71
　1　標準モデルの体系………………………………………………71
　　1.1　ポートフォリオ　72
　　　標準問題　72
　　　インデックス運用の妥当性　72
　　1.2　ポートフォリオ・インシュランスのスキーム　73
　　1.3　ゴードン・モデル　75
　2　ポートフォリオ・インシュランス………………………………76
　　2.1　ダイナミック・ヘッジ　76
　　　ストップ・ロスとプロテクティブ・プット　76
　　　ダイナミック・ヘッジ　77
　　2.2　ポートフォリオ・インシュランスの特性　79
　　　カスケード効果　79
　　　株価変動（ボラティリティ）　80
　　　リバランス・コスト　82
　　2.3　ポートフォリオ・インシュランスの検証　82
　　　価格への影響　82
　　　流動性の欠如　83

x

目　次

　　　主犯説に関する（反論）小括　84

3　ファンダメンタルズ ……………………………………………………85

　3.1　マートン・ミラーの説明　85

　　　ゴードン・モデル　87

　3.2　ファンダメンタルズ説の検証　87

　　　ファンダメンタルズ説の陥穽　87

　　　株価のジャンプ過程　88

　　　フラクタル理論　89

　　　合理的バブル　90

おわりに ………………………………………………………………………92

第5章　マーケット・マイクロストラクチャー・モデルによる
　　　　原因究明 ……………………………………………………… 97

はじめに …………………………………………………………………………97

1　マーケット・マイクロストラクチャーの体系 ……………………98

　1.1　基本モデルの体系　98

　　　売買取引システム　100

　　　情報格差のあるトレーダー　100

　　　標準型需要関数　100

　　　流動性　101

　1.2　モデル体系の拡張　102

2　基本モデル ………………………………………………………………103

　2.1　グロスマン＆スティグリッツ・モデル（情報品質均衡

　　　モデル）　103

　　　モデルの内容　103

　　　クラッシュの示唆　105

　2.2　カイル・モデル（戦略的流動性モデル）　105

　　　モデルの内容　105

　　　クラッシュの示唆　106

xi

2.3　グロステン & ミルグロム・モデル（逐次取引
　　　モデル）　107
　　　モデルの内容　107
　　　クラッシュの示唆　108
2.4　グロスマン・モデル（資金流動性モデル）　110
　　　モデルの内容　110
　　　クラッシュの示唆　110
3　ジェンノット & リーランド・モデル（複数均衡モデル）………111
3.1　モデルの内容　111
　　　前　提　111
3.2　シナリオの説明　112
　　　シナリオの設定　112
　　　シナリオの結果　113
3.3　シナリオ説明の検証　115
　　　逆 S 字型需要　115
　　　低位価格の安定性　115
　　　サンスポット理論　116
4　ジャクリン，クライドン & プフラインデラー（JKP）モデル
　　（情報誤認モデル）………………………………………………116
4.1　モデルの内容　117
　　　前　提　117
4.2　シナリオの説明　119
　　　シナリオの設定　119
　　　シナリオの結果　119
4.3　シナリオ説明の検証　121
　　　JKP モデルの解析　121
　　　売買スピード　123
　　　情報の非対称性　123
　　　均衡点への移行　124
5　グロスマン & ミラー・モデル（流動性イベント・モデル）…… 124

5.1　モデルの内容　125

　前　提　125

　流動性イベント　126

　即実性の対価　127

　マーケット・メーカー数　128

5.2　シナリオの説明　129

5.3　シナリオ説明の検証　130

　日次ベースの自己相関　130

　日中ベースの自己相関　132

　売買取引システムのキャパシティ　134

　流動性イベントとクラッシュ　134

おわりに……………………………………………………………136

第6章　ノイズ・モデルによる原因究明…………………143

はじめに……………………………………………………………143

1　ノイズ・モデルの体系…………………………………………144

1.1　ボラティリティ・テスト　144

　シラーのボラティリティ・テスト　144

　ミラーの反論　146

1.2　論点の整理　146

　ノイズ・モデルの生成　146

　定常問題　147

2　行動ファイナンス……………………………………………148

2.1　シラーの見解　149

　シラーのサーベイ　149

　シラー説への支持　149

2.2　行動ファイナンス・モデル　150

　1次の自己回帰モデル　150

　スイッチング・モデル　151

xiii

目　次

　　　　　平均回帰モデル　　152
　　3　デロング，シュライファー，サマーズ＆ワルドマン（DSSW）
　　　　　モデル……………………………………………………………153
　　　3.1　モデルの内容　　153
　　　　　前　提　　154
　　　　　モデル　　154
　　　3.2　クラッシュの示唆　　156
　　　3.3　モデルの解析　　156
　　　　　モデルの変形　　156
　　　　　シミュレーション　　157
　　　　　シミュレーションの結果　　157
　　4　キャンベル＆カイル・モデル………………………………………158
　　　4.1　モデルの内容　　159
　　　　　前　提　　159
　　　　　モデル　　159
　　　4.2　クラッシュの示唆　　160
　　　4.3　モデルの解析　　161
　　　　　モデルの変形　　161
　　　　　シミュレーションの結果　　162
　　5　ローマーの追加的シナリオ…………………………………………163
　　　5.1　モデルの内容　　163
　　　　　前　提　　164
　　　　　情報経路　　164
　　　5.2　シナリオの設定　　165
　　　5.3　シナリオ説明の検証　　165
　　おわりに………………………………………………………………166

第7章　インパクト・モデルによる原因究明………………………**171**

　　はじめに………………………………………………………………171

目　次

1　インパクト・モデルの体系……………………………………………171

　1.1　マーケット・インパクトの構成　172

　　マーケット・インパクトの定義　172

　　マーケット・インパクトの内容　173

　1.2　ノイズ・トレーダーの導入　174

2　カイル＆オビズヘイヴァ・モデル（ベッツ・インパクト・モデル）

　…………………………………………………………………………174

　2.1　モデルの内容　175

　　不変量のモデル　176

　2.2　モデルの原因説明（10月クラッシュの予測結果）　177

　2.3　モデルの予測の検証と解析　178

　　ブラック・マンデーの予測結果　178

　　ノイズ・トレーダーの対象拡大　179

3　ハン＆ワン・モデル（流動性インパクト・モデル）……………180

　3.1　モデルの内容　181

　3.2　クラッシュの示唆　181

　3.3　モデル示唆の検証　182

　3.4　長短インパクトの計測　182

おわりに………………………………………………………………………183

第Ⅲ部　原因究明からの課題と影響の分析

第8章　売買取引の分析………………………………………………**187**

はじめに………………………………………………………………………187

1　サンシャイン取引…………………………………………………………188

　1.1　サンシャイン取引とは　188

　　サンシャイン取引とは　188

　　グロスマン＆ミラーの見解　188

　1.2　アドマティ＆プフライデラー・モデルによる分析　189

目　次

　　　　　前　提　189

　　　　　モデルの内容　190

　　　　　モデルの見解　191

　　　1.3　ハリスの実務的見解　192

　2　サーキット・ブレーカー………………………………………193

　　　2.1　サーキット・ブレーカーとは　193

　　　　　サーキット・ブレーカーとは　193

　　　　　ブレディ報告書の見解　194

　　　　　ミラー報告書の見解　195

　　　　　ファーマの見解　195

　　　　　理論モデルからの議論　196

　　　2.2　グリーンワルド＆スタイン・モデルによる分析　197

　　　　　前　提　197

　　　　　モデルの内容　197

　　　　　モデルの見解　199

　　　2.3　スブラマニヤム・モデルによる分析　200

　　　2.4　規則制定の経緯　201

　3　ボラティリティ・スマイル………………………………………202

　　　3.1　ボラティリティ・スマイルとは　202

　　　　　ボラティリティ・スマイルとは　202

　　　　　ブラック＆ショールズ（BS）オプション・モデルによる

　　　　　　説明　203

　　　3.2　ボラティリティ・スマイルの原因　204

　　　3.3　インプライド・ツリー法による分析　205

　　　3.4　ヘストン確率的ボラティリティ・モデルによる分析　207

　おわりに………………………………………………………………208

第9章　高頻度取引（HFT）の分析………………………………213

　はじめに………………………………………………………………213

xvi

1 高頻度取引（HFT）の意義 ……………………………… 213

1.1 高頻度取引（HFT）に至った経緯　213

1.2 高頻度取引（HFT）の特徴　214

共同報告書（SEC&CFTC）　214

フーコの見解　215

スティグリッツの見解　215

2 高頻度取引（HFT）の流動性 …………………………… 215

2.1 カルテア&ペナルヴァ・モデル　216

前　提　216

モデルの内容　216

2.2 高頻度取引（HFT）の適正運用プラン　217

3 フラッシュ・クラッシュ ………………………………… 218

3.1 情報取引確率（PIN）モデル　218

3.2 情報取引売買確率（VPIN）モデル　219

モデルの内容　219

クラッシュの示唆　220

4 売買取引の再検討 ………………………………………… 220

4.1 サンシャイン取引の再検討　221

4.2 サーキット・ブレーカーの再検討　222

4.3 ボラティリティ・スマイルの再検討　222

おわりに ……………………………………………………… 223

第10章　金融商品の分析 ……………………………… 227

はじめに ……………………………………………………… 227

1 スーパーシェアー ………………………………………… 228

1.1 スーパーシェアーとは　228

ハンカンソン・モデル　228

ロス・モデル　228

1.2 スーパーシェアーの実例　230

目 次

　　　　体　系　230

　　　　インデックス・ファンド　230

　　　　マネー・マーケット・ファンド　231

　　　　普及しなかった理由　232

　2　高度化した金融商品 ……………………………………………………… 232

　　2.1　金融イノベーション　233

　　　　アロー＆ドブリュー（AD）証券　233

　　　　株式から債券へ　233

　　　　店頭市場（OTC）デリバティブ　234

　　2.2　債務担保証券（CDO）とクレジット・デフォルト・スワ

　　　　ップ（CDS）　235

　　　　債務担保証券(CDO)　235

　　　　シンセティック債務担保証券（CDO）　236

　　　　クレジット・デフォルト・スワップ（CDS）　237

　　2.3　1ファクター・ガウス型コピュラ・モデル　238

　3　サブプライム問題 ………………………………………………………… 239

　　3.1　サブプライム問題　239

　　3.2　サーモンの見解　240

　　3.3　ブラック・マンデーとの関連性　241

　おわりに ……………………………………………………………………… 242

結章　本書の総括 ……………………………………………………… **245**

　はじめに ……………………………………………………………………… 245

　1　証券理論モデルと問題意識に関する総括 …………………………… 245

　　1.1　ブラック・マンデーの状況　246

　　1.2　アプローチとしての証券理論モデル　246

　　1.3　証券理論モデルと理論家　247

　　1.4　問題意識による原因究明の類型化　250

　2　証券理論モデルによる原因究明に関する総括 ……………………… 250

xviii

2.1　証券理論モデルの重要概念の再確認　251

　　流動性　251

　　ノイズ　251

2.2　標準モデルによる原因究明　252

2.3　マーケット・マイクロストラクチャー・モデルによる原因
　　究明　253

　　情報の非対称性　253

　　流動性イベント　255

2.4　ノイズ・モデルによる原因究明　256

2.5　インパクト・モデルによる原因究明　258

3　原因究明からの課題と影響の分析に関する総括 ……………………259

3.1　売買取引の分析　260

　　サンシャイン取引　260

　　サーキット・ブレーカー　260

　　ボラティリティ・スマイル　260

3.2　高頻度取引（HFT）の分析　260

3.3　金融商品の分析　261

4　問題意識に対する回答 ………………………………………………261

4.1　原因究明に関する問題意識　261

4.2　課題と影響の分析に関する問題意識　263

おわりに………………………………………………………………………265

付録　テクニカル・ツール…………………………………………271

1　効率的市場 ………………………………………………………………271

1.1　効率的市場の定義　271

1.2　ランダム・ウォーク　272

1.3　ブラウン運動　272

1.4　ゴードン・モデル　273

1.5　アービトラージ（裁定）取引　274

1.6 完備市場　275

2 ポートフォリオ選択の標準問題 ………………………………… 276

2.1 ポートフォリオの前提　276

2.2 ポートフォリオ最適解　276

3 オプション・モデル ……………………………………………… 277

3.1 コックス，ロス & ルービンスタイン（CRR）オプション・モデル　277

3.2 ブラック & ショールズ（BS）オプション・モデル　278

4 条件付き期待均衡 ………………………………………………… 279

4.1 合理的期待均衡　279

4.2 ベイズの定理　281

ベイズの定理（離散型）　281

ベイズの定理（単変量正規分布）　281

ベイズの定理（多変量正規分布）　282

ナッシュ・ベイジアン均衡　282

4.3 期待効用の極大化　283

5 特殊分布と時系列モデル ………………………………………… 284

5.1 非心カイ2乗分布の積率母数関数　284

カイ2乗分布　284

非心カイ2乗分布　285

積率母数関数　285

非心カイ2乗分布の積率母数関数　285

5.2 太い尾（ファット・テイル）　285

5.3 線形定常モデルとフラクタル　287

5.4 分散不均一モデル　289

6 コピュラ・モデル ………………………………………………… 289

6.1 1ファクターのガウス型コピュラ・モデル　289

コピュラとは　289

1ファクター・モデル　290

1ファクターのガウス型コピュラ・モデル　290

6.2 デフォルト確率　　291

参考文献……………………………………………………………295

図表一覧

1 　図 1-1 　1980 年代の株式市場

2 　図 1-2 　1987 年 10 月クラッシュの状況

3 　表 1-1 　ダウ工業株平均（DJIA）下落ランキング（1970 年以降から 2010 年末まで）

4 　図 1-3 　株価と株価収益率（PER）の趨勢

6 　図 1-4 　株価と 2 ファクター・モデルの趨勢

7 　図 1-5 　米国証券市場の主要構成（1987 年当時）

8 　図 1-6 　ブラック・マンデー（10 月 19 日）時の市場状況（時間ベース）

9 　図 1-7 　株価指数（現物と先物）の推移（ブラック・マンデー）

10 　図 1-8 　ブラック・マンデーの売買状況

11 　表 1-2 　大規模機関投資家の売り推移（ニューヨーク証券取引所（NYSE））

12 　表 1-3 　大規模機関投資家の売り推移（シカゴ・マーカンタイル取引所（CME））

13 　表 1-4 　1987 年 10 月クラッシュ売買規制（米国市場）

14 　図 1-9 　1987 年 10 月の市場状況（株価と売買高）

15 　表 1-5 　米国政府および規制機関におけるブラック・マンデーの報告書

16 　図 2-1 　市場構造と証券理論モデルの分類

17 　表 2-1 　証券理論モデルの史的展開（ブラック・マンデー関連モデルを中心に）

18 　表 2-2 　採択された証券理論モデル

19 　図 4-1 　7 銘柄のリスクとリターン

20 　図 4-2 　銘柄数による効率的ポートフォリオ

21 　図 4-3 　ストップ・ロスとプロテクティブ・プットの運用比較（4 半期ごと）

22 　表 4-1 　ダイナミック・ヘッジのデルタによるリバランス

23 　図 4-4 　プット・オプションによるポートフォリオ・ポジション推移

24	図 4-5	スタンダード & プアーズ 500（S&P500）の変動率（週間）
25	表 4-2	スタンダード & プアーズ 500（S&P500）の変動率（週間）基本統計量
26	図 4-6	ジャンプ過程付きブラウン運動
27	図 5-1	売買取引システムと流動性
28	図 5-2	市場の厚さと株価
29	図 5-3	取引確率のオーダー・ツリー
30	図 5-4	複数均衡
31	図 5-5	逆 S 字型需要
32	図 5-6	ジャクリン，クライドン & プフラインデラー（JKP）モデルのオーダー・ツリー
33	図 5-7	ジャクリン，クライドン & プフラインデラー（JKP）モデルのシナリオの結果
34	図 5-8	JKB モデルのケース 1 の情報誤認
35	図 5-9	即時でない価格と先物価格（S&P500）
36	図 5-10	流動性イベントとクラッシュの関連性
37	図 6-1	スイッチング・モデルのシミュレーション
38	図 6-2	平均回帰モデルのシミュレーション
39	図 6-3	DSSW モデルのノイズ・トレーダーの比率と株価
40	図 6-4	キャンベル & カイル・モデルのノイズ・トレーダーの比率と株価
41	図 6-5	ローマーによる各トレーダーの情報・推測の経路
42	図 6-6	ノイズ・モデルによるクラッシュ分析の要約
43	図 7-1	株価（DJIA）回復率の推移
44	図 8-1	取引リスク発生のタイムライン
45	図 8-2	取引リスク
46	図 8-3	ボラティリティ・スキュー
47	図 8-4	ボラティリティ・スマイルの分布
48	図 8-5	ボラティリティ・スマイルの事例
49	図 8-6	スタンダード & プアーズ 500（S&P500）の変動率（週間）

50	図 8-7	ヘストン・モデルによるオプション・ボラティリティ
51	表 N8-1	スタンダード & プアーズ 500（S&P500）変動率（週間）の基本統計量
52	図 N8-2	LV サーフェイス
53	図 9-1	フラッシュ・クラッシュ前後の E-mini スタンダード & プアーズ 500（S&P500）と VPIN の推移
54	図 10-1	スーパーシェアー（合成）
55	図 10-2	スーパー・トラストの形態
56	図 10-3	債務担保証券（CDO）の仕組み
57	図 10-4	シンセテック債務担保証券（CDO）の仕組み
58	図 10-5	クレジット・デフォルト・スワップ（CDS）の仕組み
59	図 10-6	1 ファクター・ガウス型コピュラ・モデルのデフォルト率
60	図結-1	証券理論モデルと理論家
61	図結-2	標準モデルによるブラック・マンデーの株価経路
62	図結-3	情報の非対称性モデルによるブラック・マンデーの株価経路
63	図結-4	流動性イベント・モデルによるブラック・マンデーの株価経路
64	図結-5	ノイズ・モデルによるブラック・マンデーの株価経路
65	図結-6	インパクト・モデルによるブラック・マンデーの株価経路
66	図結-7	代替モデルによるブラック・マンデーの原因究明
67	図付-1	分布の形状
68	図付-2	自己相関タイムラグ

序章
本書の体系

はじめに

　本書の基本的な問題意識は史上最大の暴落率を記録したブラック・マンデー（1987年10月19日（月））に起きた「金融工学型クラッシュ（株価暴落）」について，採択した証券理論モデルにより提示された原因説明を検証・解析して，ミクロ的視点から理論的な原因究明を試みることである。

　ブラック・マンデーの原因究明はすでに多くの議論が行われているが，理論的には必ずしも明確な体系的な説明が行われていない。この認識が基本的な問題意識を形成している。この基本的な問題意識に沿って，本書『証券理論モデルによるブラック・マンデーの原因究明』は序章—本書の体系，本論，結章—本書の総括の構成を採った。さらに本論は3部構成からなる。まず，第Ⅰ部では証券理論モデルと問題意識が展開される。この問題意識から第Ⅱ部の証券理論モデルによる原因究明と第Ⅲ部の原因究明からの課題と影響の分析がそれぞれ展開される。

　基本的な問題意識をさらに，以下の3つ具体的な問題意識に細分化して分析を進める。

① 　1987年当時の標準モデルからブラック・マンデーの原因究明をする。
② 　現在に至るまで新たに開発された代替モデルからブラック・マンデーの原因究明をする。

　さらに以下の問題意識を加えることにより，原因究明に奥行きと広さを与えることができる。

③　証券理論モデルによるブラック・マンデーの原因究明で派生した証券
　　市場の課題と影響について分析する。
　序章—本書の体系の構成は1証券理論モデルと問題意識，2証券理論モデ
ルによる原因究明，3原因究明からの課題と影響の分析，4結章—本書の総
括，5付録（テクニカル・ツール），おわりに—問題意識に対する回答から
なる。

1　証券理論モデルと問題意識

　第Ⅰ部は証券理論モデルと問題意識が主要テーマである。この構成は第1
章ブラック・マンデーの状況分析，第2章アプローチとしての証券理論モデ
ル，第3章問題意識による原因究明の類型化である。
　なお証券理論の説明の場合では株式の価格は単に「価格」，実際の証券市
場の説明またはクラッシュのシナリオの説明の場合は「株価」と原則，表現
する。

　第1章ブラック・マンデーの状況分析においては1ブラック・マンデーと
は，では1980年代からの米国の証券市場の推移から確認する。つぎに2ブ
ラック・マンデー時の市場状況と3ブレディ報告書による調査と提言を展開
する。以上の調査を踏まえて4ブラック・マンデーの特質を析出する。
　ブラック・マンデーとその特質は以下の通りである。
　1982年以降，米国の証券市場は良好なマクロ経済を反映して強気相場が
続いた。しかし1987年8月に株価は徐々に下げ局面となった。ファンダメ
ンタルズのイベント（出来事）情報がないにもかかわらず，10月19日
（月），ニューヨーク証券取引所（NYSE）は突如，ダウ工業株平均（DJIA）
が22.6%下落して1929年の世界大恐慌以来の最大のクラッシュに見舞われ
た。この日をブラック・マンデーという。
　ブラック・マンデーは歴史的には金融工学的システムに支えられた証券市
場において初めて起きた「金融工学型クラッシュ」であり株価下落のスピー
ドと膨大な取引量の特質を持っていた。その日は外生的な大きなイベント情

報はなかった。それゆえにこのクラッシュはいままでにはない証券市場の内生的要因であると考えられた。

　第2章アプローチとしての証券理論モデルの構成は1証券理論モデルとは，2市場構造，3証券理論モデルの史的展開（3.1標準モデル，3.2代替モデル，3.3高頻度取引（HFT）下のモデル），4証券理論モデルの類型化からなる。本章の目的は証券市場で初めて経験する「金融工学型クラッシュ」のミクロ的視点の分析をするための証券理論モデルの採択である。

　このため情報の効率性と投資家の合理性の複合仮説からなる市場構造を基礎に証券理論モデルについて4類型化をした。その際，標準モデルでは投資家，それ以外のモデル（代替モデル）はトレーダーの用語を用いる。

①　合理的投資家からなり，情報が効率的な市場（以下，効率的市場）を前提とした標準モデル（ポートフォリオ・インシュランスとファンダメンタルズ・モデル）

②　2種類の合理的期待のトレーダー（情報・非情報）からなり，市場の不均衡（情報の非対称性や流動性の欠如）が起きる市場（以下，非対称性市場）を前提としたマーケット・マイクロストラクチャー（市場のミクロ構造）モデル

③　情報の効率性がどうであれ，ノイズ（投資心理）トレーダーが参加している市場（以下，非効率的市場）を前提としたノイズ・モデル（合理的トレーダーとノイズ・トレーダー）

④　高頻度取引（HFT）を想定しており，ノイズ・トレーダーの参加もある市場を前提としたインパクト・モデル（高頻度取引（HFT）マーケット・マイクロストラクチャー・モデル）

　証券理論モデルの史的展開では効率的市場，完備市場，標準モデルの理論や概念を説明した上で「効率的市場」を前提にした標準モデル，その複合仮説を前提としない「非効率的市場」を前提とした代替モデルに大きく区分する。

第 3 章問題意識による原因究明の類型化においては 1 問題意識の提示で基本的な問題意識と具体的な問題意識を説明する。続いてこの問題意識に沿って 2 問題意識による原因究明の類型化を行う。最後はブラック・マンデーの歴史的意義づけとして 3 歴史的イベント分析を行う。

まず基本的な問題意識はブラック・マンデーの理論的な原因究明である。さらにブラック・マンデーの理論的な原因究明の問題意識を具体的に 3 つに細分化した。ここではブラック・マンデーの原因に関する理論的見解とそれに対応する証券理論モデルを具体的な問題意識に沿って整理して紹介する。

① 標準モデルによるブラック・マンデーの原因究明

　　ポートフォリオ・インシュランスとファンダメンタルズの理論的見解は標準モデルによるアプローチで行う。

② 代替モデルによるブラック・マンデーの原因究明

　　取引情報の非対称性と流動性イベントの理論的見解はマーケット・マイクロストラクチャー・モデルによるアプローチで行う。

　　ノイズ（投資心理）の理論的見解はノイズ・モデルによるアプローチで，ベッツ取引の理論的見解はインパクト・モデルによるアプローチでそれぞれ行う。

③ 課題と影響の分析

　　原因究明から派生した課題と影響として売買取引，高頻度取引（HFT），金融商品の各分析を行う。

以上，①と②については第Ⅱ部，③については第Ⅲ部で論じる。

2　証券理論モデルによる原因究明

第Ⅱ部は証券理論モデルによる原因究明がテーマである。この構成は第 4 章標準モデルによる原因究明，第 5 章マーケット・マイクロストラクチャー・モデルによる原因究明，第 6 章ノイズ・モデルによる原因究明，第 7 章インパクト・モデルによる原因究明である。各章とも①証券理論モデルの体系，②各モデルの内容，③モデルによる原因説明，④原因説明の検証・

解析の順で展開する。

　第4章標準モデルによる原因究明においては1980年代の証券理論モデルの中核を形成していた1標準モデルの体系からポートフォリオ・インシュランスが盛行した理論的根拠，2ポートフォリオ・インシュランスではその特質とクラッシュとの関係，3ファンダメンタルズはマートン・ミラーの見解が中心である。

　標準モデルによる原因究明には2つの見解がある。1つ目はポートフォリオ・インシュランスでもう1つはファンダメンタルズである。標準モデルの泰斗はポートフォリオ・インシュランスの主犯説を否定してファンダメンタルズであると強調する。

　しかし解析するとファンダメンタルズも説得力がない。よって標準モデルによる原因究明から代替モデルによる原因究明へと移行する。これは標準モデルの理論性そのものを否定するものではなく，単にブラック・マンデーの原因究明として不向きであったという意味である。

　第5章マーケット・マイクロストラクチャー・モデルによる原因究明では1マーケット・マイクロストラクチャーの体系においてその構造と重要な概念について説明する。2基本モデルではグロスマン＆スティグリッツ・モデル（情報品質均衡モデル），カイル・モデル（戦略的流動性モデル），グロステン＆ミルグロム・モデル（逐次取引モデル），グロスマン・モデル（資金流動性モデル）について各モデルの紹介とクラッシュの可能性について示唆する。

　続いて3つのシナリオ・モデルからブラック・マンデーの原因究明を試みる。これらのモデルとして3ジェンノット＆リーランド・モデル（複数均衡モデル），4ジャクリン，クライドン＆プフラインデラー（JKP）モデル（情報誤認モデル）と5グロスマン＆ミラー・モデル（流動性イベント・モデル）が用いられる。

　基本モデルではマーケット・マイクロストラクチャー・モデルの構造は厳しい前提のもと（例えば情報の完全顕示，価格と売買高の先見性，需給の一

致），合理的期待のトレーダー（情報トレーダーと非情報トレーダー）を通して合理的期待均衡（REE）が実現できるとする。しかしその過程で取引情報の大きな不均衡が惹起する可能性がある。この不均衡は価格の需給だけでなく流動性の需給によっても生じる。このように価格，流動性に関する市場のミクロ構造がクラッシュを惹起させる可能性について基本モデルから示唆する。これらはブラック・マンデー以前の証券理論モデルである。

　つぎにシナリオ・モデルから原因説明を検証する。

　ジェンノット＆リーランド・モデルとジャクリン，クライドン＆プフラインデラー（JKP）モデルの原因説明ではポートフォリオ・インシュランスの情報の非対称性（誤認）に起因するとした。グロスマン＆ミラー・モデルの原因説明では流動性のイベントによる需給の不均衡によるとした。

　3つのシナリオ・モデルの原因説明はすでに典型的な通説（conventional wisdom）である。しかしこれらのモデルの説明を検証すると前の2つのモデルは現実に情報の非対称性の前提条件とクラッシュ前後の株価評価に関する一貫性の問題が指摘できる。このなかで流動性イベント・モデルは一定の説得力を持っている。

　第6章ノイズ・モデルによる原因究明ではまず1ノイズ・モデルの体系について展開する。この体系に従えば行動ファイナンス・モデルとノイズ・モデルがあり，本章では2行動ファイナンス，ノイズ・モデルとして3デロング，シュレイファー，サマーズ＆ワルドマン（DSSW）モデルと4キャンベル＆カイル・モデル，5ローマの追加的シナリオからなる。特にノイズ・モデルを通して原因究明をする。

　ノイズ・モデルとは合理的（期待）トレーダーとノイズ（投資心理）トレーダーの構成するモデルであると定義する。世代に分ければ世代重複モデルとなる。デロング，シュレイファー，サマーズ＆ワルドマン（DSSW）モデルはポートフォリオ・インシュランスの影響を短期的ノイズとして位置づけ，それを監視による追随売りについてはローマーの追加シナリオを用いる。長期的なノイズはキャンベル＆カイル・モデルがある。ある水準以上の短期変動を通して長期的な平均回帰志向を刺激する。ノイズ・モデルの構

造は短期と長期ともにノイズ・トレーダーが大きく変化するときにクラッシュが起きる可能性をシミュレーションで提示する。ノイズ・モデルの原因説明はシンプルで理論的説得力を持つが実証能力に問題がある。

第7章インパクト・モデルによる原因究明では1インパクト・モデルの体系を説明する。特にマーケット・インパクト分析が重要である。採択されたモデルはノイズ取引と市場流動性の関係性から2カイル＆オビズヘイヴァ・モデル（ベッツ・インパクト・モデル）と市場流動性の視点から3ハン＆ワン・モデル（流動性インパクト・モデル）である。

これらのモデルは高頻度取引（HFT）マーケット・マイクロストラクチャーを想定している。よって時間軸では近時クラッシュ分析である。証券市場ではITバブルやその崩壊を経て，高頻度取引（HFT）下，アウトライヤー・イベント（想定外のイベント），例えば2008年のサブプライム問題や2010年のフラッシュ・クラッシュが起きた。インパクト・モデルはブラック・マンデーを含む近時クラッシュ分析の重要性が再認識されて誕生したといえる。

インパクト・モデルの出現によりクラッシュをマーケット・インパクと捉えて，長期と短期のインパクトに区分可能とした。さらにカイル＆オビズヘイヴァ・モデルはブラック・マンデーの原因がノイズ・トレーダーの投資（売買）行動に起因するとのノイズ・モデルの主張に実証的妥当性を付与した。

3　原因究明からの課題と影響の分析

第Ⅲ部は原因究明から派生した課題と影響の分析である。まず原因究明する過程で売買取引を中心として，クラッシュ再発の防止策のための多くの緊喫な課題が提示された。これらの課題を分析対象にする。同様に原因究明の過程で市場の流動性の観点から物理的な売買取引システムの効率化が提唱された。実現した売買取引システムとしての高頻度取引（HFT）を分析対象にする。最後にブラック・マンデーにおいてポートフォリオ・インシュランス

は金融商品としての欠陥が指摘された。試行錯誤の末，金融イノベーションにより住宅証券化の金融商品が誕生した。この高度化された金融商品の欠点が露呈して，再び金融工学型クラッシュが起きた。これがリーマン・ショック（サブプライム問題も含む）である。この高度化された金融商品を対象に分析を試みる。

以上の分析はブラック・マンデーの原因究明をさらに奥行きと広がりをもたらすであろう。第Ⅲ部の構成は第8章売買取引の分析，第9章高頻度取引（HFT）の分析と第10章金融商品の分析からなる。この分析方法としてブラック・マンデーを視座に第Ⅱ部と同様に証券理論モデルを用いる。

第8章売買取引の分析ではブラック・マンデーの原因究明の過程で（第Ⅱ部第4章から第7章まで）派生した喫緊の課題と影響について証券理論モデルから分析する。原因究明から派生した課題と影響としての分析対象は1サンシャイン取引，2サーキット・ブレーカー，3ボラティリティ・スマイルである。

まず取引情報の非対称性を是正するためのサンシャイン取引とサーキット・ブレーカー（取引停止）について分析する。またブラック・マンデー後，クラッシュ恐怖症がオプション市場に影響した。この影響がボラティリティ・スマイル現象であり，ヘストン確率的ボラティリティ・モデルを用いて，この現象の接近を試みる。

第9章高頻度取引（HFT）の分析によると売買取引の効率性はブラック・マンデー当時からクラッシュの再発防止に繋がると考えられていた。本章では1高頻度取引（HFT）の意義，2高頻度取引（HFT）の流動性，3フラッシュ・クラッシュを分析する。最後に高頻度取引（HFT）下での4売買取引の再検討を行う。

高頻度取引（HFT）の分析ではアルゴリズム取引とクラッシュの関係性が主要テーマである。この関係性についてはまだ同意された結論に至っていない。この現状について考察する。まずは適切な制度的確立が喫緊の課題である。

第10章金融商品の分析では2000年以降のその代表的な金融イノベーションの成果としての担保債務証券（CDO）とクレジット・デフォルト・スワップ（CDS）を対象に分析する。

本章の構成は1スーパーシェアー，2高度化した金融商品，3サブプライム問題からなる。

高度化した金融商品も欠陥が露呈して第2回目の金融工学型クラッシュであるリーマン・ショック（サブプライム問題も含む）の引き金となった。しかしクラッシュの原因はブラック・マンデーと同様に高度化した金融商品の潜在的なリスクとセーフネット（規制）の不備が投資家の不安を掻き立てたことに起因する。2つのクラッシュの同質性を明らかにする。

4　結章—本書の総括

結章では1証券理論モデルと問題意識に関する総括，続いて2証券理論モデルによる原因究明に関する総括，3原因究明からの課題と影響の分析に関する総括，4問題意識に対する回答の順で展開する。視点を変えてクラッシュの概念を理論史からも俯瞰する。

原因究明に関する総括の核心は各証券理論モデルをうまく組み合わせると，体系的なブラック・マンデーの原因説明の可能性の提示である。またブラック・マンデーの課題と影響の分析に関する総括の核心はブラック・マンデーが近時証券市場に根源的なシステムのレガシーを提供したことの明示である。

なお歴史的理論からみるとクラッシュはまさに伝統的な「投機」の諸力の問題であるとみなすことができる。ブラック・マンデーもまた歴史的「投機」の概念のなかに位置づけられる。

5　付録（テクニカル・ツール）

証券理論モデルを展開するため必要な基本的なツールについて要約したものである。そのツールの内容は1効率的市場，2ポートフォリオ選択の標準

問題，3 オプション・モデル，4 条件付き期待均衡，5 特殊分布と時系列モデル，6 コピュラ・モデルからなる。

おわりに―問題意識に対する回答

　3 つの具体的な問題意識から本論（第Ⅰ部から第Ⅲ部）で分析した結果は以下の通りである。

① 　標準モデル（ポートフォリオ・インシュランスとファンダメンタルズ・モデル）では原因説明に説得力が欠ける。

② 　代替モデルでは短期的には短期ノイズと流動性，長期的には長期ノイズ（平均回帰志向）に分けて原因説明すると説得力を持つ。このように各証券理論モデルによるブラック・マンデーの原因説明は頑強性があるものの，非常に限定されているので多くの代替モデルを組み合わせにより体系的な説明が可能となる。

③ 　ブラック・マンデーは近時証券市場のシステムをなす根源的レガシーを提供した。それがサーキット・ブレーカー，高頻度取引（HFT）と高度化された金融商品等である。

　まさにこの結果は解答ではなく試論としての回答なのである。

第Ⅰ部
証券理論モデルと問題意識

　　基本的な問題意識は証券理論モデルのアプローチ（接近方法）に
よりブラック・マンデーの原因究明をすることである。なぜならい
ままでブラック・マンデーは理論的にすでに多くの原因が列挙され
ているが，必ずしも体系的に一貫性がありかつ説得力ある説明がな
されていないからである。第Ⅰ部では総論として証券理論モデルと
問題意識について論じる。そしてブラック・マンデーの状況把握を
した上で，ツールとしての証券理論モデルの妥当性を主張する。

　　この構成は第1章ブラック・マンデーの状況分析，第2章アプ
ローチとしての証券理論モデル，第3章問題意識による原因究明の
類型化からなる。

第1章

ブラック・マンデーの
状況分析

はじめに

　ブラック・マンデーの問題意識をより明確にするため，本章はブラック・マンデーの状況分析を行う。その構成として1ブラック・マンデーとは，について1980年代の証券市場の推移からこのクラッシュを辿る。さらに2ブラック・マンデー時の市場状況について株価動向と売買状況から観察する。そして本章の中核である米国大統領特別委員会の3ブレディ報告書について，その構成と目的，概要そして若干のコメントを紹介する。以上から4ブラック・マンデーの特質をまとめる。

1　ブラック・マンデーとは

　1980年代の証券市場からブラック・マンデーに至る経緯を概観する。構成は1.1ブラック・ブマンデーとは，1.2　1980年代の証券市場からなる。

1.1　ブラック・マンデーとは

　1980年代の米国ではレーガノミックスが新たな経済成長を到来させた。株式市場の主要指標であるニューヨーク証券取引所（NYSE）のダウ工業株（30種）平均（DJIA）は図1-1で示したように1982年8月の777ドルから1987年8月のピークには2,722ドルまで上昇した。この長期間の強気相場は企業収益の上昇，低金利政策，インフレの減速等の良好なマクロ経済指標

13

第Ⅰ部　証券理論モデルと問題意識

図 1-1　1980 年代の株式市場

資料：Dow Jones 社（許可済み）。

図 1-2　1987 年 10 月クラッシュの状況

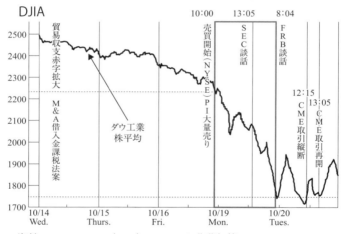

資料：Brady Report（1988）Figure 1 に佐藤加筆。

を反映した結果である。

　このピークを過ぎて株価は徐々に下げ局面となった。その背景には膨大な貿易赤字，金利上昇，買収・合併（M&A）関連借入金利の課税立法案，マクロ経済の要因の悪化等があった。1987 年の 10 月クラッシュ（10 月 14 日

14

第1章　ブラック・マンデーの状況分析

表1-1　ダウ工業株平均（DJIA）下落ランキング
（1970年以降から2010年末まで）

順位	日　付	下げ幅（ドル）	騰落率(%)	備　　考
1	1987/10/19	508.32	▲ 22.61	ブラック・マンデー
2	2008/10/15	733.08	▲ 7.87	米小売売上高など予想下回る
3	2008/10/9	678.91	▲ 7.33	金融株空売り規制解除
4	1997/10/27	554.26	▲ 7.19	アジア通貨危機
5	2001/9/17	684.81	▲ 7.13	米同時多発テロ
6	2008/9/29	777.68	▲ 6.98	米下院が金融安定化法案を否決
7	1998/8/31	512.62	▲ 6.37	ロシア危機
8	2000/4/14	617.77	▲ 5.66	ＩＴバブルの崩壊
9	2008/10/7	508.39	▲ 5.11	米バンカメが増資・減配発表
10	2008/9/15	504.48	▲ 4.42	米リーマン・ブラザーズ破綻

資料：online.wsj.com/mdc/public/page/2_3047-ダウ工業株平均_alltime.html.

から20日までの1週間）が始まった。この様子は図1-2をみられたい。そのなかで10月19日（月）はダウ工業株平均（DJIA）が1日で2,246ドルから1,738ドルとなり，22.6%下落した。この日はダウ工業株平均（DJIA）が12.8%下落した世界大恐慌の始まりの1929年10月24日（木）のブラック・サーズデーのクラッシュ[1]に匹敵するものとして，ブラック・マンデーと呼ばれている。同様に米国店頭市場のナスダック（NASDQ）指数も11.4%下落した。

　ブラック・マンデーは世界大恐慌以来，米国証券市場では最大のクラッシュ（株価暴落）であった。表1-1に示した通り，ダウ工業株平均（DJIA）でブラック・マンデーの22.6%下落は，2008年9月15日のリーマン・ショックによる4.42%下落後，金融危機に伴う10月の3日間（10月7日，9日，15日）の合計下落率20.3%を上回っている。ブラック・マンデーの凄まじさが想像できよう。また表1-1からわかるように，ほとんどのクラッシュの要因はマクロ経済のイベント（出来事）の影響によるものである。しかしマクロ経済のイベントが生じていないにもかかわらず，突如，ブラック・マンデーがウォール街を襲った。

　ブラック・マンデー時，現物取引が行われているニューヨーク証券取引所（NYSE）とスタンダーズ＆プアーズ（S&P：Standard & Poor's）500の株価

15

第Ⅰ部　証券理論モデルと問題意識

指数を対象に先物取引を開設しているシカゴ・マーカタイル取引所（CME）は大量の売りに見舞われて，取引停止または取引の中断を余儀なくされた。このようにブラック・マンデーは証券市場の売買取引システムが崩壊した日でもあった。

　ニューヨーク市場のクラッシュは海外にも波及した。翌朝 20 日の東京市場では日経平均株価は 3,836 円 48 銭安の 14.9% 下落となり，過去最大のクラッシュに見舞われた。またロンドン市場でもフィナンシャル・タイムズ（FT）株価指数は 26.5% の大幅下落となった。

　当時，米国の新聞報道はブラック・マンデーを 1929 年のクラッシュの再来として扱う論調は少なく，冷静であった。なぜなら 1929 年に起きた大恐慌の教訓から，連邦準備制度理事会（FRB）による証券市場への信用規制の確立，証券取引委員会（SEC）および銀行預金保証制度の創設等のセーフティーネットが出来上がっていたからである。それゆえ関心はブラック・マンデーの決済不能の回避，取引停止等の市場メカニズムに寄せられた[2]。

1.2　1980 年代の証券市場

　1980 年代に入ってレーガノミクスの経済政策が功を奏して，証券市場はファンダメンタルズの良好さを反映した強気相場になった。図 1-1 で示したように 1982 年 2 月から 1987 年 8 月のピーク時まで間，ダウ工業株平均（DJIA）は 1,945 ドルまで上昇した。また図 1-3 で示したように 1986 年に入って，株価収益率（PER）は 15 倍以上になり，1987 年 8 月には 20 倍を超えた。これに連動してスタンダード & プアーズ 500（S&P 500）も 1987 年 8 月まで上昇している。図 1-4 においてスタンダード & プアーズ 500（S&P 500）と予測モデル（株価収益率と金利動向を加味したモデル[3]）の指数比較では 1983 年からスタンダード & プアーズ 500（S&P 500）が予測価格より高くなった。そのなかで 1986 年から予測価格が低迷傾向に入ったが，スタンダード & プアーズ 500（S&P 500）は続伸した。したがって現実の株価と理論的指標との関係からみると，1986 年から株価は過熱気味であったといえる。

　こうした状況を行動ファイナンスの主導者シラー（Shiller）はバブルであ

16

第 1 章　ブラック・マンデーの状況分析

図 1-3　株価と株価収益率（PER）の趨勢

資料：Damodaran（1990），Bloomberg，S&P のデータから著者作成。

図 1-4　株価と 2 ファクター・モデルの趨勢

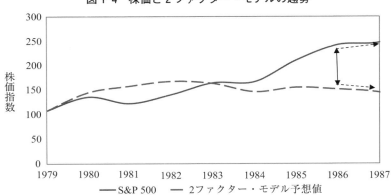

（注）2 ファクター・モデル予想値は 1979 年 12 月を基準にした株価収益率
　　（*IBES*）と国債の金利（*I*）からなる。
資料：Damodaran（1990），Bloomberg，S&P のデータから著者作成。

17

第Ⅰ部 証券理論モデルと問題意識

ると位置付けた[4]。株価は 1987 年 8 月のピーク以降，徐々に下げ局面となり，そして突如，10 月 19 日（月）にブラック・マンデーが訪れた。

しかし 1986 年以降の短期的な市場の過熱気味の指標は単なるクラッシュの契機の説明に過ぎない。史上最大のクラッシュであるブラック・マンデーの原因は 1982 年から 1987 年 8 月までの米国証券市場の長期的な強気相場の反動の結果であるとの認識が必要であろう[5]。そこには 1980 年代の証券市場システムの大きな変貌による影響を忘れてはならない。そこで 1980 年代の米国証券市場の状況を箇条書きに整理しよう。

① 図 1-5 をみられたい。米国証券市場は 1982 年に株価指数先物市場を創設し，さらに多くの種類のデリバティブ市場も開設した[6]。特に重要な市場は現物取引のニューヨーク証券取引所（NYSE）と先物指数取引のシカゴ・マーカンタイル取引所（CME）であった。また規制機関として証券取引委員会（SEC）が現物・オプション取引，商品先物取引委員会（CFTC）が先物取引をそれぞれ担った。現物または先物により規制機関が異なった。この理由はデリバティブ（先物・オプション）取引が証券でないことに由来している。逆に証券市場の規制が一元化されていないことがブラック・マンデーの原因であるとの指摘もある。

② 1980 年代から米国証券市場では機関投資家が着実に増加した。その理由として積極的な投資戦略を通して年金ファンド，ミューチュアル・ファンドが急速に成長したことが挙げられる。機関投資家はニューヨーク証券取引所（NYSE）の時価総額の 40% を占めるようになった。さらに機関投資家の売買はニューヨーク証券取引所（NYSE）の 1 日平均売買比率の 80% を占め，そのうちの半分はブロック取引（証券会社を通じた大口注文の相対取引）であった。

③ ファンド資産のヘッジはニューヨーク証券取引所（NYSE）に直接売却するストップ・ロス戦略からデリバティブ市場を活用するポートフォリオ・インシュランス戦略へと変化していった。1987 年にはおよそ 1 千億ドルの資産がこのポートフォリオ・インシュランス戦略でカバーされていた。

④ 指数ポートフォリオのファンド総額は 2 千億ドルに達し，このファン

第 1 章　ブラック・マンデーの状況分析

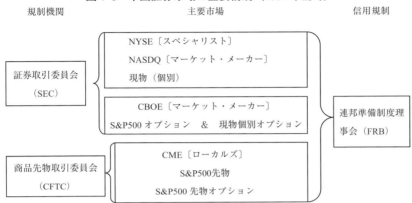

図 1-5　米国証券市場の主要構成（1987 年当時）

（注）1. 略称の正式名は SEC（Securities Exchange Commission: 証券取引委員会）
　　　　CFTC（Commodity Future Trading Commission: 商品先物取引委員会）
　　　　NYSE（New York Stock Exchange: ニューヨーク証券取引所）
　　　　NASDAQ（National Association of Securities Dealers Quotation: 米国店頭市場）
　　　　CBOE（Chicago Board Options Exchange: シカゴ・オプション取引所）
　　　　CME（Chicago Mercantile Exchange: シカゴ・マーカンタイル取引所）
　　　　FRB（Federal Reserve Board: 連邦準備制度理事会）
　　　2. このほかに NYFE（New York Future Exchange: ニューヨーク先物取引所）は現物個別オプション，NYSE 総合先物，NYSE 総合先物オプションを取引している。また MMI（Major Market Index）先物取引は CBOE（Chicago Board Options Exchange: シカゴ・オプション取引所）で行われているが，先物取引では CME が取引量で凌駕していた。
　　　3. 〔　〕はマーケット・メイクの職名である。先物取引についてはローカルズ（必ずしも値付をする義務を負っていないフロアー・トレーダー），オプション取引についてはオプション・マーケット・メーカーという。
資料：著者作成。

ドの運用はコンピューターを使ったプログラム取引によって行われた。プログラム取引は現物取引より手数料の安い先物取引所で行われた。

⑤　証券市場において先物と現物の動きは密接に関連している。その架け橋が付録 1.5 のインデックス・アービトラージ（指数裁定）であった。

⑥　機関投資家の先物取引は度々，市場の流動性の悪化により先物価格の

19

第 I 部　証券理論モデルと問題意識

　　　公正価値（その価格はネット・キャリー・コストで調整した基礎価格と
　　　等しい）から乖離した。また運用益志向のプログラム取引が増加して，
　　　先物市場の価格変動が証券市場で関心の的であった。しかしその確証的
　　　な結論は見出すことができなかった（第 4 章 2.2）。

　このように 1980 年代の証券市場は金融工学を基礎にポートフォリオ・イ
ンシュランスを含むデリバティブ取引が急成長して，さらにコンピューター
を利用したプログラム取引が主流となった。1980 年代の証券市場の特徴は
投資・売買の工学的市場システムの成立であった。
　図 1-2 で示したように 1987 年 10 月中旬，相場は急激な下落傾向となっ
た。これは 10 月クラッシュ（10 月 14 日から 20 日）の始まりであった。14
日（水）に，予想もできないほどの膨大な貿易赤字が発表された。この発表
はさらなるドル安の懸念が広まり，そこからインフレがさらに進行して，債
券利回りが高くなる，すなわち金利を高い水準に押し上げることになった。
こうしたマクロ経済の環境は株価に対してマイナス材料である。続く 15 日
（木）にはベイカー財務長官が対ドイツ・マルクに対してドル安の容認発言
をしたこと，16 日（金）は買収・合併（M&A）の借入金利息に関わる課税
立法提案が議会に提出されたことから，15 日と 16 日は続落した。特に週末
16 日（金）のダウ平均株価（DJIA）で 108.35 ドルの大幅な値下がり（当時
下落幅では史上最高であったが下落率は 4.6％でそれほど高くない）であっ
た。さらに 16 日（金）はトリプル・ウィッチング（Triple Witching ＝ 3 人
の魔女[7]）のなかでバッド・ニュースが起きた。このため通常より多くの売
り残りがあったことは確かである。しかし，こうしたイベントはいままでも
よくあることで，これだけで市場関係者でも株価を劇的に変動させる要因と
は考えにくいという[8]。悪いニュースが出尽くした頃，週が明けて 19 日
（月）に突如，だれも予期しなかったブラック・マンデーが訪れた。

2　ブラック・マンデー時の市場状況

　ここでは 1987 年 10 月クラッシュ（10 月 14 日から 20 日），特にブラッ

20

ク・マンデー（10 月 19 日）における市場の状況について観察する[9]。ブラック・マンデーのクラッシュは現物市場，先物市場，オプション市場の各市場と通常のスペキュレーション，ヘッジおよびアービトラージ（裁定）の各取引が複雑に絡み合って起きた。それを 1.1 株価動向，1.2 売買状況から観察しよう。

2.1 株価動向

ニューヨーク証券取引所（NYSE）のブラック・マンデー（10 月 19 日）の状況（株価と売買高）は**図 1-6** で示されている。現物市場とデリバティブ市場（先物市場およびオプション市場）を関係づけながら株価動向を取引時刻に沿って説明する。

① ブラック・マンデーの直前 10 月 14 日（水）から 16 日（金）間，ダウ工業株平均（DJIA）は 10% 下落した。この期間は，ポートフォリオ・インシュランスのプログラム売りが多かった。特に 16 日（金）はトリプル・ウィッチングであったため，大量の売り残りが出た。このため 19 日にはポートフォリオ・インシュランスの売りがさらに膨らんだ。注文量は市場全体で 200 億ドルから 300 億ドルと推測される。

② ニューヨーク証券取引所（NYSE）では市場開始（午前 9 時）前に，ドット（DOT）システム[10]（証券会社を通さず直接フロアーに注文できる迅速な取引システム）を通して 5 億ドルの成行き売りがあった。その内訳はインデックス・アービトラージ（指数裁定）売りが 2.5 億ドル，残りはポートフォリオ・インシュランスのプログラム売りで 2.5 億ドルであった。このためスペシャリストは 10 時まで売買を開始することができなかった。その後，5 億ドルの売りが入った。

③ 9 時 15 分に主要市場指数（MMI）先物は金曜日に比べ 2.5% の下落で開始された。続いて指数先物取引もポートフォリオ・インシュランスの大きな売りを抱えた状態で売買がされた。

④ 通常のパターンでは現物が先物より低いが**図 1-7** で示した通り，10 月 19 日の現物は先物より高い異常な状態を示した。取引開始後の 1 時間において現物指数価格と先物指数価格とのスプレッドは 20% と非常

第Ⅰ部　証券理論モデルと問題意識

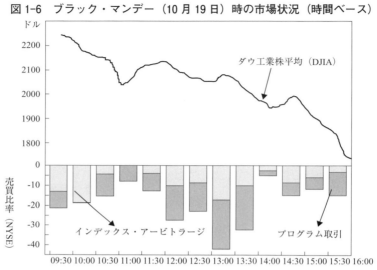

図1-6　ブラック・マンデー（10月19日）時の市場状況（時間ベース）

資料：Brady Report（1988）p.32, Figure 23.

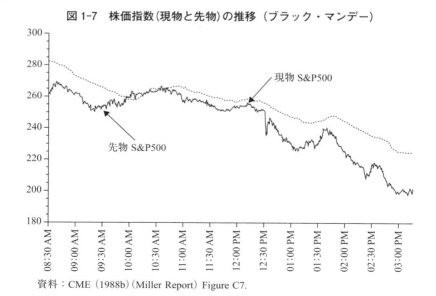

図1-7　株価指数（現物と先物）の推移（ブラック・マンデー）

資料：CME（1988b）（Miller Report）Figure C7.

第1章　ブラック・マンデーの状況分析

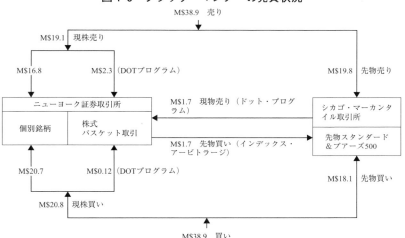

図1-8　ブラック・マンデーの売買状況

(注) 1. M$ 単位：10億ドル
　　 2. バスケット取引とは同時に多数の銘柄を売付けまたは買付ける取引形態である。インデックス・アービトラージの際に用いられることが多い。
資料：Brady Report (1988) p. 35, Figure 25.

に拡大した。インデックス・アービトラージャーは割安の先物を購入してドット・システムで大量の現物成行き売りを出した。このような現物市場と先物市場の関連性は**図1-8**を参照されたい。

⑤　スペシャリストはスプレッドの大きさに気づき、インデックス・アービトラージャーの予想よりもさらに低い価格で取引を始めた。これによりスプレッドは縮小していった。

⑥　午前10時30分までにニューヨーク証券取引所（NYSE）において、ほとんどの銘柄の取引が開始された。その時のダウ工業株平均（DJIA）は2,150（前日比-100）ドルであった。

⑦　午前10時50分頃、インデックス・アービトラージャーはポジション・カバーのために先物買いに走った。先物価格が上昇して現物価格も上昇し始めた。

23

第 I 部　証券理論モデルと問題意識

⑧　午前 11 時 40 分頃から午後 2 時頃まで一時的な反発局面となった後，ポートフォリオ・インシュランスの大量のプログラム売りが再び始まった。それ以降，ダウ工業株平均（DJIA）は一進一退しながら下落した。この 2 時間で先物指数は 14.5% の下落，ダウ工業株平均（DJIA）は 2,145 ドルから 1,950 ドルまで下がった。

⑨　この頃，ニューヨーク証券取引所（NYSE）のスペシャリストのマーケット・メイク能力は限界に達して，ニューヨーク証券取引所（NYSE）が閉鎖されるとの噂が広がった。証券取引委員会（SEC）はこの噂を否定した。

⑩　午後 2 時以降はドット・システムの執行能力が低下して需給不均衡による取引停止となった。インデックス・アービトラージャーは売買を控えたもののポートフォリオ・インシュランスの先物売りは続いて行われた。

⑪　図 1-2 で示したように取引終了時にはダウ工業株平均（DJIA）は 1,738 ドルとなり前日比＝508 ドル，22.6% 下落となった。スタンダード＆プアーズ 500（S&P 500）は 282.70 ポイントから 225.06 ポイント（前日比 − 57.64），20.4% 下落した。

続いて翌 20 日の状況について補足的に説明をしよう。

①　午前 8 時に連邦準備制度理事会（ERB）の市場の流動性を堅持するとの発表により，取引決済不能の懸念がなくなった。

②　プログラム売りの残高は 120 億ドルから 220 億ドルと推定される。多くのポートフォリオ・インシュラーは翌 20 日正午の再下落以降，その取引から撤退し始めた。

③　翌 20 日，プログラム取引の売り残しの影響によりニューヨーク証券取引所（NYSE）は一時的な取引停止の措置を採った。これに伴いシカゴ・マーカンタイル取引所（CME）も取引を停止した。午後に入って取引は再開され，この日は波乱含みのうちにダウ工業株平均（DJIA）1841.01 ドル（前日比＋5.88%）の反発で引けを迎えた。

2.2 売買状況

　ここではブラック・マンデーの売買状況を中心に紹介する。併せて**表 1-2**と**表 1-3**の現物市場と先物市場における売買状況を参照されたい。

① 　前週末 8 月 16 日（金）引けにおいてポートフォリオ・インシュランスのプログラム売りは 120 億ドルの注文のうち 40 億ドルしか執行されなかった。19 日には膨大な注文に膨れ上がった。この売りに伴い，価格に関係なく運用株式の流動化を志向する機関投資家の反動的な売りが急増した。この膨大な売り圧力によりドット・システムがメルトダウンしてニューヨーク証券取引所（NYSE）のスペシャリストの値付けは難しくなった。

② 　ミューチュアル・ファンドが償還のために売却を始めた。株価を考慮しないで売却する彼らの投資行動は全くポートフォリオ・インシュラーと同じであった。

③ 　ブラック・マンデーのポートフォリオ・インシュランスの売りが通常よりも多く出された。**表 1-2** が示す通り，ニューヨーク証券取引所（NYSE）の現物売買高に占めるポートフォリオ・インシュランスの売り比率は通常の 10% 前後からブラック・マンデー時には 20% に程度まで膨れ上がっている。同様に**表 1-3** が示す通り，シカゴ・マーカンタイル取引所（CME）のポートフォリオ・インシュランスの売りの比率は通常の 2 倍以上の 43% にまで膨れ上がっている。この日は市場全体でポートフォリオ・インシュランスに占める売買比率は 30% 程度まで上昇した。

④ 　ごく少数の機関投資家によるポートフォリオ・インシュランスの売り出動であった。よって一握りの機関投資家が株価の暴落の拍車をかけた。

⑤ 　10 月 19 日正午頃このアービトラージが困難になった。アービトラージは証券取引委員会（SEC）のアップ・ティック・ルール（空売りは最終売値より高い価格でなければ取引ができない規則[11]）等の制限を受けていたので本来の機能を果たすことができなかった。

第Ⅰ部　証券理論モデルと問題意識

表 1-2　大規模機関投資家の売り推移（ニューヨーク証券取引所（NYSE））

（単位：百万ドル）

	10月15日	10月16日	10月19日	10月20日
ポートフォリオ・インシュラー	257	566	1,748	698
その他の年金	190	794	875	334
投機志向の投資家	1,156	1,446	1,751	1,740
ミューチュアル・ファンド	1,416	1,339	2,168	1,726
その他金融機関	516	959	1,416	1,579
計	3,538	5,104	7,598	6,077
指数アービトラージ（上記を含む）	717	1,592	1,774	128

（注）小さな機関投資家，個人，ブローカー・ディラーは含まれない。
資料：Brady Report（1988）p. 43, Figure 29.

表 1-3　大規模機関投資家の売り推移（シカゴ・マーカンタイル取引所（CME））

（単位：百万ドル）

	10月14日	10月15日	10月16日	10月19日	10月20日
ポートフォリオ・インシュラー	534	968	2,123	4,037	2,818
アービトラジャー	108	407	392	129	31
オプション	554	998	1,399	898	635
ローカル	7,325	7,509	7,088	5,479	2,718
投機志向の投資家	37	169	234	631	514
外国人	1,993	2,050	3,373	2,590	2,765
ミューチュアル・ファンド	398	442	479	494	329
その他の金融機関	49	3	11	19	40
計	16,949	18,830	19,640	18,987	13,641
ポートフォリオ・インシュランスの比率	14.37%	18.80%	25.70%	43.30%	37.91%

資料：Brady Report（1988）p. 43, Figure 31.

⑥　ドット・システムの崩壊により，注文ができなかった。もしドット・システムが十分に機能したとしてもポートフォリオ・インシュランスを含む急増した売り注文のすべてを処理することは困難であった。

　以上のことから 10 月 19 日（月）はポートフォリオ・インシュラーの売り注文を契機にして異常に他の投資家の売買注文が膨れ上がり，売買取引システムがメルトダウンしたことがわかる。

3 ブレディ報告書

ブラック・マンデー直後，政府・議会を含む証券規制機関は史上最大のクラッシュに関する状況調査，原因説明とその対策に関する報告書を相次いで発表した。これらの報告書はそれぞれの権限と立場からのクラッシュの原因分析とクラッシュ再発防止の勧告である。多くの報告書のなかで広範に規制機関に勧告できる権限を持っている大統領特別委員会報告書（通称，ブレディ報告書[12]）が最も重要である。その内容は 3.1 構成と目的と 3.2 報告書の概要である。

3.1 構成と目的

構　成

「市場メカニズムに関する大統領特別委員会報告書」は米国大統領，財務長官および連邦制度準備理事会（FRB）議長に対して 1988 年 1 月に提出された[13]。

目　的

1987 年 10 月の異常なイベント，特にブラック・マンデーが起きたことから大統領は市場メカニズムに対する特別委員会を設置した。その目的は以下の通りである。

①　米国の証券市場の現状および長期的金融状況について分析する。

②　証券市場の自由，公正，競争的な機能を保証して，かつその市場に投資家の信頼を維持するための諸問題について潜在的な解決方法を検討する。

③　適切な勧告を大統領，財務長官，連邦準備制度理事会（FRB）議長に提出する。

第 I 部　証券理論モデルと問題意識

3.2　報告書の概要

序　論

　10 月 13 日から 10 月 19 日の間，ダウ工業株平均（DJIA）は約 3 分の 1 の下落となった。それは米国の約 1 兆ドルの株式価値下落に相当する。これまでにない下落のスピードと膨大な取引量は市場を崩壊させて金融システムへの不信を助長させた。この株価の暴落に対して大統領は市場メカニズムに関する特別委員会の設置を決定した。その委員会の使命は 60 日以内で事実経緯，クラッシュの原因，再発防止の指針を明確化することであった。

ブラック・マンデー

　ブラック・マンデーの発端は多くの機関投資家が利用しているポートフォリオ・インシュランス戦略と一部のミューチュアル・ファンド償還の反動売りであった。他の機関投資家，例えばヘッジ・ファンド，群小年金および公的ファンド，マネー・ファンド，投資銀行も追随売りに走った。この売りはさらに他の投資家に売り刺激を与えた。このようなスパイラル売りがクラッシュへ導いた。

　株価の下落期間，売買高と株価変動（ボラティリティ）は劇的に増加した。10 月 19 日，20 日の両日において株式市場と先物市場は歴史的にも膨大な取引量となった。マーケット・メーカーは円滑な値付けをすることができなくなった。

市場パフォーマンス

　市場パフォーマンスは様々な質的，量的基準により測定される。市場パフォーマンスは市場の利用可能性，マーケット・メーカーの供給する流動性・厚さ，市場の秩序と公正さ，そして市場を支える決済システムとクレジット・システムを含んだ概念である。特に 10 月 19 日，20 日の売りは株式市場のキャパシティをはるかに上回った。膨大な売りによりブラック・マンデーの取引高は史上最高を記録した[14]。10 月 19 日，20 日のマーケット・メカニズムについては以下の問題点があった。

① 取引機会への不公平なアクセス

　小規模の投資家は注文執行までのスピードが明らかに不利な状況に置かれた。この理由はニューヨーク証券取引所（NYSE）のドット・システムの中断による。

② マーケット・メーカーのパフォーマンスの悪化

　ニューヨーク証券取引所（NYSE）のスペシャリストは価格安定化に寄与できなかった。それはブラック・マンデーの寄付きの注文が余りにも多かったために資金が枯渇したからである。また別のスペシャリストは圧倒的な売り圧力に対して資金を使うことを忌諱した。一方，先物取引のローカルズ（値付け業者）やオプション取引のマーケット・メーカーは価格機能の安定化の義務を負っていないので，当初から余り期待されていなかった。

③ 決済システムと信用システムの不安

　5日目決済である株式は翌日決済や先物・オプションほど火急の問題とはならなかった。シカゴ・マーカンタイル取引所（CME）の決済会社では，その会員が株価急落でマージン・コールの支払い超の敗者のための多額の資金が必要となった[15]。

　同時にオプション決済会社（OCC : Option Clearing Corporation）の会員もプット・オプション売りのポジションの悪化をカバーするためのマージン・コールに直面した。このため決済会員は商業銀行から日中の借入れの依存を高めざるを得なかった。

　しかし商業銀行も決済会員への資金提供に限界があった。商業銀行はクレジット・ラインを上げて新規貸付の制限をしたので，信用システムに対する不安が広がった。この不安は10月20日午前8時，連邦準備制度理事会（FRB）のつぎのような発表で払拭された。

　「連邦準備制度理事会（FRB）は経済と金融システムを支えるための流動性の供給者として活動し続ける用意がある。」

　もし連邦準備制度理事会（FRB）のこの発表がなければ，決済不能という最悪の事態が起きる可能性があった。また20日以降においてもマーケット・パフォーマンスの維持のために，**表1-4**で示すような諸施

第Ⅰ部　証券理論モデルと問題意識

表 1-4　1987 年 10 月クラッシュ売買規制（米国市場）

	ニューヨーク証券取引所（NYSE）	シカゴ・マーカンタイル取引所（CME）	シカゴ・オプション取引所（CBOE）	備　考
10 月 19 日（月）		S&P500 先物の証拠金引上げ		
10 月 20 日（火）	① NYSE 注文発注システム（ODS）の使用制限②ブルー・チップ（優良銘柄）の取引停止（不均衡）	S&P500 売買一時停止(12:15〜13:05)（NYSE ブルー・チップ停止のため）	すべての指数オプションの取引停止(11:54)（原株が 20% 以上の変動（規則2712)）	
10 月 22 日（木）	①会員の自己勘定のプログラム売買自粛②立会終了時刻の繰上げ 23 日から 26 日(16:00 から 14:00 へ)			レーガン大統領のタスク・フォース設置

資料：CFTC（1987）から著者作成。

　策が続けられた[16]。

単一規制機関

　株式，先物やオプションは全体として 1 つの市場を構成する。この単一市場概念は市場の崩壊の可能性を少なくする。米国金融市場の統合と競争力を高めるために以下の権限を持った単一規制機関の提案がなされた。

　①　各市場の全体を監視して市場全般を管理するための権限

　②　売買規制（例えば，サーキット・ブレーカー）の権限

　③　市場の活動を監視する情報システムの権限

結　論

　ブレディ報告書はブラック・マンデーによる市場の混乱を防止するために

30

以下のような統一した規制体系を勧告した。

① 単一規制機関の関連する各市場の規制の調整

② 決済システムの市場間で統一

③ 証拠金の体系的規制

④ サーキット・ブレーカー（制限価格および取引停止）の制定

⑤ 新しい情報システムの確立

その他の論点

　ブレディ報告書は以下の重要な論点を提示した。

① 空売り

　　現物市場では空売りの制限が存在するが，先物やオプション市場では存在しない。市場間のリンケージの観点から現物市場の空売りの制限について再検討すべきである。

② 顧客と自己取引

　　ある状況下におけるブローカーと先物マーケット・メーカーの自己売買について検討すべきである。

③ ニューヨーク証券取引所（NYSE）のスペシャリスト

　　公正なかつ秩序ある市場維持の責任に対応するために，スペシャリストの資本量と行動規範について基準を設定すべきである。

④ ニューヨーク証券取引所（NYSE）の注文不均衡

　　注文の不均衡が存在するときドット・システムは一般顧客を優先すべきである。不均衡を解消するためにスペシャリストのブック公開について検討すべきである。

4　ブラック・マンデーの特質

　以上，ブレディ報告書を中心にブラック・マンデーの状況分析を要約した。これまでの分析を踏まえて4.1ブラック・マンデーの特質，4.2投資家の売買動向，4.3各報告書の相克，4.4グリーンスパンの金融政策について言及する。

4.1 ブラック・マンデーの特質

　1982年以降，米国の証券市場は良好なマクロ経済を反映して強気相場が続いた。しかし1987年8月に株価は徐々に下げ局面となり，10月中旬から一転してマクロ経済の悪化により株価は続落となった。このように株価はファンダメンタルズを反映しながら推移した。ところがファンダメンタルズのイベント（出来事）情報がなかったが，図1-9が示すように10月19日（月）のニューヨーク証券取引所（NYSE）は突如，ダウ工業株平均（DJIA）が22.6％下落と1929年の大恐慌以来の最大のクラッシュに見舞われた。以下，ブラック・マンデーの特質を要約する。

① 　ブラック・マンデーの前週末10月16日ではダウ工業株平均（DJIA）は4.60％（331ドル）の下落でかつトリプル・ウィッチのため多くのポートフォリオ・インシュランスの売り注文が残った。翌月曜日の10月19日（月）にはファンダメンタルズのイベント情報がなかったがポートフォリオ・インシュランスによる大量のプログラム売りが始まった。推定額は200から300億円あったと推測される。

② 　機械的なヘッジのポートフォリオ・インシュランスの売り急増を契機に他の投資家も大量の追随売りが始まった。

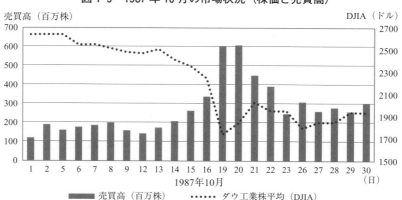

図1-9　1987年10月の市場状況（株価と売買高）

資料：Dow Jones社のデータから著者作成。

第1章 ブラック・マンデーの状況分析

③ 急激でかつ膨大な注文と株価の乱高下は市場の売買取引システムを崩
壊させて先物市場と現物市場との裁定関係を遮断させた。

④ ニューヨーク市場のクラッシュは海外市場へと波及した。翌朝20日
の東京市場の日経平均株価は14.9％と過去最大の下落を記録した。さ
らにロンドン市場においてもフィナンシャル・タイムズ株価指数は
26.5％と過去最大の下落となった。

⑤ 決済（清算）と信用システムは危機的状況となり翌日には連邦準備制
度理事会（FRB）が信用供与に乗り出した[17]。

このようにブラック・マンデーは歴史的には工学的システムに支えられた
証券市場において初めて起きた金融工学型クラッシュであり，株価下落のス
ピードと膨大な取引量の特徴を持っている。しかし国内においてブラック・
マンデーが1929年のクラッシュの再来であるとの認識はなかった。なぜな
ら1929年大恐慌によるクラッシュと異なり，信用制度と規制機関のセーフ
ティーネットがすでに確立されていたからである。

4.2 投資家の売買動向

ブラック・マンデー時の投資家行動を調べてみよう。図1-8で示した通り
9日の市場全体で売買取引389億ドル（売り）のうち先物取引売り198億ド
ル，現物は191億ドルである。このうち先物取引は表1-2から大部分が大手
機関投資家で，そのポートフォリオ・インシュラーの比率は43％と通常の2
倍以上である。現物市場は表1-3から40％が大手機関投資家であることが
わかる。

先物取引市場は取引主体が機関投資家であるのでファンド・マネージャー
は前週末のポートフォリオ・インシュランスの売り残高の多いことに加え
10月19日（月）の膨大な寄り付き売りはポートフォリオ・インシュランス
のプログラム（毎日リセットされる）であることを知っていた。先物市場に
おけるポーフォリオ・インシュラーの大量な売りが現物市場の他の投資家
アービトラージと追随売り等機関投資家の影響が与えた。この時，現物市場
のニューヨーク証券取引所（NYSE）では寄り付きの売買がうまく（物理

33

第 I 部　証券理論モデルと問題意識

的）処理ができなかった。これがクラッシュの発端である。さらに先物と現物が遮断された。ブラック・マンデーは外生的要因というよりも証券市場の内生的要因が大きいといえる。

4.3　各報告書の相克

　表1-5の各報告書をみると，すべての規制機関はブラック・マンデーの主要因についてファンダメンタルズに影響するマクロ経済の悪化を挙げている。それは一義的な原因が市場メカニズムや市場運営上の問題ではないとの規制機関としての立場を反映している。その上で各規制機関は市場システムの改善と同時に監督・規制強化を強調している。例えばニューヨーク証券取引所（NYSE）を監督する証券取引委員会（SEC）の報告書ではポートフォリオ・インシュランスのためのデリバティブ取引について厳しい規制を求めている。一方，シカゴ・マーカンタイル取引所（CME）を監督している商品先物取引委員会はデリバティブ取引について問題がないとしている。それよりニューヨーク証券取引所（NYSE）の物理的な流動性の欠如を問題視する。このように規制機関同士の利害関係の錯綜も窺える[18]。

　なおブレディ報告書に対する評価については学問的な見地から批判が多いが[19]，ブラック・マンデーの現状分析や事実の観察については今や貴重な文献である。

4.4　グリーンスパンの金融政策

単一市場の規制

　ブレディ報告書の内容はクラッシュの再発防止策の視点からの勧告であったが，単一規制機関の提言は実現しなかった。なぜなら1987年6月に就任した連邦準備制度理事会（FRB）議長グリーンスパン（Greenspan, A.）は「実際，全般的な権限は規制に従って，市場における多くの難しい専門性が求められる。こうした専門性に基づく権限は商品先物取引委員会と証券取引委員会（SEC）によって執行されている。もし連邦準備制度理事会（FRB）が証券市場規制において支配的な役割を担えば，証券市場に展開している預金機関に適用する連邦セーフティーネットや証券会社・清算機関が困難に

第1章　ブラック・マンデーの状況分析

表1-5　米国政府および規制機関におけるブラック・マンデーの報告書

	正式報告名	作成者	特徴	暴落要因	提言
Brady 報告書	Report of Presidential Task Force on Market Mechanisms	大統領特別委員会（ブレディ委員会）（88.1.8発表）	①3市場は「単一市場」②中立的な立場から市場間の総合的な再発防止策を提言	①マクロ経済の悪化（貿易赤字・金利上昇反TOB課税）②市場間協調の不円滑化③スパイラルな追随売り④流動性の悪化	①FRBの統一的市場規制②単一市場としての情報システム，決済システムの確立
GAO 報告書	Preliminary Observation on the October 1987 Crash	GAO（会計検査院：議会の調査機関）（88.1.26発表）	①3市場は関連市場②規制機関の協力強化と緊急事態の対応	①マクロ経済の諸要因（上記と同じ）②緊急対応の不備とドット・システムの不備	①連邦規制機関と自主規制機関の緊急対策②ドット・システムの改善
SEC 報告書	Securities and Exchange Commission Recommenda-tion Regarding the October 1987 Market Break	SEC（証券取引委員会）（88.2.3発表）	3市場は関連市場でSECによる現物と先物の一元化管理	①経済的ファンダメンタルズ②先物指数取引とPIの先物取引（*PI：ポートフォリオ・インシュランス）	①SECの一元化②ドット・システムの改善③スペシャリストの資本拡充④PI取引の情報公開⑤バスケット取引の導入⑥指数先物証拠金引き上げ
CFTC 報告書	Final Report on the Stock Index Futures and Cash Market Activity During October 1987	CFTC（商品先物取引委員会）（88.2.1発表）	①暴落の先物市場説を否定②既存の規制機関の協調を基本とする小幅改善	①経済的ファンダメンタルズ②暴落の先物市場説を否定（裁定取引の無機能とPIの現物市場へのシフト）	①規制措置の市場間の協調②市場監視グループの設置③緊急時の証拠金の上乗せ④銀行への会員財務状況の開示充実

（注）その他，証券取引所も調査報告書を作成した。ニューヨーク証券取引所（NYSE）の元司法長官であるカッゼンバック（Katzenbach）の報告書（1987）はSECの見解に近い。またシカゴ・マーカンタイ取引所（CME）のミラー報告書（1988a, b）はCFTCの見解に近い。

資料：東京証券取引所（1988a）。

第 I 部　証券理論モデルと問題意識

陥ったときに常に対処できる等，多くのことが前提条件となる。」として単一規制機関の提案に対して消極的態度を表明したからである[20]。1988 年 5 月，ブレディ委員会は単一規制機関の提案を撤回して現実的な実効性を重視する協調規制に変更した。

グリーンスパン・プット

　連邦準備制度理事会（FRB）議長グリーンスパンはボルガーの跡を継いで 2ヶ月後に，ブラック・マンデー（10 月 19 日）に直面した。その時，金融不安は 10 月 20 日午前 8 時，連邦準備制度理事会（FRB）のつぎのような発表で払拭された。

　「連邦準備制度理事会（FRB）は経済と金融システムを支えるための流動性の供給者として活動し続ける用意がある。」

　このようにグリーンスパン率いる連邦準備制度理事会（FRB）はブラック・マンデーに対し，迅速な流動性供給によって株式市場クラッシュの実体経済への悪影響を阻止した。その後，米国の景況感が悪化すれば，連邦準備制度理事会（FRB）が金融緩和するので下落リスクが限定されるプット・オプションのような機能をしてくれるという意味から「グリーンスパン・プット」といわれるようになった。

おわりに

　1982 年以降，米国の証券市場は良好なマクロ経済を反映して強気相場が続いた。しかし 1987 年 8 月に株価は徐々に下げ局面となり，10 月中旬から一転してマクロ経済の悪化により株価は続落となった。このように株価はファンダメンタルズを反映しながら推移した。ところがブラック・マンデーの前週末 10 月 16 日では DJIA は 4.60％（331 ドル）の下落でかつトリプル・ウィッチのため多くのポートフォリオ・インシュランスの売り注文が残った。週が明け 10 月 19 日（月），先物市場において新たなポートフォリオ・インシュランスのプログラム売りが加わり，現物市場はそれをみて多くの機関投資家の追随売りを誘発した。

36

この結果，ファンダメンタルズのイベント（出来事）情報がないにもかかわらずニューヨーク証券取引所（NYSE）はダウ工業株平均（DJIA）が22.6%下落と1929年の世界大恐慌以来の最大のクラッシュに見舞われた。この日をブラック・マンデーという。このブラック・マンデーは歴史的には金融工学的のシステム（投資と売買取引システム）に支えられた証券市場において初めて起きた「金融工学型クラッシュ」であり，株価下落のスピードと膨大な取引量の特質を持っている。しかも今までのマクロ経済の悪化による外生的要因のクラッシュと異なり，いわゆる証券市場構造による内生的な要因であるといえる。

さらに国内においてブラック・マンデーが1929年のクラッシュの再来であるとの認識はなかった。なぜなら1929年大恐慌によるクラッシュと異なり，信用制度と規制機関のセーフティーネットがすでに確立されていたからである。

第Ⅰ部　証券理論モデルと問題意識

注

1）　1929 年 10 月の株価大暴落は以下のように 2 日間続いた。

時期	ダウ工業株平均の下落幅（ドル）	下落率（%）	終値（ドル）
1929. 10. 28	38. 33	12. 82	260. 64
1929. 10. 29	30. 57	11. 73	230. 07

2）　「1929 年クラッシュの再来か。87 年ではこれほどのクラッシュになるとは予想だにしなかった。」（*Wall Street Journal*：1987. 10. 20），「1929 年の経済状況と比べるとそれほど深刻ではなく，金融システムは安全である。」（*New York Times*：1987. 10. 20）

3）　2 ファクター・モデルによる推移は株価収益率（*IBES*）と国債の金利（*I*）からなるファンダメンタルズ・モデルを想定している。
　　　図 1-3 については Wigmore（1998）の公式に基づく。

$$S\&P500 = S\&P500_{12/79} \times \frac{IBES_n}{IBES_{12/79}} \times \frac{I_{12/79}}{I_n}$$

4）　Shiller（1988a）p. 291.

5）　Dunn & Morris（1988）は 1980 年代の証券市場の状況とブラック・マンデーを詳細に結びつけている。

6）　1973 年世界経済は変動相場制に移行した。この変動相場制への移行は企業に新たに外国為替の変動という不確実性をもたらした。このような状況下でシカゴ・マーカンタイル取引所（CME）が為替先物取引を開設した。

7）　株式先物取引，株価指数オプション取引，個別株オプション取引の 3 つの取引期限満了日（SQ）が重なる日のこと。3 月，6 月，9 月，12 月の第三金曜日がそれにあたる。株式相場に波乱が起こりやすいのでウィッチング（魔女）といわれる。

8）　当時，ファンド・マネージャーの Bookstaber（2007）p. 14（訳書 29 頁）の見解である。

9）　市場の状況についてはブレディ報告書を中心にまとめた。

10）　ドット（DOT：Designated Order Turnaround）システムは 1976 年に開発され，1986 年にスーパー・ドット（SuperDOT）と改名された。ただしドットという場合もある。これは 1,099 株以下の成行きおよび 30,099 株以下の指値注文について会員の証券会社から売買注文共同伝達（CMS）システムで直接，立会場のブースに送られ注文が執行される小口投資家の注文システムである。注文が執行されると 3 分以内に売買報告書が会員オフィスに回送される。当時のこのシステムの利用は総売買高の約 60% を占めていた。このシステムは 2010 年では 2,100 株から 10 万株まで利用が拡大して，NYSE 総売買高に占める利用率は 75% になっている。

11）　当時は証券取引委員会（SEC）規則 10a-1 である。空売りとは別にニューヨーク証券取引所（NYSE）規則 80（A）は現物の売買執行のアップ＆ダウン・ティックの規則がある。

12）　元上院議員でディロン・リード社会長のブレディ（Brady）が大統領特別委員会の委員長であったので通称，ブレディ報告書と呼ばれている。

13）　Report of the Presidential Task Force on Market Mechanisms はレーガン大統領，ベー

カー財務長官，グリーンスパン連邦準備制度理事会（FRB）議長（1987年6月就任）
に提出された。

このブレディ報告書（Brady Report）は2つのパートから構成されている。

第1のパートは主要要約であり第2のパートは付録で第1のパートを作成するため
に必要な基礎的分析である。その目次のみを掲記する。

パート1（総計69頁）

第1章　序論

第2章　レポートを理解するための基本的な用語，例えば指数・アービトラージ，
　　　　ポートフォリオ・インシュランス等の紹介

第3章　1982年から始まる株価上昇期の強気相場についての分析

第4章　10月の市場崩壊のイベントを詳細に分析

第5章　マーケット・ブレイクのマーケット・パフォーマンスとマーケット・メー
　　　　カーの分析

第6章　市場間のイベントとパフォーマンスの相互関連性についての詳解

第7章　データと分析による規制的インプリケーションの概説

パート2（総計291頁で8つの委員会スタッフの調査報告書）

Ⅰ．グローバル・強気相場

Ⅱ．歴史的展望

Ⅲ．10月マーケット・ブレイク（10月14日から20日まで）

Ⅳ．ミューチュアル・ファンドの株式市場下落の影響

Ⅴ．市場参加者と関係者に関する調査

Ⅵ．10月マーケット・ブレイクにおけるエクイティ市場のパフォーマンスと規制的
　　概観

Ⅶ．10月マーケット・ブレイクによる経済的影響

Ⅷ．1929年と1987年の比較

14）　ただし10月19日のシカゴ・オプション取引所（CME）は取引時間が52分で
あったことを除けば，概ね利用可能であったといえる。

15）　受取り超となる勝者（winners）の場合は翌日であるので，清算機関の会員はポジ
ション・カバーのためには毎日の値洗いの差額資金を必要とした。

16）　この声明により巷間ではグリーンスパンを「賢人」だとする評判が生まれたとい
われている。

なおブラック・マンデーの信用供与の問題については Garber & Weisbrod（1992）
の第10章（金融市場における流動性危機）は特筆に値するので要約して紹介するこ
とにする。

これまで決済システムと信用市場はこの需要の増加に対して柔軟に対応できること
を暗黙の裡に仮定していた（これは新古典派の理論とは別の議論である）。すなわち
マーケット・メーカーは銀行（ローン市場）から常に十分な収益と同等な利子率が条
件であった。この条件が充足しないと暗黙の裡の仮定が成立しない。この事例がポー
トフォリオ・インシュランス取引による突然取引量が多くなったブラック・マンデー
であった。信用供与では流動性についてはマーケット・メーカーとしての銀行を常に

39

第Ⅰ部　証券理論モデルと問題意識

　念頭に置かなければならない。その意味で銀行の株式市場への流動性の供給は最終的には中央銀行（米国では連邦準備制度理事会委員会）による金融政策（準備預金等の調整）等が重要な役割を担うことになる。

17)　この声明に至る経緯は Greenspan（2008）pp. 101-122（訳書 146-178 頁）を参照。

18)　このようなブラック・マンデーの原因に関する各機関の微妙な立場については Melamed & Tamarkin（1996, pp. 375-388）を参照。

19)　Edwards は以下のように批判する。「Brady 報告書は株式市場の世界での投機的陶酔と基礎的マクロ経済の不均衡化の結合が結局，不回避的にマーケット・ブレイクにいく信頼の危機のステージを作ってしまった。この Brady 報告書は経済的要因を分析していない。そして我々に同じような原因から他のクラッシュが始まることを防ぐことが出来る勧告を提示していない。」（Edwards（1988b）p. 233）。

20)　Testimony before Committee on Banking, Housing, and Urban Affaires, United States Senate, February 2, 1988.

第2章

アプローチとしての
証券理論モデル

はじめに

　序章で述べたように，基本的な問題意識はブラック・マンデーに起きたクラッシュについて証券理論モデルのアプローチ（接近方法）により原因究明することである。このことは証券理論モデルによるクラッシュの原因の説明能力の検証にも繋がるであろう。

　理論的なアプローチとして証券理論モデルを用いる。なぜならクラッシュは大きな価格変動であり，証券市場理論において価格変動は証券理論モデルを用いて測定されるからである。本章はアプローチとしての証券理論モデルについて説明する。その内容は 1 証券理論モデルとは，2 証券市場構造，3 証券理論モデルの史的展開（3.1 標準モデル，3.2 代替モデル，3.3 高頻度取引（HFT）下のモデル），4 証券理論モデルの類型化からなる。本章は証券市場で初めて経験する「金融工学型クラッシュ」のミクロ的視点の分析をするための証券理論モデルの採択を目的とする。

1　証券理論モデルとは

　証券理論モデルとは証券に関する抽象的概念，仮説を具体化（数式化）した証券理論を意味するので，ブラック・マンデーの原因を具体的かつ明瞭化して説明することができる。一般的な理論モデルの思考ツールの有用性について，ポパー（Popper）（1957）は「ゼロ方法（zero method）」の概念を用い

41

第Ⅰ部　証券理論モデルと問題意識

て，以下のように説明している[1]。

　「『ゼロ方法』というのは介在する諸個人がすべて全き合理性を持つという仮定（そしておそらく，十全な情報を持つという仮定）の上にモデルを構築して，人々の現実の行動がそのモデルに行動とどれほど偏差があるかを一種のゼロ方法として用いながら評価する方法である[2]。」

　こうした考えはウェーバー（Weber），シュンペーター（Schumpeter），ヒックス（Hicks）とも共通しているといわれている。

　例えばシュンペーターの経済分析の技術のなかで「理論」という自問に対して「説明的仮説」であるとして，つぎのように述べている。

　「興味ある結論を樹立するため作られた手段に過ぎない。すなわち，統計的仮説を作ることだけが全理論家のすべてではない。帰着を仮説から引き出しうるような他の道具を工夫することもまた同じく重要である。「限界代替率」は仮説を持たない。そしてこの考え方は科学主義の批判である[3]。」

　一方，フリードマン（Friedman）は実証経済学（positive economics）を唱え，以下のように主張する。「理論はそれを実質的な仮定の集まりとみなすならば『説明』しようとする現象の集まりに対しどの程度それが予測能力をもつかにしたがって判断されるべきである[4]。」

　上述の説明する「現象」自体も実はゼロ方法の概念から構築されたものであろう。しかも予測の能力は経済構造が変化しないこと（統計的には定常性）を前提とする。よってクラッシュのような大きな異変を扱う現象を予測と実証をするための統計的適合性は難しい。実証データの断続性を鑑みると，フリードマンの理論経済の概念をそのまま受け入れるのは適切ではないと考えられる。

　とはいえポパーとフリードマンがすべて対峙するわけではない。理論の前提となる仮説の現実性よりも演繹される命題または予測について，ポパー流の反証可能ないし検証可能であることが理論の実証性の根拠になるとの見解はフリードマン（1953）的立場と同じである[5]。

　この意味で原因究明の展開にあたって，実証性よりも理論の現実適用性の反証可能ないし検証可能を重視したい。この1つツールが模擬実験（シミュレーション）であると考える。

2 市場構造

効率的市場の概念は情報の効率性と投資家の合理性からなるとしている（付録 1.1）。これをファーマ（Fama）（1970）は効率的市場の複合仮説と呼んだ。そこで 2.1 情報の効率性と 2.2 投資家の合理性から 2.3 市場構造の分類について説明する。

なお非対称性市場の証券理論モデルの場合は市場ミクロ分析という観点から，投資家の代わりに市場参加者としてトレーダー（マーケット・メーカーを含め場合がある）が一般的に用いられる。

2.1 情報の効率性

情報の効率性についてファーマ（1970）は「価格が常に利用可能な情報を完全に反映している市場のことを効率的である[6]」と定義した。情報の効率性に関係する概念は①ランダム・ウォーク，②マルチンゲール，③アービトラージ（裁定）取引である（付録 1.5）。ここでは 3 つの概念を体系的にして説明する。

正規分布をする離散型ランダム・ウォークの連続型がブラウン運動（またウィナー運動）である。また情報の効率的市場では一物一価が成立するので裁定取引ができない。これらはマルチンゲールで表現できる。

株価（確率変数）$\{P_t\}$ を充足するときマルチンゲールであるという。厳密には P_t は確率測度である（付録 A.5）。

$$E(P_{t+1}|I_t)=P_t \qquad\qquad E(P_{t+1}-P_t|I_t)=0 \qquad\qquad (2.1)$$

P_t：t 期の株価　　I_t：t 期の情報（フィルトレーション）

（2.1）を利用してランダム・ウォーク（2.2）とリスク中立型の裁定理論（2.3）を示す。

$$E(P_{t+1}|I_t)=P_t+\varepsilon_t \qquad\qquad \sum\varepsilon_t=0 \text{（ホワイト・ノイズ）} \qquad (2.2)$$

$$P_t=\frac{1}{1+r}E_t(P_{t+1}|I_t) \qquad r：無リスク金利 \qquad\qquad (2.3)$$

第 I 部　証券理論モデルと問題意識

　ブラウン運動を前提とした代表的な証券理論モデルはブラック・ショーズ・オプション・モデル，裁定理論を前提とした証券理論モデルはミラー & モディリアーニ（MM : Miller & Modigliani）理論，ゴードン・モデル（Gordon Model）（付録 1.4）がある。

2.2　投資家の合理性

合理的投資家

　つぎに投資家の合理性について定義する。合理的投資家とは情報が効率的な市場において，標準モデルに依拠して投資をする投資家である。合理的投資家からなる市場では均衡価格を実現できる。

　この合理的投資家とは一般にリスク回避型投資家である。この投資家の関数はいろいろ考えられるが，絶対的危険回避度（ARA ＝ a）が W（富）に対して線形関係にあり効用関数が双曲線の形状をしている双曲型絶対的危険回避（HARA）の効用関数でかつ，絶対的危険回避度一定（CARA）の効用関数を想定する（付録（A.33））。

$$U(W) = -e^{-aW} = -\exp(-aW) \tag{2.4}$$

　（2.4）の W（富）は運用すると $E(U(\mu))$ と表現できて，この効用の極大化は下記式（付録（A.35））となる。

$$\max\left(E(\mu) - \frac{\mathrm{ARA}(=a)}{2}Var\right) \quad Var：分散 \tag{2.5}$$

　リスク回避型投資家を前提としてその効用極大化の投資モデルがポートフォリオである。またより短期的なときはリスク中立型投資家も合理的であるとされる場合がある。

合理的期待均衡

　つぎに合理的期待投資家とは情報の非効率性が存在する市場において，情報に基づく予測（ベイズの定理を用いて）が合理的投資家と同じ水準の投資ができる投資家である。合理的期待投資家からなる市場では合理的期待均衡（REE : Rational Expectation Equilibrium）が実現できる。この基本理論はルーカス（Lucas）に従う。

さらに合理的期待投資家は情報投資家と非情報投資家に区分できる。最終的には市場は情報の完全顕示により真の価格で均衡が期待される。しかし一旦均衡化すると取引が行われなくなるので，これを回避するためにノイズを負荷する。この状況をノイジー（noisy）REEという。このノイズの役割はランダムに生じる情報の阻害ファクターである。

ノイズ・トレーダー

一方，ファンダメンタルズの情報に依拠しない取引をノイズ取引という。ブラック（Black）（1986）に従えば「市場において情報が何もない状況のなかで，あたかも情報があったように取引をする[7]」と定義する。この取引は投資心理を反映させた取引であるといえる。この取引のもとになるノイズ（投資心理）はいろいろな相場の局面で多様に使われる。例えば強気（投機的），群集心理（パニック），過剰反応そして平均回帰などである。この取引は一見するとパニック売り，追随売りにしかみえない。その背後にはノイズ（投資心理）が存在している。

このノイズ（投資心理）取引は情報に基づかないが，認知科学では理解可能な投資心理に基づく投資行動を行動ファイナンスと呼ぶことにする。そしてノイズ（投資心理）・トレーダーのみを基礎にした証券理論モデルを行動ファイナンス・モデルという。またファンダメンタルズ情報に基づく合理的（期待）トレーダーとノイズ・トレーダーから構成される証券理論モデルをノイズ・モデルという。

ノイズ・トレーダーは確かに標準モデルからするとファンダメンタルズの情報に依拠しないという意味で非合理的である。しかし単なるファッツ（流行），ユーフォリア（熱狂）またはやみくもな投機はノイズ・トレーダーの範疇外に置く。

2.3　市場構造の分類

以上の議論を踏まえ，**図2-1**で示したように証券市場の性格に依拠して市場構造を4つに分類する。

① 合理的投資家からなり，情報が効率的な市場（以下，効率的市場）

第Ⅰ部　証券理論モデルと問題意識

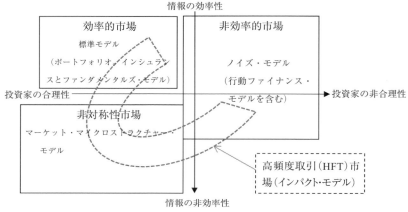

図2-1　市場構造と証券理論モデルの分類

資料：著者作成。

② 2種類の合理的期待のトレーダー（情報・非情報）からなり，市場の不均衡（情報の非対称性や流動性の欠如）が起きる市場（以下，非対称性市場）
③ 情報の効率性がどうであれ，ノイズ（投資心理）・トレーダーが参加している市場（以下，非効率的市場）
④ 高頻度取引（HFT）を想定しておりノイズ・トレーダーの参加可能な市場（以下，高頻度取引（HFT）市場），ノイズ・トレーダーが存在しない場合は効率的市場

3　証券理論モデルの史的展開

本章の証券理論モデルの採択のために，市場構造と証券理論モデルの関係性を探求する。ここでは証券理論モデルについて長い歴史と著しい進歩があるので史的展開，いわゆる理論史から概観してみよう。

市場構造において効率的市場を前提とする証券理論モデルを標準モデルとそれ以外の領域（非効率的市場）を前提とするモデルを代替モデルとして区分する。

46

第2章　アプローチとしての証券理論モデル

　まず3.1 標準モデルでは標準モデル，完備市場，3.2 代替モデルではブラック・マンデー前とブラック・マンデー後とに区分して整理する。つぎに模擬実験＝シミュレーション，オプション価格の特性，最後に3.3 高頻度取引（HFT）下のモデルについて説明をする。

　なお証券理論モデルの史的展開を年代別に一覧表に整理した**表2-1**も併せて参照されたい。

3.1　標準モデル

　効率的市場を前提に形成される証券理論モデルを標準モデルという。理論的には標準モデルは均衡モデルであり，いわゆる新古典派モデル[8]である。

標準モデル

　標準モデルの基礎理論を作ったアーヴィング・フィッシャー（Fisher, I.）（1930）の予想証券価値の考え方は現在価値割引を利用したドッド＆グラハム（Dodd & Graham）（1934）やウィリアムズ（Williams）（1938）を通してゴードン（Gordon）モデル（1959）に引き継がれた[9]。これは1銘柄の予想配当の現在価値の集積が証券価値となるファンダメンタルズ・モデルである。このモデルは効率的市場仮説を暗黙裡とする。

　その後，証券をリスクとリターンの要素で捉えたマーコビッツ（Markowitz）（1959）は証券の組み合わせをするポートフォリオという画期的な理論を考案した。1980年代の強気相場において，この理論を用いて米国の多くの機関投資家は（最適な）市場ポートフォリオ（例えばスタンダード＆プアーズ500（S&P 500）など）で運用するようになった。この背景にはコンピューターの発展が大きく貢献している。この市場ポートフォリオは資本市場均衡化を前提に構築されたシャープ（Sharpe）（1964）を中心とした資本資産価格モデル（CAPM）に改良され，より実用化された。さらに市場ポートフォリオのヘッジとして先物・オプションのデリバティブ取引が開始された。この取引についての理論的支柱はフリードマン（Friedman）（1953）[10]の投機悪玉淘汰論とサミュエルソン（Samuelson）（1965）のオプション・モデルである[11]。そしてブラック＆ショールズ（BS：Black &

47

Scholes）（1973）によるオプション・モデルの公式が一般化した。これは
リーランド＆ルービンスタイン（Leland & Rubinstein）（1976）のヘッジ戦
略のためのポートフォリオ・インシュランスの発案に繋がった。

　このように証券市場では高度の金融工学を利用した標準モデルに基づいて
投資が盛行した。1987年のブラック・マンデー当時の証券市場分析を試み
るにはポートフォリオ・インシュランスとファンダメンタルズのゴードン・
モデルが特に重要である。

完備市場

　必要なポートフォリオの構築を通して，あらゆるペイオフ（特にデリバ
ティブ）達成可能な市場を完備市場という。そして消費の投資配分が一義的
に決定されるとき，市場はパレート最適が実現できることが証明できる。完
備市場の配分の一義的決定は状態価格で実現できるが[12]，ある状態が生じ
た場合においてのみ一定額の支払いがなされるような条件付き請求権を持つ
アロー＆ドブリュー（AD : Arrow & Debreu）（1954）証券を導入すると容易
に状態価格を求めることが可能である[13]。この理論的信念は一層，金融イ
ノベーションを促進する動機となった。ブラック・マンデー後の新金融商品
であるハンカンソン（Hankansson）（1976）が開発したスーパーシェアーも
この理論を前提としている。

3.2　代替モデル

　証券市場で情報の非対称性を提起した当時，スティグリッツ（Stiglitz）
（2012）は「標準的なモデル（いわゆる新古典派モデル）から市場の不完全
性，とりわけ情報の不完全性と『不合理な行動』が重要な役割をする代替モ
デルの探求の始まりであった[14]。」と回顧している。

　証券理論モデルにとって1980年代は重要な時期であった。標準モデルの
高度化とともに，新しい代替モデルが出現したのである。しかしブラック・
マンデーが起きるまで強気相場を支えた投資理論は標準モデルであった。
よってブラック・マンデーが起きるまでは代替モデルであるマーケット・マ
イクロストラクチャー・モデルや行動ファイナンス・モデルは机上の先端理

第2章　アプローチとしての証券理論モデル

論の位置付けに甘んじていた[15]。

代替モデル（ブラック・マンデー前）

　1980年代，効率的市場仮説に基づく標準モデルに対して疑意が呈された。実際の証券市場は非効率（情報が市場に行き渡っていない市場）であるとする。非効率的市場のなかで，特に情報格差がありかつ合理的期待の投資家から構成される市場を非対称性市場という。

　さらに非対称性市場を前提に売買取引システムを導入した証券理論モデルがマーケット・マイクロストラクチャー（市場のミクロ構造）モデルである。その基本モデル（グロスマン＆スティグリッツ（Grossman & Stiglitz）モデル（1980），カイル（Kyle）モデル（1985），グロステン＆ミルグロム（Glosten & Milgrom）モデル（1985））からブラック・マンデーの原因究明が試みられている。これらの基本モデルはルーカス（1972）の合理的期待仮説理論に立脚しており，それに従えば合理的期待均衡（REE）（付録4.1）が達成可能である。

　一方，情報の効率性はどうであれノイズ（投資心理）取引をするトレーダー[16]が存在すると非効率市場となる。ノイズ・トレーダーを基礎にした証券理論モデルを行動ファイナンス・モデルと呼ぶ。このモデルの主導者はシラー（Shiller）（1981）やシュライファー（Shleifer）（2000）である。また市場で合理的（期待）トレーダーとノイズ・トレーダーが存在してノイズ・トレーダーの影響を視座した証券理論モデルがノイズ・モデルである。これはブラック・マンデー後に発案された。

代替モデル（ブラック・マンデー後）

　ブラック・マンデー後，問題意識のなかで述べたように代替モデルによるブラック・マンデーの原因究明が開始された。マーケット・マイクロストラクチャー・モデルでは合理的期待のトレーダーの需要と供給の総集計が本来，均衡化するにもかかわらず不均衡が生じる可能性があるとする。この不均衡（情報の非対称性と流動性の欠如）の主因として非情報トレーダーの売り行動を分析する。情報トレーダーと非情報トレーダーのゲーシグナリン

49

第Ⅰ部　証券理論モデルと問題意識

グ・ゲームの側面を持つ。

　本書ではグロスマン（Grossman）モデル（1988b），グロスマン＆ミラー（Grossman & Miller）モデル（1988），ジェンノット＆リーランド（Gennotte & Leland）モデル（1990）とジャクリン，クライドン＆プフラインデラー（JKP : Jacklin, Kleindon & Pfleiderer）モデル（1992）がシナリオ・モデルとして取り上げられている。

　このなかでグロスマン＆ミラー・モデルはその後に大きな影響を与えた。またジェンノット＆リーランド・モデル（1990）の複数均衡モデルはバレビー＆ベロネージ（Barlevy & Veronesi）（2003）やドマンジェ（Demange）（2009）により，さらに緻密化と一般化が行われた。

　行動ファイナンスにおいてはサマーズ（Summers）（1986）によって1次の自己回帰 AR（1）を利用したポジティブ・フィードバックの証券理論モデルが発案された。さらに複数の投資家が参加したノイズ・モデル（均衡モデルにノイズを加えたモデル）が開発された。

　このノイズ・モデルではデロング，シュライファー，サマーズ＆ワルドマン（DSSW : De Long, Shleifer, Summers & Waldmann）モデル（1990）とキャンベル＆カイル（Campbell & Kyle）モデル（1993）が原因究明で登場する。

　このようにノイズ・モデルの特徴は2つの主体が同時に市場に存在する世代重複（OLG : Overlapping-Generations）と同じフレームワークを持つ。この相克がクラッシュを起こすがシグナリング・ゲーム理論の適用はない。

　またローマー（Romer）（1993）も内部情報と心理との関係でユニークなノイズ・モデルであるといえる。

模擬実験─シミュレーション

　フリードマン（1953）の実証経済学によると，理論はその仮説の含意もしくは予測と観測可能な現象とをテストすることが求められる。この理論はモデルと想定できるので，ブラック・マンデーの原因究明をする際にも適用できる。しかし情報格差や投資家の心理を重視した非効率的市場からのデータ集計による証券理論モデルの検証はそもそも意味がない。情報集計の不完全

50

性が存在するからである。データも繰り返し起きる事象でないので集積も難しい。その意味で本書の証券理論モデルの活用に際してはポパーの概念が重要となる。

　そしてモデルの理論・仮説の妥当性を実験室のなかでほぼ完全にコントロールしながら直接にテストする方法が模擬実験である。株式やオプション等の証券理論モデルを用いたシミュレーションは模擬実験の代表的な方法の1つである。この研究の嚆矢はチェンバレン（Chamberlain）（1948）の「不完全市場実験」である。30年後，まさにブラック・マンデーを契機として，再び実験的市場に多くの関心が寄せられるようになった。

　現代の実験経済学の第一人者であるヴァーノン・スミス（Smith, V.）（1991）は資産市場では参加者の期待はファンダメンタルズよりも，むしろモメンタム要因（直近の価格変化）と人間の非合理性に基づいているとして，模擬実験の有用性を強調する[17]。ブラック・マンデーはクラッシュに関する模擬実験に大きく扉を開いた。従来の時系列の統計的手法と異なり，事例が少ないブラック・マンデーの原因究明や証券市場に及ぼす課題については模擬実験（シミュレーション）を通して分析されている[18]。

オプション価格の特性

　ブラック・マンデー後，クラッシュ後遺症によりオプション価格は従来と異なる価格形成（ボラティリティ・スマイル）となる。この接近としてはヘストン（Heston）確率的ボラティリティ（SV）オプション・モデル（1993）が発案された。さらにエンゲル（Engle）（1982）が提案した統計的手法の自己回帰条件付分散不均一（ARCH）が適用された。アーチ（ARCH）といわれる。その後，ボラースレヴ（Bollerslev）（1986）の一般化自己回帰条件付分散不均一（GARCH）が現われた。ガーチ（GARCH）モデルといわれる。これらのモデルによる実証研究は多くの示唆に富んだ価格の特性を提示した。その特性に関する実務的研究としてローカル・ボラティリティ（LV）分析も盛んに行われた。

第Ⅰ部 証券理論モデルと問題意識

3.3 高頻度取引（HFT）下のモデル

1987年に起きたブラック・マンデーの原因究明の主要な研究は1990年代前半までに集中しており，それ以降のクラッシュ研究は低調であった。2008年のサブプライム問題より惹起したリーマン・ショック，2010年の高頻度取引（HFT）のフラッシュ・クラッシュ等アウトライヤー・イベントによりクラッシュの原因分析の重要性が再認識されるようになった。証券理論モデルからみると，近年のクラッシュはブラック・マンデーに端を発した投資・売買のイノベーションとブラック・マンデーとの関係性は深い。この関係性を明らかにするためリー（Li）（2000）のコピュラ・モデル，そしイズレイ，ロペス　デ　パラド & オハラ（ELPO：Easley, LóPez de Prado & O'Hara）（2012b）の情報取引売買確率（VPIN）モデルを用いて各クラッシュの原因究明も試みている。

また高頻度取引（HFT）マーケット・マイクロストラクチャー理論のモデルとしてインパクト・モデルが現れた。そしてインパクト・モデルを用いてブラック・マンデーを含む新たなクラッシュの原因究明が行われた。それがカイル & オビズヘイヴァ（Kyle & Obizhaeva）（2013a, b）とハン & ワン（Huang & Wang）（2009）モデルである。またカルテア & ペナルヴァ（Cartea & Penalva）（2012）モデルは高頻度取引（HFT）下の流動性問題を提示した。これらインパクト・モデルはマーケット・マイクロストラクチャーの流動性モデルを基礎にしている。

4　証券理論モデルの類型化

ここでは4.1証券理論モデルの類型化と4.2採択された証券理論モデルについて説明をする。

4.1　証券理論モデルの類型化

表2-1の証券理論モデルの史的展開を踏えて，市場構造に対応した証券理論モデルの類型化を図2-1のようにすることが可能である。

52

第2章　アプローチとしての証券理論モデル

表 2-1　証券理論モデルの史的展開（ブラック・マンデー関連モデルを中心に）

年	モデル
2013	カイル & オビズヘイヴァ・モデル　　ドマンジェ・モデル
｜	カルテア & ペナルヴァ・モデル　　　ELPO（VPIN）モデル
2008	ハン & ワン・モデル　　ブルナマイナー & ペダーセン・モデル
2004	EHO（PIN）モデル（2002）　マンデンブローのフラクタル理論（1963, 1966）
2000	リ・コピュラ・モデル　アルムグレン & クリス・モデル（2001）
1994	ダーマン・カニ・LV モデル
1993	キャンベル & カイル・モデル　　ヘストン・モデル　　スブラマニヤム・モデル
1992	ジャクリン，クライドン & プフラインデラー（JKP）の情報誤認モデル エンゲルの ARCH（*）
1991	ヴァーノン・スミスの実験経済学（*）　グリーンワルド & スタイン・モデル
1990	ジェンノット & リーランド・モデル　　DSSW モデル
1989	ローマーのシナリオ
1988	アドマティ & プフラインデラー・モデル　グロスマン & ミラー・モデル　グロスマン・モデル
1987. 10	ブラック・マンデー　クルーグマンのシナリオ（*）ボラスレーヴの GARCH（1986）
1985	グロステン & ミルグロムの逐次モデル　　カイルの戦略的流動性モデル
1981	シラーのボラティリティ・テスト（市場の非効率性）（*）
1980	グロスマン & スティグリッツの情報品質均衡モデル（*）
1979	カーネマン & トゥベルスキーのプロスペクト理論（*）
	コックス，ロス & ルービンスタイン（CRR）オプション・モデル
1976	ストールの在庫モデル　　　ロス・AD オプション・モデル
1976	リーランド & ルービンスタインの PI モデル　　ハンカンソンのスーパーシェアー
1974	マートン・モデル（*）
1973	ブラック & ショールズ（BS）のオプション価格モデル（*）
1972	ルーカスの合理的期待理論（*）
1970	ファーマの効率的市場仮説（*）
1965	サミュエルソンのオプション価格モデル（*）
1964	シャープの資本資産価格モデル（CAPM）（*）
1959	マーコビッツのポートフォリオ理論（*）　ゴードン・モデル（株価のファダメンタルズ）
1958	ミラー & モジリアーニ（MM）理論（*）
1954	アロー & ドブリュー（AD）証券（*）
1938	ウィリアムズのファンダメンタルズ
1930	アーヴィン・フィッシャーの 2 期間均衡モデル
1900	バシュリエのブラウン運動とオプション価格

（注）1 （*）はノーベル経済学賞受賞者の理論。
資料：著者作成。

53

第Ⅰ部　証券理論モデルと問題意識

① 効率的市場

　　標準モデル（ポートフォリオ・インシュランスとファンダメンタルズ・モデル）

② 非対称性市場

　　マーケット・マイクロストラクチャー（市場のミクロ構造）・モデル

③ 非効率的市場

　　ノイズ・モデル（合理的トレーダーとノイズ・トレーダー）

　　行動ファイナンス（ノイズ・トレーダーのみ）・モデル

④ 高頻度取引（HFT）市場

　　インパクト・モデル

　①が標準モデル，②から④が代替モデルである。独自の分類であるが，証券理論モデルは資本市場の均衡理論，不均衡理論から行動ファイナンス，高頻度取引（HFT）まで広範囲に及んでいる。高頻度取引（HFT）マーケット・マイクロストラクチャー・モデルであるインパクト・モデルは分類としては②と③に隣接している。繰り返すが①以外は投資家を原則，トレーダーと呼ぶ。

4.2　採択された証券理論モデル

　証券理論モデルの史的展開から第Ⅱ部と第Ⅲ部でツールとして採択された証券理論モデル名を一覧表として**表 2-2** のように整理した。

おわりに

　理論的なアプローチとして証券理論モデルを用いる。なぜならクラッシュは大きな価格変動であり，証券市場理論において価格変動は証券理論モデルを用いて測定されるからである。本章では証券理論モデルの史的展開を通して，このブラック・マンデーの原因究明をするために，市場構造に基づき証券理論モデルを4つに類型化した。類型化が**図 2-1** である。さらに第Ⅱ部と第Ⅲ部の各章で採択される多くの証券理論モデルについては史的展開と各章

54

第2章　アプローチとしての証券理論モデル

表2-2　採択された証券理論モデル

第4章　標準モデルによる原因究明
ブラック＆ショールズ（BS）オプション・モデル
マーコビッツのポートフォリオ　　　　ゴードン・モデル
合理的バブル理論　　　フラクタル理論
第5章　マーケット・マイクロストラクチャー・モデルによる原因究明
ストールの在庫モデル　　　　グロスマン＆スティグリッツ（情報品質均衡）モデル
カイル（戦略的流動性）モデル　　　　グロステン＆ミルグロム（逐次取引モデル）
ジェンノット＆リーランド（複数均衡）モデル
ジャクリン，クライドン＆プフラインデラー（JKP）（情報誤認）モデル
グロスマン＆ミラー（流動性イベント）モデル　　　　グロスマンの資金流動性モデル
第6章　ノイズ・モデルによる原因究明
シラーのボラティリティ・テスト　　　自己回帰モデル　　　スイッチング・モデル
平均回帰モデル　　　デロング，シュライファー，サマーズ＆ワルドマン（DSSW）モデル
キャンベル＆カイル・モデル　　　ローマのシナリオ・モデル
第7章　インパクト・モデルによる原因究明
アルムグレン＆クリス・モデル
カイル＆オビズヘイヴァによるベッツ・インパクト・モデル
ハン＆ワンの流動性インパクト・モデル
第8章　売買取引の分析
ハンカンソンのスーパーシェアー　　　ロス・モデル
アドマティ＆プフライデラー・モデル　　　グリーンワルド＆スタイン・モデル
スブラハニヤム・モデル　　　ヘストン確率的ボラティリティ・モデル
第9章　高頻度取引（HFT）の分析
カルテア＆ペナルヴァ・モデル
イズレイ，ヒヴィドカジェル＆オハラの情報取引確率（PIN）モデル
イズレイ，ロペス　デ　パラド＆オハラ（ELPO）の情報取引売買確率（VPIN）モデル
エンゲルのアーチ（ARCH）モデル　　　ボラースレヴのガーチ（GARCH）モデル
第10章　金融商品の分析
1ファクター・ガウス型コピュラ・モデル

資料：著者作成。

の一覧表で整理した。

第Ⅰ部　証券理論モデルと問題意識

注

1） 理論モデルの考え方は奥島（2013）等を参考にした。

2） Popper（1957）p. 141（訳書 212-213 頁）。

3） Schumpeter（1954）pp. 14-20（訳書 15-20 頁）。

4） Friedman（1953）p. 8（訳書 8-9 頁）。

5） 佐和（1984）99-103 頁。

6） Fama（1970）p. 383.

7） Black（1986）p. 531.

8） 新古典派を基礎とした理論の前提は，以下の通りである（齋藤（2006）4-11 頁）。①貨幣市場と実物市場を完全に二分して貨幣は実物市場に対して中立的である。②現在の消費は将来の所得に依存して決まる。将来の所得を現在にまで割り戻した総価値を恒常所得という。③企業は家計（個人）の擬制である。④経済行為は家計（個人）の効用（消費）の極大化を目的とする。⑤資産の収益率や利子率は現在の消費を断念する代償と危険に対する対価である。

9） フィッシャー・モデルは現代ファイナンスの源流である（拙稿（2008c）77-92 頁）。

10） Freidman（1971）は通貨先物に関するオピニオンを CME 会長 Leo Melamed へ提出した。この論文は CME が通貨の先物取引を開始することに理論的根拠を与えた。また Freidman（1953）は「変動為替場擁護論」のなかで先物取引の投機が多くなると自然淘汰されると主張している。

11） Samuelson（1965）は金融工学の祖といわれる Bachelier（1900）のオプション価格理論について価格変化率の対数化（非負化）を試みた。

12） Harrison & Kreps（1979）は状態価格ベクトルが存在するとき，無裁定となる「資産価格決定の基礎理論」を構築した。

13） 完備市場，Arrow & Debreu（AD）均衡によりパレート最適が実現できる（第 10 章 2. 1）。

14） Stiglitz（2012）xxv（訳書 33 頁）。

15） このため 1980 年代のノーベル経済学賞はほとんど標準モデルが対象であった。しかし 2000 年以降，行動ファイナンスや実験経済学が対象となっている。例えば 2002 年に Kahneman，2013 年に Shiller そして 2017 年に Thaler が受賞した。

16） 「トレーダー心理とはベイズ合理性よりもユーフォリアに基づいている。規範モデルに照らすと，その行為が合理的でないトレーダーで Kyle（1985）と Black（1986）はノイズ・トレーダーと呼ぶ。」（Shleifer（2000）p. 12（訳書 18 頁））。しかし Kyle（1985）と Black（1986）のノイズ・トレーダーの概念が異なる。

17） Miller（2002）vii（Smith. V. L. の序文）。

18） Miller（2002）は実験経済学，Kleidon（1995）は実験的市場と呼んでいる。

第 3 章

問題意識による
原因究明の類型化

はじめに

　本章ではブラック・マンデーに対する問題意識とそのアプローチ（接近方法）について論述する。まず 1 問題意識の提示をする。つぎに 2 問題意識による原因究明の類型化を行う。ここでは原因究明の見解と証券理論モデルを問題意識に沿って整理する。最後にブラック・マンデーの歴史的意義づけとして 3 歴史的イベント分析を行う。

1　問題意識の提示

　まず 1.1 研究対象としてのブラック・マンデーについて，つぎに 1.2 基本的な問題意識と 1.3 具体的な問題意識に分けて提示する。

1.1　研究対象としてのブラック・マンデー

　実験経済学のロス・ミラー（Miller, R.）（2002）のブラック・マンデーに関する証券市場の歴史的な見解は以下の通りである。

　「革新的な金融理論，安価な計算能力，そして政府による規制の緩和が合わさって，市場を紳士的な銀行のもったいぶった世界から素早い取引とプログラムによる売買の世界へ変貌させた。こうした新しい状況はデリバティブ証券市場において顕著に現れている。ブラック・マンデーは金融システムが洗練され過ぎて，かえって悪い結果をもたらした[1]。」

57

第Ⅰ部 証券理論モデルと問題意識

コンピューターを用いた投資と売買に支えられた証券市場が初めて経験したクラッシュがブラック・マンデーであった。さらにその日は特別なマクロ経済のイベントはなく、突然のクラッシュであった。ブラック・マンデーの特質は工学的システムに支えられた証券市場において初めて起きた予期できない史上最大のクラッシュである。よってブラック・マンデーは証券市場にとって重要な研究対象であるといえる。

1.2 基本的な問題意識

ブラック・マンデーを研究対象とした場合、それでは「ブラック・マンデーの核心的問題は何か」という問題意識を明示する必要がある。この考察に当たり、ブラック・マンデーの研究者からの核心的な問題提起を管見する。

ブラック・マンデーの研究に非常に関わりを持ったマートン・ミラー（Miller, M. H.）（1991）（以下、ミラー）は以下のように述べている。「ブラック・マンデーは知性を刺激する出来事であった。そして緊急性を要する現実的対応の関心よりも学問的な面が関心を呼んだ。なぜ膨大な富の崩壊が起きたのか。これは特別なイベントか、それとも1つのエピソードか。大きなクラッシュを今後、防ぐことが可能であるか[2]。」

さらにブラック・マンデーに関する著書を上梓したジェイコブ（Jacobs）（1999）からみてみよう。「ブラック・マンデーは経済的にはほとんど意義がなかったが、投資理論に大きな衝撃を与えた。将来のクラッシュに対処するために、市場の効率性やリスクとリターンについて再び議論しなければならない。今後、多くの詳しい検証によりブラック・マンデーの真相を究明すべきである[3]。」

彼らのアカデミズムの問題意識はブラック・マンデーの理論的な原因究明なので、本書の基本的な問題意識をブラック・マンデーの理論的な原因究明とすることには問題がなさそうである。しかも理論的な原因究明はまだ、体系的に説得力ある説明が行われていないことから、現代的な問題意識であるといえる[4]。

それでは理論的な原因究明とは何か。証券評価（変動）は証券理論モデル

58

のアプローチにより測定されるので，証券理論モデルによるクラッシュ（大きな価格変動）の原因究明であると解釈できる。

1.3 具体的な問題意識

　しかし基本的な問題意識については余りにも抽象的なので，より具体的な問題意識の構築が必要である。それを探求するために 1988 年「シンポジューム：1987 年市場クラッシュに関するブレディ委員会報告書」におけるグリーンワルド & スタイン（Greenwald & Stein）（1988），リーランド & ルービンスタイ（Leland & Rubinstein）（1988），ガミル & マーシュ（Gammill & Marsh）（1988）の具体的原因究明に関する見解を管見することから始めることにしよう[5]。

グリーンワルド & スタインの見解

　ファンダメンタルズの新しいニュースが株価変動の要因である。したがって，ファンダメンタルズの悪化が株価の大幅下落の原因である。なぜ突如，クラッシュが起きたのか，その理由は明らかではない。よってクラッシュの原因分析は市場メカニズムを中心に行われるべきである。

リーランド & ルービンスタイの見解

　1980 年代の証券理論モデルの主流は標準モデルであった。そのモデルは①合理的な投資家期待，②継続取引市場（=流動性の維持），③完全情報による継続的な取引を前提に成立していた。これらの前提が崩壊したのでブラック・マンデーが起きた。標準モデルとは異なった理論，例えば多くの投資家がパニック売りから引き起こされたとするマーケット・パニック理論，または少数の機関投資家により引き起こされたとするブレディ委員会理論から原因究明をすべきである。

ガミル & マーシュの見解

　ブラック・マンデーの原因は投資テクノロジー（ポートフォリオ・インシュランス）と市場メカニズムの相互作用の結果である。具体的な原因究明

第Ⅰ部 証券理論モデルと問題意識

をするためには実証分析よりも規範的な証券理論モデルによるアプローチが適している。この証券理論モデルとして，①イベントの合理的学習の取引レベルのモデル，②市場およびそのメカニズムに関するパニック・モデル，等が挙げられる。

これらの諸見解はつぎのように総括できる。

ブラック・マンデーはマクロ経済のイベントを伴わない，突然のクラッシュであったので，当時の主流であった標準モデル（ポートフォリオ・インシュランスとファンダメンタルズ・モデル）による原因究明は難しい。それゆえ代替モデル（マーケット・マイクロストラクチャー，ノイズ・モデル，インパクト・モデル）によるブラック・マンデーの原因究明が必要である。

以下，ブラック・マンデーの理論的な原因究明の問題意識を具体的に3つに細分化する。

① 1987年当時の標準モデルからブラック・マンデーの原因究明をする。

② 現在に至るまで新たに開発された代替モデルからブラック・マンデーの原因究明をする。

さらに，以下の問題意識を加えることにより，原因究明に奥行きと広がりを与えるであろう。

③ 証券理論モデルによるブラック・マンデーの原因究明で派生した証券市場の課題と影響について分析する。

2 問題意識による原因究明の類型化

証券理論モデルの史的展開のなかで多くのアプローチの具体的な証券理論モデルの成立経緯はすでに紹介した。ここでは2.1ブラック・マンデーの原因の理論的見解を紹介して2.2問題意識による原因究明の類型化を試みる。

2.1 理論的見解

ブラック・マンデーの原因については以下の理論的見解がある。

ハリスの見解

　概して，ポートフォリオ・インシュランスはクラッシュの原因に影響したことは何人も認めるが，その限定的影響や副次的影響の指摘が多い[6]。こうしたなかでハリスはブラック・マンデーの原因としてポートフォリオ・インシュランスの売り急増が市場メカニズム（先物市場と現物市場関係）をメルトダウンさせかつトレーダーが混乱させたとして，ポートフォリオ・インシュランス主犯説を主張する[7]。この考え方は証券取引委員会（SEC）報告書（1988）の先物ベースのヘッジとしてのポートフォリオ・インシュランスが現物市場のクラッシュの主因であるとの見解に似ている。

フレンチの見解

　株価はブラック・マンデーの前後でもファンダメンタルズに近かった。ブラック・マンデーは新しいニュースの情報への合理的反応である。このクラッシュの前に連邦準備制度理事会（FRB）は金利引き上げや西ドイツ・マルクに対する為替の引き下げを容認した。またペルシャ湾でイラン発掘施設の爆破等の重要な情報も発表された。こうしたバッド・ニュースがキャッシュ・フロー割引率（＝期待収益率）を引き上げた。これを割引率効果という。ファンダメンタルズ・モデルでは少しの割引率の変化でも大きな価格変動が伴うものであるとフレンチは説く[8]。これにより海外市場の暴落も説明可能である[9]。

クライドンの見解

　ブラック・マンデーは情報の非対称性を契機として起きたものであるとクライドンは主張する[10]。本来，この情報が非対称性の場合でもある程度の完全な情報を持っていれば合理的期待均衡（REE）が達成できるはずである。しかし大きな非対称性が生じた場合は均衡から価格が乖離したり，または需給の不均衡による流動性に支障をきたし「即時でない価格」が生じる場合がある。取引情報の非対称性はポートフォリオ・インシュランスが対象である。

第Ⅰ部　証券理論モデルと問題意識

ブラックの見解

　ブラック・マンデーの原因は投資家の投資心理による非合理的行動に起因するノイズである。そのノイズは①相場による投資家のリスク許容度の変化，②平均回帰，③市場への信認の3つの要素からなり，それらが相互作用してクラッシュを引き起こしたとする[11]。

カイルの見解

　ブラック・マンデーを含むクラッシュはリスク移転に関係したノイズ・トレーダーのベッツ（bets）取引が引き金となった。ベッツ（リスク移転）取引からインパクト・モデルを利用するとクラッシュの予測計算が可能である[12]。

2.2　問題意識による原因究明の類型化

　理論的見解から問題意識による原因究明の類型化を行う。具体的な問題意識は①標準モデルによる原因究明，②代替モデルによる原因究明，③課題と影響の分析であった。そこで問題意識についてブラック・マンデーの理論的見解と証券理論モデルを結び付けて再整理しよう。

①　標準モデルによる原因究明

　　ハリスの見解ではポートフォリオ・インシュランスの影響，フレンチの見解ではマクロ経済のファンダメンタルズの悪化がブラック・マンデーの原因であるとする。よって原因究明には効率的市場を想定した標準モデル（ポートフォリオ・インシュランスとファンダメンタルズ・モデル）からのアプローチで行う。

②　代替モデルによる原因究明

　　クライドンの見解では取引情報の非対称性（それに起因する流動性）がブラック・マンデーの原因であるとする。よって原因究明には非対称性市場を想定した代替モデルのマーケット・マイクロストラクチャー・モデルからのアプローチで行う。

　　ブラックの見解ではノイズ（投資心理）がブラック・マンデーの原因であるとする。よって原因究明には非効率的市場を想定したノイズ・モ

デル（合理的トレーダーとノイズ・トレーダーから構成される）からの
アプローチで行う。

　カイルの見解ではノイズ・トレーダーとしてのベッツ取引がブラック・マンデーの原因であるとする。よって原因究明には高頻度取引を想定した代替モデルとして，高頻度取引（HFT）マーケット・マイクロストラクチャーのインパクト・モデルからのアプローチで行う。

③　課題と影響の分析
　　具体的な原因究明から派生する課題と影響であるので，まだ具体的に提示はできないが多くの課題と影響を俎上に載せる予定である。

　①と②の原因究明については第Ⅱ部，③課題と影響の分析については第Ⅲ部で論じることにする。

3　歴史的イベント分析

　ブラック・マンデーはすでに4半世紀も経過している歴史的イベントであり[13]，ブラック・マンデーは証券史の一断片を証券理論モデルから分析するという視点で若干の考察をする。まずブラック・マンデーの原因究明をなぜ歴史分析として捉えるかという3.1歴史的イベントの分析の意義について考察する。つぎに歴史分析のツールとして証券理論モデルは認められるか否か3.2歴史分析のツールとしての証券理論モデルについて考察する。最後に3.3通常科学としての歴史分析について言及する。

3.1　歴史的イベントの分析の意義

　ブラック・マンデーをなぜ歴史的分析として捉えるかについてはシュンペーターの考察が参考になる。箇条書きで整理してみよう[14]。

①　最新の方法でのアプローチは優雅に見える，歴史を軽視すると何かしらの方向とある意味において欠けている感覚が生じる。

②　われわれの心は科学の歴史の研究から新しい天来の着想を引き出すことが少なくない。

63

第Ⅰ部　証券理論モデルと問題意識

③　ある科学ないしは科学一般の歴史を学ぶのを是とする最重要な根拠
　　は，歴史が人間の心の動き方に関して多くのものをわれわれに教える点
　　にある。
④　科学的経済学は歴史をつうじての連続性を欠いてはならない。実のと
　　ころ，科学的諸概念の系統化の過程とも呼ばれるものの記述が主要テー
　　マである。

ブラック・マンデーの原因究明も歴史的分析の側面があるとの認識は重要
である。

3.2　歴史分析のツールとしての証券理論モデル

金融市場のクラッシュ通史の泰斗であるキンドルバーガー（Kindelberger）
（1978）は『熱狂，恐慌，崩壊：金融恐慌の歴史』においてつぎのように言
及している。「本書は数理経済学，計量経済学，あるいは両者を包含してい
る『新しい経済史』に対抗するものとして『文献経済学』と今日呼ばれてい
るものに属する小論である。……したがって，私の研究は，基本的な定性的
なものであって，定量的なアプローチではない[15]。」

キンドルバーガーが採用する定性的アプローチは確固たる基本的な歴史認
識をもって，理論，制度，経済から総合的に経済システムを通してクラッ
シュを分析する方法であるが[16]，ここでいう定量的アプローチとは経済理
論，またはモデルを用いて実証的なクラッシュ分析をすることを意味してい
る。一般的には歴史的分析において定性的アプローチはオーソドックスであ
ると考えられる。なぜなら，定性的アプローチは歴史的認識の一貫性，連続
性が実現できるからである。しかし歴史観が入るので，事実の客観性に問題
が生じる場合がある。

さらにキンドルバーガーがいう定量的アプローチであるモデル理論につい
て考えてみよう。ポパー（Popper）（1957）は「歴史的分析は……歴史法則
主義に沿って非定量性等を重視する反自然主義的アプローチでなく，社会学
も物理学と同じように理論的であると同時に経験的でもある自然主義的アプ
ローチが適切である。具体的には諸条件を細かくコントロールできる工学的
な精神をもった『ピースミール』的社会工学のアプローチである[17]。」と主

第 3 章　問題意識による原因究明の類型化

張する。

　このアプローチについての思想的・哲学的考察は脇におけば，ポパーのアプローチは小さな問題をひとつひとつ解決してゆくことで，ある目的を達成しようとする社会科学の方法であると考えられる[18]。

　ここでのテーマは工学的システムで支えられた証券市場における初めての大きなクラッシュであり，しかもブラック・マンデーという短期間の分析で非連続性の事象を対象とする。よって歴史的イベントの方法論については確固たる思想や哲学は持ち合わせていないが，証券理論モデルと同様にアプローチもポパーの考え方を取り入れたいと考えている。

3.3　通常科学としての歴史分析

　クーン（Kuhn）（1962）は既存の理論を単に分析する通常科学も積極的に評価されるべき学問領域であると主張する。通常科学の累積により初めて（社会）科学のパラダイムが形成されるからである[19]。よってすでに発表された証券理論モデルによるブラック・マンデーの原因説明に関して検証と解析（変形）を通して一定の評価をするので，本書も通常科学の一端に位置することができようが，これまでの一般的解釈や通説と異なる見解を示すことにより変則事例の足がかりを提案したい。ともあれ分析の際にはポパーの反証可能性の余地を残しておくよう努めたい。

おわりに

　ブラック・マンデーの原因究明に関して，問題意識に沿って理論見解と証券理論モデルと関係づけて類型化した。類型化に従えば，ブラック・マンデーの原因がポートフォリ・インシュランスとファンダメンタルズに起因したアプローチでは標準モデル，それ以外の理由からのアプローチでは代替モデルに依拠する。その代替モデルでは情報の非対称性と流動性に起因したマーケット・マイクロストラクチャー・モデル，投資心理に起因したノイズ・モデル，それに高頻度取引（HFT）下のノイズ・トレーダーを導入したインパクト・モデルが加わる。これらの４つに分類された証券理論モデルに

65

第Ⅰ部　証券理論モデルと問題意識

よって3つの目的意識の回答を試みることになる。

　従来，原因究明に関しては市場構造の各領域において個別に行われていた。しかし本書のように歴史的視点に立脚してかつ体系的にブラック・マンデーの原因究明をする試みは寡聞にして知らない。それ故に学問的意義は十分にあるとの認識をもっている。

注

1) Miller, R. M.（2002）p. 13（訳書 36 頁）。

2) Miller（1991）pp. 88-92.

3) Jacobs（1999）p. 73.

4) 「ブラック・マンデーは先物などの派生商品取引が現物市場に及ぼすことは当然としても，その影響度の評価など，いまだに決着のついていない問題も多い」（藤井（2009）190 頁）。

5) この紹介はマーケット・クラッシュ特集号（1988）（in *Journal of Economic Perspective*）による。
Greenwald & Stein（pp. 3-23）.
Gammill & Marsh（pp. 25-44）.
Leland & Rubinstein（pp. 45-50）.

6) 例えば，Shiller（1988b）はポートフォリオ・インシュランスを金融イノベーションのファッズ（流行）と位置付ける（第 6 章 2. 1）。

7) Harris（2003）pp. 559-566（訳書 887-895 頁）。

8) French（1988）.

9) 国際的証券市場の見地からの分析ではブラック・マンデーが米国証券市場特有のプログラム売りによるとすれば，なぜ伝播して他国の証券市場（例えばロンドン市場，東京市場）に影響した理由がみつからない。やはりマクロ経済の金利やリスク評価等の影響である（Roll（1988a））。

10) Kleidon（1992, 1995）.

11) Black（1988）.

12) Kyle（1985），Kyle & Obizhaeva（2013a, b）.

13) ブラック・マンデーのウォール街のリアルな様子は Metz（1988）および Bose（1988）から知ることできる。またシカゴ・マーカンタイル取引所（CME）の元会長である Melamed も当時の売買取引システムと決済の危機的状況を紹介している（Melamed & Tamarkin, 1996）。

14) Schumpeter（1954）pp. 4-6（訳書 5-10 頁）。

15) Kindelberger（1978）pp. 4-5（訳書 7-8 頁）。

16) 比較的新しい金融システムの長期的な歴史分析のアプローチとしては Boyer（1986）のレギュラシオン（régulation：調整）と寺西（2003）等の歴史的経路依存性アプローチがある。
なおレギュラシオン理論からのブラック・マンデーの原因究明については（第 6 章 2. 1 および拙稿（2013））を参照。

17) Popper（1957）p. 18（訳書 18 頁）。

18) 「ポパーによると哲学的問題はそれ自身の外で源があることが重要であるとする。こうした考えは哲学者間より科学者やトレーダー，意思決定をする人の間での評価が高い。」（Taleb（2007）pp. 290-291（訳書（下）209-210 頁））。

19) 科学の歴史的展開は「前科学→パラダイムの形成→通常科学→変則事例の出現→危機→科学革命→新パラダイムの形成→通常科学」という一連のサイクルを繰り返す

第Ⅰ部　証券理論モデルと問題意識

と Kuhn は考えた。この過程において科学革命というパラダイムの転換は「連続的進歩」ではなく「断続的進歩により生じる」……。

　通常科学とは「ある特定の科学者共同体が一定の期間，その仕事を進めるための基盤を与えるものと認めた，若干の過去の科学的業績にしっかりと基盤を据えた研究」と定義されている（野家（2008）154-155 頁）。

第Ⅱ部
証券理論モデルによる原因究明

　第Ⅱ部は証券理論モデルによる原因究明について論じる。原因究明とはモデルによる原因説明とシミュレーションを含めた検証・解析をいう。この構成は第4章標準モデルによる原因究明，第5章マーケット・マイクロストラクチャー・モデルによる原因究明，第6章ノイズ・モデルによる原因究明，第7章インパクト・モデルによる原因究明からなる。各章とも代表的なモデルによるクラッシュの原因説明とその分析（検証と解析）について展開する。その分析は特定の証券モデルの前提，または範疇に限定することなく，市場構造に基づいた体系的な原因究明である。

第4章

標準モデルによる原因究明

はじめに

1980 年代の強気相場における標準モデルの役割を認識することが重要である。コンピューターの発展により，1980 年代の証券理論モデルの主流は効率的市場（情報が効率的で合理的投資家からなる市場）を前提に構築された標準モデルであった。このモデルにはインデックス投資が最適ポートフォリオであるとし，そのヘッジ投資がポートフォリオ・インシュランスである。またインデックス投資とは別に個別銘柄はファンダメンタルズであるゴードン・モデルで支えられている。1980 年代の強気相場の理論的中核を担った標準モデル，特にポートフォリオ・インシュランスとゴードン・モデルからブラック・マンデーの原因究明（モデルによる原因説明およびその検証と解析）を行う。

以上のことを踏まえて，本章は 1 標準モデルの体系，原因究明として 2 ポートフォリオ・インシュランス[1]，3 ファンダメンタルズの構成をとる。

1 標準モデルの体系

1980 年以降，証券市場における機関投資家のファンドは主にスタンダード & プアーズ 500（S&P 500）の市場ポートフォリオで運用されていた。その理論的根拠はマーコビッツ（Markowitz）（1959）による最適ポートフォリ

71

第Ⅱ部　証券理論モデルによる原因究明

オであった[2]。1980年代の証券市場の特徴であるインデックス・ポートフォリオが最適ポートフォリオである。そのヘッジがオプション理論を用いたポートフォリオ・インシュランスである。そしてインデックス・ポートフォリオを代表的な個別証券と仮定すればファンダメンタルズの理論価格が適用できる。標準モデルの体系は1.1ポートフォリオ，1.2ポートフォリオ・インシュランスのスキーム，1.3ゴードン・モデルからなる。

1.1　ポートフォリオ

標準問題

　効率的市場（投資家が合理的でかつ情報が効率的）を前提として富を構成する投資財は危険資産の株式i銘柄で構成されていると仮定する。平均－分散（M-V）アプローチを用いれば，危険資産はリターン（期待収益率：μ_i $=E(\mu_i)$）とリスク（標準偏差：σ_i，分散：σ_i^2）で表現することになる。そして各証券の投資比率をx_i，ポートフォリオにおける（要求）収益率μ_Pとして最小分散σ_P^2を求める。これがポートフォリオ選択の標準問題であり，2次数理計画として最適解が存在する条件付最小化問題（付録2.2）である。

インデックス運用の妥当性

　図4-1は7銘柄についてリスク＆リターン（2年間の月間ベース）の散布図の実例である。7銘柄のうち3銘柄，5銘柄，7銘柄について標準問題として最適解を計算した結果が**図4-2**である[3]。この図から同一リスクについて，銘柄数が多ければ多いほどリターンが高くなること（逆に，同一リターンであればリスクが小さくなる）ことがわかる。言い換えれば，投資家が所有する銘柄数が多ければ多いほどポートフォリオとして最適となる。このことから機関投資家のインデックス・ポートフォリオ運用が妥当性を持つ。1980年代の機関投資家のインデックス・ポートフォリオ（スタンダード＆プアーズ500（S&P 500））の運用はリスクとリターンの関係から最も優れた投資戦略であった。この運用のヘッジとしてのインデックス・デリバティブ取引がシカゴ・マーカンタイル取引所（CME）で用意された。

第 4 章 標準モデルによる原因究明

図 4-1　7 銘柄のリスクとリターン

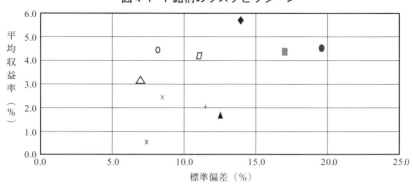

資料：著者作成。

図 4-2　銘柄数による効率的ポートフォリオ

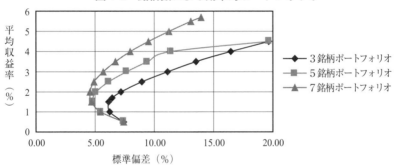

資料：著者作成。

1.2　ポートフォリオ・インシュランスのスキーム

　1982 年からブラック・マンデーが起きるまでの間，証券市場は経済のファンダメンタルズの良好さを反映して機関投資家によるインデックス（スタンダード & プアーズ 500）を対象としたポートフォリオの運用が大きな比重を占めるようになった。これはポートフォリオ理論に対応した動向であった。そして機関投資家のポートフォリオ運用のヘッジはストップ・ロス取引

第Ⅱ部 証券理論モデルによる原因究明

からリーランド＆ルービンスタイン（Leland ＆ Rubinstein）（1976）の発案によるデリバティブを利用したポートフォリオ・インシュランス取引へと移行していく。次第にポートフォリオ・インシュランス取引が証券市場に大きな影響も持つようになった。

ここではインデックス・ポートフォリオを個別のインデックス証券であると想定して，ポートフォリオ・インシュランスのスキームを説明する。

いまプレミアム $=0$ として0期の株式資産 W に対して，すべてポートフォリオ・インシュランスでカバーする。具体的には W_0 を行使価格 K としてプット・オプション $Max(W_0-W_T, 0)$ を購入する。ただし（4.1）は金利 r $=0$ とする。

$$Y(W_T)=W_0+Max(W_0-W_T, 0) \tag{4.1}$$

W_0：期首の資産価値　　　　　　　W_T：T 期末の資産価値

（4.1）を V_t^P（連続型プット・オプションであるブラック＆ショールズ（BS）オプション・モデル）で書き換える（付録（A.21））。

$$Y[W_T, x(\cdot)]=(P_t+V_t^P)x \geq 0 \tag{4.2}$$

V_t^P（プット・オプション）$=-P_t\Phi(-d_1)+Ke^{-r\tau}\Phi(-d_2)$

（参　考）

V_t^C（コール・オプション）$=P_t\Phi(d_1)-Ke^{-r\tau}\Phi(d_2)$

P_t：株価　　　V_t^P：プット・オプションの価値（プレミアム）

x：株数

$$d_1=\frac{\ln\left(\dfrac{P}{K}\right)+(r+0.5\sigma^2)\tau}{\sigma\sqrt{\tau}} \qquad\qquad d_2=d_1-\sigma\sqrt{\tau}$$

V_t^C：コール・オプションの価値　　V_t^P：プット・オプションの価値

P_t：時刻 t 原資産価格（株価）　K：行使価格　　τ：$T-t$（期間）

r：無リスク金利　　　　σ^2：分散　　　$\Phi(\cdot)$：標準正規分布関数

つぎに P_t が変化したときのコール・オプション価値 V^C の変化は以下のように Δ^C で表わすことができる。

$$\Delta^C=\frac{\partial V^C}{\partial P_t}=\Phi(d_1) \tag{4.3}$$

同様にP_tが変化したときのプット・オプション価値V^Pの変化は以下のようにΔ^Pで表わすことができる。

$$\Delta^P = \frac{\partial V^P}{\partial P_t} = \Phi(d_1) - 1 \tag{4.4}$$

原資産の株価変化をオプション・プレミアム価格の変化で相殺できる数値を一定に保持するとき，デルタ・ニュートラルという。このような投資のポジションは株価の変化について常にデルタ・ヘッジ$\Delta^P \times P_t$が必要である。

一定のデルタ・ニュートラルを保つためにはプット・オプションのポートフォリオの組成をリバランスしなければならない[4]。

さらに$1 - \Phi(-d_1) = \Phi(d_1)$に留意すれば（4.2）から次式が成立する。

$$Y[W_r, x(\cdot)] = P_t x \Phi(d_1) + Ke^{-r\tau} x \Phi(-d_2) \geq 0 \tag{4.5}$$

Pxの現物株式を購入してそのヘッジとしてプット・オプションを利用すると想定しよう。このプロテクテイブ・プットには（4.5）は株式所有量θ_t（$= x\Phi(d_1)$）と債券額φ_t（$= x\Phi(-d_2)$）からなるポートフォリオ$W(\theta_t, \varphi_t)$に複製できることを意味している。

いまプット・オプションのヘッジ比率を保持にするには先に述べたようにP_tの変化によるΔ（デルタ）のリバランスが必要である。現物株式のリバランスは取引コストが高いので多くの場合，より安い取引コストの先物市場で行う。また連続型リバランス（4.5）はコンピューター・プログラムにより実行されるのでプログラム取引とも呼ばれる。

1.3　ゴードン・モデル

インデックス・ポートフォリオの代表的な個別証券の株価について効率的市場仮説を前提とすれば，短期の場合はモジリアニ・ミラー（MM）理論が（4.6）である。これはρは株式期待収益率（株式コスト）であるので均衡理論においては資本資産価格モデル（CAPM）で（4.7）置き換えられる。しかし株式が長期保有となると配当が指標の中核となる。1株当たり利益（EPS）を配当Dと内部留保Bに分解すると，株価はゴードン・モデル（付録（A.7））により（4.8）に示すように表現される。

$$P = EPS/\rho_i \tag{4.6}$$

75

第Ⅱ部 証券理論モデルによる原因究明

$$\rho_i = r_f + \beta_i(\rho_M - r_f) \qquad \beta_i = \sigma_{iM}/\sigma_M^2 \qquad (4.7)$$

$$P = D/(\rho - g) \qquad (4.8)$$

P：株価　D：1 株当たり配当　　ρ：（4.7）は投資収益率，（4.8）は配当リスク調整済み割引率　　g：配当成長率　　σ_{iM}：i と M の共分散

2　ポートフォリオ・インシュランス

1980 年代米国証券市場におけるポートフォリオ・インシュランスはブラック・マンデーの原因であるとする有力な見解がある。今でもその支持者は少なくない。その見解について 2.1 ダイナミック・ヘッジ，2.2 ポートフォリオ・インシュランスの特性，2.3 ポートフォリオ・インシュランスの検証から考察する。

2.1　ダイナミック・ヘッジ

ポートフォリオのヘッジは当初，現物市場でのストップ・ロス（一度でも当初価格より下がったら債券で運用する）で実行されていた。その後，デリバティブ市場が開設されてストップ・ロスからプロテクティブ・プットが利用されるようになる。これは離散型ポートフォリオ・インシュランスでもある。さらにプロテクティブ・プットはブラック & ショールズ（BS）オプション・モデルを利用した（4.5）の連続型ポートフォリオ・インシュランスであるダイナミック・ヘッジへと移行していく。そこで 1980 年代に展開されたヘッジ方法の移行の妥当性をシミュレーションを通して行う。

ストップ・ロスとプロテクティブ・プット

ここでは 2 項モデルを用いたプロテクティブ・プットがストップ・ロスよりも運用上，優れていることを示す[5]。その際，格子構造をリスク中立型の前提で微小期間（Δt）を考えてプット・オプションの公式を利用する。また格子構造のオプション評価は逆算方式で求めることに留意する。**図 4-3** のシミュレーションの結果からプロテクティブ・プットの収益がストップ・ロス

図 4-3 ストップ・ロスとプロテクティブ・プットの運用比較（4半期ごと）

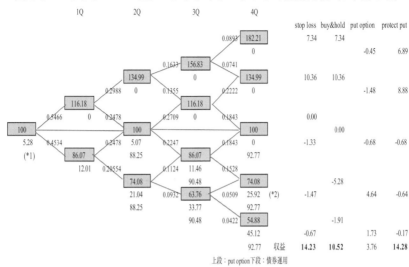

（注）（*1）と（*2）についての数値計算は以下の通り。（（*1）は4捨5入により数値は若干異なる）

(*1)　5.28 =（0 × p + 12.01 ×（1 − p））× EXP(− r × Δt) =（0 × 0.5466 + 12.01 × 0.4534）× EXP(− 0.1 × 0.25)

(*2)　25.92 = Max[0,（100 − 74.08）]

資料：著者作成。

の収益より高いことが理解できる。

　ちなみにプロテクティブ・プットの収益は 14.28 ドルとストップ・ロスの収益は 14.23 ドルであった。また株価のボラティリティ σ を変化させてもプロテクティブ・プットの収益の優位性は変わらなかった[6]。

ダイナミック・ヘッジ

　（4.2）から1単位のポートフォリオ・インシュランス $y(\cdot)$ を考える。

$$y(\cdot)=(P_t+V_t^P)\geq 0 \tag{4.9}$$

上記式でヘッジのためのプット・オプション V_t^P について株式と債券との

第Ⅱ部　証券理論モデルによる原因究明

表4-1　ダイナミック・ヘッジのデルタによるリバランス

（単位：ドル，ω：％）

週次	株価 （A）	プット・ オプション 価値（B）	プット・デルタ Δ（C）	ポートフォリオ 価値（D） ＝ E ＋ F	株式 投資 （E）	債券 投資 （F）	株式投資（G） ＝ A ＋ E	ω = G/ （G ＋ F） （％）
20	35.50	1.21	−0.370	1.21	−13.14	14.35	22.36	61
19	34.63	1.53	−0.451	1.53	−15.61	17.15	19.02	53
18	33.75	1.94	−0.541	1.94	−18.26	20.21	15.49	43
17	34.75	1.42	−0.445	1.42	−15.47	16.90	19.28	53
16	33.75	1.89	−0.553	1.89	−18.67	20.56	15.08	42
15	33.00	2.32	−0.641	2.32	−21.14	23.45	11.86	34
14	33.88	1.77	−0.552	1.77	−18.72	20.48	15.16	43
13	33.50	1.78	−0.583	1.78	−20.12	21.90	14.38	40
12	33.75	1.78	−0.583	1.78	−19.69	21.46	14.06	40
11	34.75	1.21	−0.467	1.21	−16.22	17.44	18.53	52
10	34.38	1.36	−0.520	1.36	−17.88	19.24	16.50	46
9	35.13	0.96	−0.425	0.96	−14.92	15.87	20.21	56
8	36.00	0.59	−0.310	0.59	−11.15	11.74	24.85	68
7	37.00	0.29	−0.188	0.29	−6.95	7.24	30.05	81
6	36.88	0.27	−0.187	0.27	−6.90	7.16	29.98	81
5	38.75	0.04	−0.040	0.04	−1.55	1.59	37.20	96
4	37.88	0.06	−0.064	0.06	−2.42	2.48	35.46	93
3	38.00	0.03	−0.036	0.03	−1.38	1.40	36.62	96
2	38.63	0.00	−0.005	0.00	−0.19	0.192	38.44	100
1	38.50	0.00	0.000	0.00	−0.01	0.01	38.49	100
0	37.50	0.00	0.000	0.00	0.00	0.00	37.50	100

資料：著者作成。

複製をする。続いて仮想の数値によるデルタ・ニュートラルを用いてダイナミック・ヘッジのシミュレーションを行う。ここでの仮想の数値は行使価格35ドル，満期までの20週，債券金利（年率＝52週）5％，株式のボラティリティ（標準偏差）20％とする。いま20週の株価の推移に従って，各週のダイナミック・ヘッジの計算が**表4-1**で示されている[7]。同表の20週次を説明すると第3列のプット・オプションの価値1.21ドルはブラック＆ショーズ（BS）・オプション・モデルからの計算による。いま1.21ドルの手持ち資金を用意してプット・オプションの購入を想定する。その第4列のプット・デルタは−0.37であるので，株価35.5ドルの株式を売却（ショー

78

図 4-4　プット・オプションによるポートフォリオ・ポジション推移

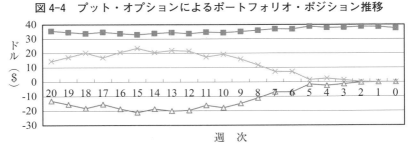

資料：佐藤作成。

ト）すれば相殺されるため第 6 列で示したように － 0.37 × 35.5 ドル ＝ － 13.14 ドルの株式投資（実は売却）となる。つぎに第 7 列のように売却代金 13.14 ドルと自己資金 1.21 ドルをあわせた額 14.35 ドルを無リスク債券に投資する。第 6 列＋第 7 列の合計が第 5 列のポートフォリオ価値であり、プット・オプションの複製額でもある。第 2 行以降の計算方法は第 1 行と同じである。こうしたプット・デルタによるポートフォリオの組成の結果、清算日の 20 週次においてはアウト・ザ・マネー（OTM：株価 P ＝37.5 ＞ 行使価格 K ＝35）の状態で株式と債券は手仕舞いされてペイオフは 0.077 ドルとなる[8]。

つぎに図 4-4 において 9 週次から株価が上昇に転じると株式は売却（ショート）から買付け（ロング）へポジションへと変化を示している。これにより株価上昇により株式の比率 ω が高くなる。株価の上昇（下落）過程ではポートフォリオ・インシュランスの買い（売り）が自動的にプログラムされているからである。

2.2　ポートフォリオ・インシュランスの特性

カスケード効果

もしファンダメンタルズの悪化により現物価格（＝株価）が下落したとき、ポートフォリオ・インシュランスを利用している機関投資家はポート

第Ⅱ部　証券理論モデルによる原因究明

フォリオのエクイティ・エクスプロジャーを迅速にヘッジするためにシカゴ・マーカンタイル取引所（CME）でスタンダード＆プアーズ500（S&P 500）先物を売る。デルタ・ヘッジによる先物市場でのリバランスである。このことがポートフォリオ・インシュランスのスキームの特性であることは**表4-1**のシミュレーションから理解できる。

　シカゴ・マーカンタイル取引所（CME）の機械的な売りによる先物価格の下落はニューヨーク証券取引所（NYSE）の現物市場へ伝達される。現物市場での株価下落は再度，先物市場のポートフォリオ・インシュランスの機械的な売りを誘発する。このような株価のスパイラルな下落を（下方）カスケード効果という。こうしたカスケード効果がポートフォリオ・インシュランスの特性の1つであり，この特性こそがクラッシュの原因の根拠の1つに挙げられる。

　もしポートフォリオ・インシュランスの機械的な売りの規模の情報がわかれば，適切なアービトラージ（裁定）（付録1.5）が可能であり，ファンダメンタルズと相場との乖離は調整されて均衡化することが期待される。迅速な情報伝達と価格調整こそが標準モデルの支持者が信じる効率的市場の前提である。

株価変動（ボラティリティ）

　ポートフォリオ・インシュランスと株価変動（ボラティリティ）の問題，具体的にはポートフォリオ・インシュランスが市場の価格変動を増加させるか否かについての問題を議論する。この価格変動に関する問題には賛否両論がある。グロスマン（Grossman）（1988b）に従うとポートフォリオ・インシュランスで用いられる先物取引は実物価格の価格変動を増大させるファクターであるとする[9]。この主張に同意する実証研究も多い[10]。一般的にはポートフォリオ・インシュランスが価格変動を高めるという主張はカスケード効果等を考えると受け入れやすい。

　シュヴェート（Schwert）（1990）の実証研究によると逆に，株価変動はポートフォリオ・インシュランス導入前（1980年代以前）がより高い水準であったことを実証している[11]。またブレナン＆シュヴォーツ（Brennan &

図 4-5 スタンダード＆プアーズ 500 (S&P500) の変動率（週間）

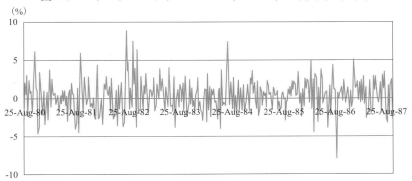

資料：S&P, Yahoo Finance U.S より著者作成。

表 4-2 スタンダード＆プアーズ 500 (S&P500) の変動率（週間）基本統計量

期間(単位%)	1980.8.15-1983.12.27	1984.1.3-1987.10.5.
標本数	177	200
平均	0.178(0.169)	0.337(0.139)
中央値（メジアン）	0.190	0.5730
標準偏差	2.252	1.963
分散	5.070	3.854
歪度	0.624	-0.305
尖度	1.2090	1.563
最大	8.830	7.381
最小	-4.618	-7.905
信頼区間(95.0%)	0.334	0.274

（注）単位は％である。（ ）は標準誤差を示す。
資料：S&P, Yahoo Finance U.S に基づき Excel で計算（尖度は正規分布からの乖離の数値）。

Schwartz）(1989) によるとポートフォリオ・インシュランスが与える価格変動の影響は市場構造（情報の効率性）により異なると主張する。

このようにポートフォリオ・インシュランスと株価変動（ボラティリティ）の関係に関して確定的な見解はないので，客観的なデータから株価変動の推移のみ確認しておこう。図 4-5 はインデックス（スタンダード＆プアーズ 500（S&P 500））の変動率（ボラティリティ）を示している。このグ

第Ⅱ部　証券理論モデルによる原因究明

ラフからポートフォリオ・インシュランスの普及以前（1983年末まで）と普及以後の変動率を比較するとポートフォリオ・インシュランスが顕著な変動率を大きくさせたとの確認はできない。基本統計量の**表4-2**から観察すると若干の変動率を緩和させたといえる。しかし下方に株価が下がる率の歪みが大きくなっている。このことからブラック・マンデーの原因とポートフォリオ・インシュランスによる価格変動の増幅との関係について，明確な傾向は見出し難い。仮に長期的なポートフォリオ・インシュランスと価格変動との関係を確認できても，直接，ブラック・マンデーの原因に結び付くかは断定できない。クラッシュ分析の視点からポートフォリオ・インシュランスの膨大な売りの急増が証券市場にどのような影響をもたらすかについては短期的視点から分析する必要がある。

リバランス・コスト

　ガルシア＆グルド（Garcia & Gould）（1987）は実証研究に基づいて，ポートフォリオ・インシュランスは従来のヘッジをしないポートフォリオに比べて，パフォーマンスが必ずしも優れてはいなかったと主張する。リバランスするためのコストの問題が大きなネックとなっていたからである。このため通常は取引開始日に多くのリバランスが行われていた。

　ルービンスタイン（Rubinstein）（1985b）もポートフォリオ・インシュランスが利用される条件として，低い取引コストと価格の連続性を挙げている。このリバランス・コストを節約できる新たなポートフォリオ・インシュランスがブラック＆ジョーンズ（Black & Jones）（1987）のシンプル・モデル（SM），続いてブラック＆パーオルド（Black & Perold）（1992）の定率ポートフォリオ・インシュランス（CPPI）により考案された[12]。

2.3　ポートフォリオ・インシュランスの検証

価格への影響

　主務官庁の各種報告書，例えばブレディ（Brady）報告書（1988）では「ブラック・マンデーの発端はポートフォリオ・インシュランス戦略とその他投資家の追随売りであり，これがスパイラル売りにより大暴落となった

（第1章3.2)。」

　特に短期間の実際のブラック・マンデー時の売買状を示した**表1-2**と**表1-3**ではポートフォリオ・インシュランスの比率が通常の2倍以上と異常に高い比率（ニューヨーク証券取引所（NYSE）では20%，シカゴ・マーカンタイル取引所（CME）では40%超）となっていた。このポートフォリオ・インシュランスのカスケード効果がどの程度ブラック・マンデーに影響を与えたのか，それとも多くはアービトラージにより吸収されてしまいブラック・マンデーには関係しなかったのか，いまだ明確ではない。

　しかし多くのブラック・マンデーの原因をポートフォリオ・インシュランスに求める論者はこれらの報告書も引用しながらオプションを用いたデリバティブ取引など近年金融イノベーション進展の延長線上から1つのフェイズとして以下のような説明をする場合が多い。

　「ポートフォリオ・インシュアランスは1980年代当時，米国で流行した革新的な金融技術の1つである。これはブラック＆ショールズ（BS）オプションを駆使して，株価上昇期には利益，下降期には株式のショート（先物で）でヘッジする投資手法である。これはプログラム・トレーディングと相まって，下降期に大量の売り注文により市場を混乱させることがあった。これが主因で起きたクラッシュがブラック・マンデーある[13]。」

　こうした説明によりデリバティブ取引という金融イノベーションの帰着としてポートフォリオ・インシュランスの主犯説をとる。受け入れやすい説明である。

流動性の欠如

　ブレディ報告書（1988）にはつぎのような指摘もある。「ポートフォリオ・インシュランスを用いる機関投資家は先物市場では瞬時に取引所で大量の株式を売却できると信じていた。しかし10月クラッシュでこれが現実的でないことが分かった。余りにも大きな機械的な売りが出されたので，インデックス・アービトラージが機能しなかったしマーケット・メーカーも値付けができなかった[14]。」

　こうした状況を最近では流動性のブラック・ホール現象と呼ぶこともあ

第Ⅱ部　証券理論モデルによる原因究明

る。ポートフォリオ・インシュランスの売り急増によって取引が円滑にできなかった。

　「売買取引システムがダウンしたのでインデックス・アービトラージが十分に機能しなかった。このためポートフォリオ・インシュランスも流動性を若干，阻害させたかもしれない。だからといってポートフォリオ・インシュランスがブラック・マンデーの原因とはならない[15]。」とマートン・ミラーは主張する。

　ポートフォリオ・インシュランス売り急増と流動性の関係についてリーランド＆ルービンスタイン（Leland & Rubinstein）（1988）の見解を紹介する。

　「1980年代にはポートフォリオ・インシュランスを運用主体とする機関投資家の出現により，ブロック取引や先物取引のプログラム取引が増大したにもかかわらず，マーケット・メーカーの値付け能力はほとんど変わらなかった。ブラック・マンデー時のニューヨーク証券取引所（NYSE）のコンピューター・システムの崩壊やスペシャリストの値付けの中断は起こるべくして起きた出来事である。ポートフォリオ・インシュランスは市場の変動率を増幅させたが，取引に占める比率は普段それほど高くなかった。ポートフォリオ・インシュランスがクラッシュを惹起させた主因ではない。」

主犯説に関する（反論）小括

　もし10月16日（金）の週末，ポートフォリオ・インシュランスの売れ残りがあれば10月19日（月）そのまま注文が出される。さらに新たに取引開始に当日の売りが追加される。たとえポートフォリオ・インシュランスの売りにより一時的に下落してもアービトラージにより価格は回復するであろう[16]。これができなかった。これは売り注文全体の急増が流動性を欠如（具体的にはマーケット・メーカーの値付けの中断）させた原因ではないだろうか。ポートフォリオ・インシュランスは価格面，流動性面でものブラック・マンデーの主な原因ではなく，単に低下するスピードと取引のボリュームを加速度化させたに過ぎないとの見解を支持したい。ポートフォリオ・インシュランスをブラック・マンデーの主犯説とするにはその取引比率の点からも妥当しない。当時の金融工学的市場のシンボル的取引の存在であったの

でクラッシュと結びつけ易かったと考えられる。

これまで言及していない主犯説に対する見解を紹介しておこう。

① 不完全な金融イノベーションとしてのポートフォリオ・インシュランスをクラッシュの原因であると強調する主務官庁（特に証券取引委員会（SEC））の見解は，物理的な流動性確保の責任回避や証券取引のシェアー問題等の利害関係も斟酌して解釈すべきである。

② ロール（Roll）（1988a）はブラック・マンデーは海外他市場にクラッシュとして伝播したので，米国の特有のポートフォリオ・インシュランスの主犯説では説明ができないと主張する。

③ ポートフォリオ・インシュランスの売り注文は売買開始時に多い。クラッシュの引き金にはなることは予想されるが，その後の売買動向はポートフォリオ・インシュランスとは余り関係しない注文である。

3 ファンダメンタルズ

ファンダメンタルズによるブラック・マンデーの原因究明については標準モデルの主導者ミラー（Miller）は非常に熱心であった。なぜならブラック・マンデーに関するシカゴ・マーカンタイル取引所（CME）調査報告書の責任者（President）に指名されたことも一因であるが，効率的市場仮説の危機を死守したいとの思いも感じられる（第6章1.1）。ここでは3.1 マートン・ミラーの説明，3.2 ファンダメンタルズ説の検証について論じる。

3.1 マートン・ミラーの説明

標準モデルによるブラック・マンデーの原因究明に関して，その主導者ミラーが支持するファンダメンタルズ・モデルではブラック・マンデーの原因を収益や配当の予測の変化から説明する。

ミラー（1991）のファンダメンタルズに依拠した見解は以下の通りである。

「ブラック・マンデーはなぜ起きたか。これは特別なイベントか，それとも今までと同じ1つのエピソードか。米国準備制度理事会（FRB）議長のグ

85

第Ⅱ部　証券理論モデルによる原因究明

リーンスパンは起こるべきして起きた出来事であると表明した。配当と収益の上昇を背景に，米国では 1982 年から 1987 年 8 月まで株価は歴史的にも高い水準であった。その後，金利上昇，ペルシャ湾事件，買収・合併（M&A）関連の借入金利軽減廃止案など，ブラック・マンデーは風船がはじける状況に似ている『価格（下方）ジャンプ』過程である。このジャンプは将来の収益動向に対する合理的な反応であるか。それとも以前の株価が問題であったのか。こうした価格バブル論は基本的に心理的な現象である。基本的な経済実態の変化とは独立して膨張したり破裂したりする。

　いかなる経済学者も一般的に株式価値について合理性に懐疑的であっても，心理的な気まぐれやファッズ（流行）が株価変動をすべて支配していると考える経済学者はいないであろう。ファンダメンタルズにより株価反応する多くの証拠がある。したがって多くの人は純粋な合理性と純粋なバブルのどちらでもなくて，結合したものであると考えるようになった。もしバブルの要素が存在すれば，ファンダメンタルズに付加されるべきものである。なぜなら株価の変動も結局，長期的に株価はファンダメンタルズにより支配されるからである。『合理的バブル』は明らかにアピールする概念である。ではバブルとは何か。バブルの合理性，非合理性の決定的な証拠が存在するのか。それともファンダメンタルズによる説明で見出されない株価変動を観察する一部に適用した単なる名称であるのか[17]。」

　さらにミラーはブラック・マンデーの原因について他にも注目すべき点について指摘している。

　「もしマンデルブローのフラクタル理論を基礎にした（気候）の長期依存モデルが適用可能であれば，1987 年のクラッシュに欠くことのできないファンダメンタルズの説明になる[18]。」また「売買取引システムがダウンしたのでインデックス・アービトラージが十分に機能しなかった。このため，ポートフォリオ・インシュランスも流動性を若干，阻害させたかもしれない。だからといって，ポートフォリオ・インシュランスがブラック・マンデーの原因とはならない[19]。」

　ミラーのブラック・マンデーの原因の説明を管見すると，余りにも総花的過ぎて整理する必要がある。彼はブラック・マンデーの原因としてファンダ

メタルズを一義的に挙げている。そこでミラーをはじめとして多く効率的市場の支持者が用いるファンダメタルズの代表的な証券理論モデルであるゴードン・モデルから展開しよう。

ゴードン・モデル

ファンダメンタルズ・モデルではブラック・マンデーの原因を収益や配当の予測の変化に求める[20]。例えばファーマ（Fama）（1989）は「10 月のクラッシュはファンダメンタルズの変化の調整局面である。この視点からすると，市場が迅速に新しい均衡に移動したことは賞賛される[21]。」と主張する。その他にもファンダメンタルズを支持する見解は根強い[22]。

以下はゴードン・モデル（4.8）を想定したミラー（1991）の説明である。

1987 年夏，平均配当利回り D_t/P_t は 3％であった。5 年間の予想配当は通常の株価価値の半分にも満たない。残りは長期的な配当成長率である。例えば，配当リスク調整済み割引率 ρ は 10％，配当成長率 g は 7％のとき，税金やその他の複雑な現実的状況を捨象すれば株価は配当の 33 倍（1/（0.1-0.07））である。もし配当成長率が 6.5％となり，同時に，株式市場がよりリスキーになって配当リスク調整済み割引率が 10.5％となったとしよう。ここでは配当の減少などのバッド・ニュースは存在しないが，株価は配当の 25 倍（1/（0.105-0.065））に下がるであろう。同じように 10％の配当リスク調整済み割引率が 11％になれば配当成長率が変化しなくても株価は下がる。このように変数の変化がクラッシュに繋がる。買収・合併（M&A）関連借入金利の課税立法案は，投資家の将来の収益期待率ひいては予想配当の低下が引き金になり，株価は 20％下落した。この下落はブラック・マンデー後のインプライドした均衡の調整過程であって，パニック的なものではない[23]。

3.2 ファンダメンタルズ説の検証

ファンダメンタルズ説の陥穽

10 月 14 日から市場にとって悪いマクロの経済情報が続いた。第 1 章ですでに紹介したが再掲する（第 1 章 1.1 および 2）。

第Ⅱ部　証券理論モデルによる原因究明

　10 月 14 日（水），予想もできないほどの膨大な貿易赤字が発表された。
この発表はさらなるドル安の懸念が広まり，そこからインフレがさらに進行
して債券利回りが高くなり，金利を高い水準に押し上げた。いずれにせよ，
こうしたマクロ経済の環境は株価に対してマイナス材料である。続く 15 日
（木）にはベイカー財務長官が対ドイツ・マルクに対してドル安の容認発言
をしたこと，16 日（金）は買収・合併（M&A）の借入金利息に関わる課税
立法提案が議会に提出されたことから，特に 15 日と 16 日は続落した。特に
16 日（金）の週末ダウ平均株価で 108 ドルの大幅な値下がり（ただし下落
率は大きくない）であった。こうしたイベントは今までマクロ的経済ではよ
くあるので，株価を劇的に変動させる要因とは考えにくい。悪いニュースが
出尽くした頃，突然，週が明けて 19 日（月）に予期しないブラック・マン
デーが訪れた。

　なぜ 19 日にクラッシュが起きたか。だれもが納得のいく回答ができな
い[24]。この点こそファンダメンタルズ説の陥穽である。それゆえミラーの
見解では短期の株価のジャンプ過程，長期のフラクタル理論そして投資心理
にも関連する合理的バブル等の概念を取り込んで理論的弱点を補強している
ようにもみえる。これらの理論がブラック・マンデーの原因補充となりうる
か，検証と解析する価値があろう。そこでファンダメンタルズによる原因究
明（説明の検証と解析）として①株価のジャンプ過程，②フラクタル理論，
③合理的バブルを俎上に載せて検討しよう。

株価のジャンプ過程

　ミラーによると，ブラック・マンデーというクラッシュは効率的市場のな
かでジャンプが起きた特別なイベント現象であるとする。もし彼の考えを具
体的な証券理論モデルで示せば，ジャンプ過程の幾何ブラウン運動（付録
（A.4））の価格モデルとなる。

$$dP_t = \mu P_t dt + \sigma P_t dB_t + \theta^+ j_t^1 - \theta^- j_t^2 \quad t \geq 0 \tag{4.10}$$

ただし θ^+，θ^- は大きな上昇幅，下落幅として，その回数を j_t^i に従うと仮定
する[25]。

88

第4章　標準モデルによる原因究明

図4-6　ジャンプ過程付きブラウン運動

資料：著者作成。

　図4-6はジャンプ過程を含んだシミュレーション（正規ランダム数は300）の結果を示したものである[26]。ジャンプはブラック・マンデーのように急激に悲観的な将来の割引率や利益予想が生じた場合に起きることを想定した概念である。
　しかしジャンプが突如起きた理由を明確には提示できない。これは今までの理論や経験とは別に，3つの要素（希少性，極端性　遡及的予測性）からなる無作為の事象（珍しい重大な経済事象）であり，タレブ（Taleb）(2007)のブラック・スワン（黒い白鳥）と似ている。

フラクタル理論
　ミラーはブラック・マンデーの原因究明を歴史的な教訓であるとの位置づけ，長期依存性のフラクタル理論（付録5.3）へと拡張した。いまマンデルブロ（Mandelbrot）(1963, 1966) の長期依存性に係るフラクタル（fractal）理論を用いてブラック・マンデーの19日（月）のみに大きな調整が行われた理由を探すことにする。フラクタル理論は効率的市場のブラウン運動をさ

らに一般化した非整数ブラウン運動であるため，解析的には標準モデルに近いと考えられる[27]。それゆえミラーがこの理論をブラック・マンデーの原因究明に適用しようとする動機は理解できる。

フラクタル理論によると，長期の相場はトレンドと循環の傾向を持つヨセフ効果と突然に劇的な反転をする性格を持つノア効果の2つの効果を持っている。これらの効果により，ほんの少しの経済的状況の変化がきわめて大きい株式投資の減退を招いて価格の大きな変動を引き起こす可能性を示した。ブラック・マンデーの突然のクラッシュはノア効果に似た株価のジャンプ過程である。この現象はよく見受けられる経済事象であるとフラクタル理論の支持者は主張する。

一方，クルーグマン（Krugman）（1996）はフラクタルを含めた複雑系の驚くべき（価格）の振る舞いの分析について創発の科学であると認める。しかし複雑系は価値判断が含まれていないので経済へ適用することにクルーグマンは批判的である[28]。

合理的バブル

ミラーは合理的バブルをブラック・マンデーの原因の1つの候補として挙げたが，合理的バブルを把握することは難しいとの結論に達する。合理的バブルは長期的にファンダメタルズのなかに吸収されてしまうからである。しかしクラッシュの分析の際，合理的バブルは議論の俎上に載せられることが多い。それは合理的バブルが唯一，ファンダメタルズ以外の要因で大きな価格変動の理由付けが可能なためである。特にクラッシュとの関係性から合理的バブル理論を展開する。

効率的市場におけるマルチンゲール（付録（A.5））の下では次式が成立する。

$$P_t = E_t\left[\sum_{i=1}^{k}\left(\frac{1}{1+r}\right)^i D_{t+i}\right] + E_t\left[\left(\frac{1}{1+R}\right)^k P_{t+k}\right] \tag{4.11}$$

P_t：t 期の株価　　D_t：t 期の1株当たり配当　　r：利子率　　R：割引率

（4.11）の価格モデルでは株価は無限に成長するので，つぎの仮定を設ける。

$$\lim_{k \to \infty} E_t\left[\left(\frac{1}{1+R}\right)^k P_{t+k}\right] = 0 \qquad (4.12)$$

（4.12）において（4.11）が成立するときの株価は一義的に定義できる。

$$P_t^f = E_t\left[\sum_{i=1}^{k}\left(\frac{1}{1+r}\right)^i D_{t+i}\right] \qquad (4.13)$$

実際は（4.13）のみでは決まらないので条件を緩和して合理的バブル項を追加する。

$$P_t = P_t^f + B_t^{ubble} \qquad B_t^{ubble} = E_t\left(\frac{B_{t+1}^{ubble}}{1+R}\right) \qquad (4.14)$$

ブランチャード＆ワトソン（Blanchard & Watson）（1982）は合理的バブルを確率的バブルとして以下のように定義した。

$$B_{t+1}^{ubble} = \begin{cases} \left(\dfrac{1+R}{p}\right)B_{t+1}^{ubble} + \varepsilon_{t+1} & \text{確率 } p \\ \varepsilon_{t+1} & \text{確率 } 1-p \end{cases} \qquad (4.15)$$

$\varepsilon_{t+1} : E_t(\varepsilon_{t+1}) = 0$（撹乱項）

（4.15）では毎期一定の確率（$1-p$）のバブルが破裂することになるが，破裂の確率を予測することは難しい問題である。

さらに合理的バブル理論の特性を具体的に列挙してみよう。

① ダイバ＆グロスマン（Diba & Grossman）（1988）によると合理的バブルは（4.15）のように逐次であるから，初期値時点から存在しなければならない。もしゼロの確率が存在すれば，それ以降はゼロのままであるのでバブルは起きないことになる。

② エバンズ（Evans）（1991）は確率的バブルが予測可能であるならば，効率的市場の仮定に反しているとする。

③ キャンベル，ロー＆マッキンレー（Campbell, Lo & Mackinlay）（1997）はつぎのように主張する。「リスクの大きさがリターン（株式収益率）の予測性から成立しているのでリターンを考慮せず，ただリスク（価格変動）のみを予測する合理的バブルは非論理的である[29]。」

最後に，クライドン（Kleidon）（1995）の合理的バブルに関する見解を紹

介する。

「合理的バブルは第1に暴落がいつ起きるか予測ができない，第2にバブルを検討するための基準を定めることが難しい，第3に個人の予想や選考の集計について精密さが要求される，等の理由からブラック・マンデーと結びつかない。」

おわりに

　以上，標準モデルの原因説明の検証結果をまとめてみよう。

　標準モデルは効率的市場仮説に準拠した理論である。ポートフォリオ・インシュランスの取引情報を含めに，投資家間に情報の非対称性は存在しないことを前提とする。本章ではこの標準モデルのうちポートフォリオ・インシュランスとファンダメンタルズから原因究明を試みた。

　まず，ポートフォリオ・インシュランスについての検証結果は以下の通りであった。

①　ポートフォリオ・インシュランスは取引開始時に流動性を阻害した。これはアービトラージにより均衡化されるはずである。これができなかった原因は売買取引システムのメルトダウンによる。

②　ポートフォリオ・インシュランスに占める売買比率はそれほど大きくない。

③　立場上，主務官庁（SEC）は積極的にポートフォリオ・インシュランスに帰因させる動機があった。

④　ポートフォリオ・インシュランスは米国の特有の現象であるとすれば他国が大きなクラッシュになった理由が説明できない。

　以上からクラッシュの引き金になったことは否定しないがポートフォリオ・インシュランス主犯説には同意できない。

　つぎにファンダメンタルズについての検証結果は以下の通りであった。

①　ブラック・マンデー当時，新たなファンダメンタルズに関する情報はなかった。

② 10月19日になぜ集積されたファンダメンタルズの将来への調整過程が行われたかの理由付けが難しい。

③ 証券取引所の売買取引システムの物理的キャパシティのメルトダウンの影響は大きい。しかしシステムが回復すれば株価は回復するであろう。

④ ミラーの補足要因として株価のジャンプ過程，フラクタル理論，合理的バブルについても説得力はない。

そこで新しい形のクラッシュであるとして代替モデルによる原因究明が行われるべきであるとの主張が多く出された（第3章1.3）。

標準モデルのみではブラック・マンデーの原因説明が難しい。しかし株価評価基準となるべき本源的な価値測定の機能を持っている。それゆえ代替モデルにおける原因究明でも標準モデル，特にファンダメタルズのモデルは常に重要な位置にあることを忘れてはならない。

第Ⅱ部　証券理論モデルによる原因究明

注

1 ）　わが国のポートフォリオ・インシュランスについての研究は純然たる投資戦略また
　　はリスク管理の視点から論じられてきた（例えば，榊原（1992），金崎（1989），拙稿
　　（2003a））。
　　　本章ではポートフォリオ・インシュランスがクラッシュを起こす特性があるとの視
　　点から解析している。

2 ）　Markowitz（1959）および Sharpe（1970）を参照。

3 ）　EXCEL（Microsoft 社の登録商標）の分析ツール（ソルバー）機能を使用した。

4 ）　デルタの簡単な事例を示そう。いま$\Delta^C=0.6$とすれば$\Delta^P=-0.4$である。もし株
　　価が少し変化するとプット・オプション価格は=40％変化することを意味する。そこ
　　でプット・オプション価格が 10 ドルで株価が 100 ドルとすれば，10 契約（1 契約
　　=100 株）のプット・オプションの買いは 0.40 × 1000=400 株でヘッジできる。数
　　日後，株価が 90 ドルになり$\Delta_p=-0.3$になったとすれば，ヘッジを維持するために
　　0.1 × 1000=100 株の株式を売却して債券を購入しなければデルタ・ニュートラルに
　　はならない。このようなポートフォリオの証券の組成をリバランスと呼ぶ。

5 ）　このことを田中の公式を用いて理論的に示す。
　　　$W_t=P_t e^{r\tau}$（$t\in(0, T]$，$T-t=\tau$），F をストップ・ロスのフロアーとするとき
　　$$\max(W_t-F, 0)=\max(W_0-F, 0)+\int_0^t 1_{\{W_v>F\}}dW_v+L_t^F$$
　　$1_{\{W_v>F\}}$：特定関数で$W_v>F$のときは 1，それ以外のときは 0
　　　上記式の意味するところはフロアーFにしてストップ・ロス戦略を用いる場合，株
　　式購入と株式が安全資産に転換される時期は全く同一価格ではありえず，P_tが有界変
　　動では現れないL_t^Fという局所時間が生じる。このL_t^Fはストップ・ロス戦略ではヘッ
　　ジができない部分であることを示している（Karatzas & Shreve（1998）p. 202）。

6 ）　シミュレーションの数値は以下の通り。記号は（付録 3.1）に準ずる。金利は連
　　続複利で計算している。なお作成に当たっては Hull（1989）（p. 347, Figure 15.3）を
　　参考にした。

　　　$P=100$　　　$u=1.162$　　　$K=100$　　　$d=0.861$
　　　$r=0.1$　　　$a=1.025$　　　$\sigma=0.3$　　　$p=0.547$　　　$1-p=0.45$
　　　$T=1$　　　$\Delta t=4/12=0.250$

7 ）　シミュレーションの事例はエクソン社（XON）を参考にした。ただし数値は異な
　　る（Luenberger（2013）pp. 420-422（訳書 524-527 頁））。

8 ）　$(P_t+V_t^P)=37.5-35.5\times EXP(0.05\times20/52)-1.21\times EXP(0.05\times20/52)=0.077$

9 ）　Grossman（1988b）は以下のモデルを提示した。記号は（付録 1.3）に準ずる。
　　　$$\frac{dP}{P}=(\mu-x)dt+\sigma dB+dx \qquad dx=\left(\frac{dP}{P}-\mu dt\right)\phi \qquad (N4.1)$$

　　x：ポートフォリオ・インシュランスのドリフト項（定数）
　　dx：ポートフォリオ・インシュランスが原因で生じる価格変動
　　ϕ：ポートフォリオ・インシュランスの利用割合
　　xを定数として収益率のドリフト項をμから$(\mu-x)$に変えて，拡散（ディフュージョ

ン）項にdxを加える。よって$\phi = 0$のとき株価は幾何ブラウン運動をする。またϕ（ポートフォリオ・インシュランスの比率）が増加する価格過程では価格変動が増す。

10) ポートフォリオ・インシュランスが先物市場の価格変動を増加させる見解または価格をジャンプさせるとの見解は Froot & Perold（1995），Duffiee et al.（1992），Harris（1989a, b），Damodaran（1990）等がある。

11) Donaldson & Uhlig（1993）も同様にポートフォリオ・インシュランスは価格変動（ボラティリティ）を減少させたと主張している。

12) 以下，定率ポートフォリオ・インシュランス（CCPI）のスキームを簡単に紹介する。

$$F_t = F_0 e^{rt}$$
$$C_t = W_t - F_t \tag{N4.2}$$
$$A_t = mC_t$$

F_t：フロアー（無リスク資産で運用）　W_t：（t期の）ポートフォリオ資産　C_t：クッション　A_t：運用資産額（クッションのm倍）

　（N4.2）は一定のフロアーF_tを決め，その残りのC_tをm倍して運用する方法であり，危険資産が$C_t \geqq 0$まではそのままにしておく方法である。

13) 多くの主犯説の要約である。例えば Shin（2010），藤井（2009）および櫻井（2016）等の説明を参照。

14) ブレディ報告書では「流動性の幻想」と呼んでいる（Brady Report（1988）p. 55）。

15) Miller（1991）pp. 176-179.

16) アービトラージ（アーブ）によるポートフォリオ・インシュランス（PI）の売り急増に対する均衡過程の事例は以下の通り（付録1.5）。

	現　物	先　物
均衡	100	102
現物下落	95	
PI の先物売り		95
アーブ（売り裁定）	92	97
アーブ（買い裁定）	94	96（均衡）
ファンダメンタルズへ再調整		

17) Miller（1991）pp. 88-92.

18) Miller（1991）pp. 100-101.

19) Miller（1991）pp. 176-179.

20) この立場からすると，マクロ指標（代表的な経済成長率や通貨供給量等）との関係からの分析も必要になるが，割愛する。こうしたマクロ経済の視点からのクラッシュ分析は金融関係のエコノミストによるものが多い。例えば Peek & Rosengren（1988）や Runkle（1988）がそれである。

21) Fama（1989）p. 81.

第Ⅱ部 証券理論モデルによる原因究明

22) Arbel, Carvell & Postnieks（1988）は 配当利回りと株価からなるリスク回避型ファンダメンタルズ・モデルからすると，クラッシュは当然のプロセスであるとする。

23) Miller（1991）pp. 99-100.

24) Fox（2009）p. 233（訳書 299 頁）も同じ見解である。

25) 正確にはポワソン過程に従う。

26) 幾何学的ブラウン運動価格モデルについてはモンテカルロ・シミュレーションによる方法を用いている。この方法は Hull（1989）pp. 217-219（訳書 303-304 頁）または Jackson & Staunton（2003）pp. 197-199（訳書 358-362 頁）等を参照。

27) Mandelbrot（1977）はフラクタル（付録 5.3）を具体的に非整数ブラウン運動として以下のように定義した。

$$\langle B_{(H)at} \rangle = a^H \langle B_{(H)t} \rangle \tag{N4.3}$$

なおブラック・マンデーとフラクタルの関係は拙稿（2006a）を参照。

28) 逆に Sornette（2002）のようにクラッシュを複雑系から分析している研究者もいる。

29) Campbell, Lo & Mackinlay（1997）p. 260（訳書 272 頁）。

第5章

マーケット・マイクロストラクチャー・モデルによる原因究明

はじめに

　ブラック・マンデーが起きた当時，証券理論モデルの主流であった標準モデルによるブラック・マンデーの原因究明は難しいとの認識に至った。そこで本章では情報，学習，流動性を含む売買取引システムを導入した証券理論モデルであるマーケット・マイクロストラクチャー（市場のミクロ構造）モデルからブラック・マンデーの原因究明をする。

　このモデルは本来，取引情報の不均衡が生じても合理的期待のトレーダー（情報トレーダーと非情報トレーダー）を通して合理的期待均衡（REE）（付録4.1）が実現できる。その過程で取引情報の大きな不均衡（非効率的市場）の発生がクラッシュを惹起させるとする。

　まずブラック・マンデー前に構築された4つの基本モデルからブラック・マンデーの起きた可能性を探る。この基本モデルは情報，流動性，推測等のファクターから価格変動の要因を分析できる画期的なモデルである。これらの基本モデルを基礎にしたブラック・マンデーの原因説明のためのシナリオ・モデルが現れた。本章の中核は3つのシナリオ・モデルによるブラック・マンデーの原因究明である。

　本章は1マーケット・マイクロストラクチャーの体系，2基本モデル，そして3つのシナリオ・モデルとして3ジェンノット＆リーランド・モデル（複数均衡モデル），4ジャクリン，クライドン＆プフラインデラー（JKP）モデル（情報誤認モデル），5グロスマン＆ミラー・モデル（流動性イベン

97

第Ⅱ部　証券理論モデルによる原因究明

ト・モデル）からなる。各シナリオ・モデルについては①モデルの内容，②シナリオの説明，③シナリオ説明の検証により展開される。

1　マーケット・マイクロストラクチャーの体系

マーケット・マイクロストラクチャーの体系として 1.1 基本モデルの体系と 1.2 モデル体系の拡張について紹介する。

1.1　基本モデルの体系

マーケット・マイクロストラクチャー・モデルによるブラック・マンデーの原因について検討を行う前に，史的展開を通してマーケット・マイクロストラクチャー理論の体系を簡単に確認しておく。オハラ（O'Hara）（2003）のマーケット・マイクロストラクチャーの定義は以下の通りである。

「マーケット・マイクロストラクチャーとは明示的な売買システムの下に資産が取引される過程と結果を研究する分野で，その対象は価格発見と流動性を提供するものである。これら 2 つのコンセプトは関連しているが同じではない。それぞれの機能が資産価格決定に影響を与える[1]。」

資産価格決定についてはマクロ経済現象として捉えてワルラスの需給均衡理論が最も説得力を持っていた[2]。しかしデムゼッツ（Demsetz）（1968）は資産価格の決定についてミクロ経済の重要性を主張した。この主張によると価格形成は一般の個人や特定の組織によって決定されるので，トレーダーおよび組織の行動の研究が重要であるとする。ガーマン（Garman）（1976）はこうした価格形成のアプローチをマーケット・マイクロストラクチャー（市場のミクロ構造）と名づけた。当初，マーケット・マイクロストラクチャーは情報の対称性を前提にリスク回避型のマーケット・メーカー（またはディーラー）の証券の保有を在庫コストとして認識する在庫モデルが主流であった。ストール（Stoll）（1978）は取引の即時性の対価とアスク＆ビッド・スプレッドとの関係から最適在庫水準をモデル化した[3]。マーケット・マイクロストラクチャーの流れは売買取引システムの研究からトレーダーが情報をどのように扱うかという問題意識へと変化した[4]。この情報ベース・

第5章　マーケット・マイクロストラクチャー・モデルによる原因究明

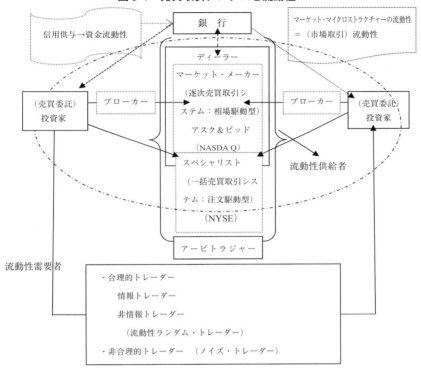

図5-1　売買取引システムと流動性

資料：著者作成。

モデルでは情報の非対称性下，ベイズの定理，ナッシュ・ベイジアン均衡（NBE）を用いた合理的期待均衡理論（REE）（付録4.1）を基礎に展開される[5]。さらに情報ベース・モデルは情報の非対称性モデルと流動性モデルに分けられる。近時の高頻度取引（HFT）マーケット・マイクロストラクチャー・モデルであるインパクト・モデルからの原因究明は第7章で扱う。

　まずマーケット・マイクロストラクチャーの体系のなかで重要な概念である，売買取引システム，情報格差のあるトレーダー，トレーダーの標準型需要関数，そして市場流動性について説明をする。

99

第Ⅱ部　証券理論モデルによる原因究明

売買取引システム

　マーケット・マイクロストラクチャーにおける売買取引システムを図 5-1 に沿って説明する。マーケット・マイクロストラクチャーでは売買取引システムの参加者をトレーダーと呼び，そのトレーダーは市場外のトレーダー（投資家）と市場仲介業者のディーラー（値付け業者）であるスペシャリストまたはマーケット・メーカーからなる。スペシャリストはニューヨーク証券取引所（NYSE）において注文の需給を総計して一括売買取引をする。これを注文駆動方式という。マーケット・メーカーは米国店頭市場において投資家に気配（アスク & ビッド）を提供して逐次売買取引をする。これを相場駆動方式という。

情報格差のあるトレーダー

　マーケット・マイクロストラクチャーでは外部の投資家と市場内部の市場仲介業者を総称してトレーダーという。特に市場仲介業者についてはディーラーを総称してマーケット・メーカーと呼ぶ場合も多い。この他に仲介業者と同じ働きをするアービトラジャーがいる。売買委託のトレーダーについては合理的トレーダー，非合理的トレーダー，この中間に位置する流動性トレーダーに区分される。図 5-1 も併せて参照してほしい。

　マーケット・マイクロストラクチャーでは基本的には合理的トレーダーでそのなかには私的情報（private information）の有無により情報トレーダーと非情報トレーダーの区分されるが，非情報トレーダーは学習能力を持っている。さらに情報から隔離されているので流動性に依存して取引せざるを得ない流動性トレーダーまたはランダム・トレーダーが参加する場合もある。

　ただしマーケット・マイクロストラクチャー理論のなかでは非合理的な行動ファイナンスのノイズ（投資心理）・トレーダーは存在しない。

標準型需要関数

　合理的期待均衡（REE）理論（付録 4.1）におけるトレーダーの標準型需要関数について示す。

① 　トレーダーの情報

いま s は情報、株価は P とすれば、情報トレーダーを $G=\{s,P\}$、非情報トレーダーは情報トレーダーの提示した価格から観察可能情報 θ を得る。非情報トレーダーは $G=\{P,\tilde{P}\}$ または $G=\{\theta,\tilde{P}\}$ である。

② トレーダーの効用関数

効用関数は絶対的危険回避度が一定の指数効用関数 CARA 効用関数（付録（A.33））を想定する。W は富（資産）を表す。

$$U_i(\pi_i)=-e^{-a_iW_i} \qquad a_i：絶対的危険回避度 \tag{5.1}$$

③ 効用関数の極大化

CARA 型効用関数の極大化について、次式のように表すことができる（付録（A.36））。

$$E[U(W_i)|G]=-E(-e^{-a_iW_i}|G)=-\exp\left[-a_i\Big(E(W_i|G)-\frac{1}{2}a_i\mathrm{Var}(W_i|G)\Big)\right] \tag{5.2}$$

ただし $(W_i|G)$ は正規分布を前提とする。富 W_i は $\pi_i=(\nu-P)X_i$ の運用に依存する[6]。

ν：情報トレーダーの期待ファンダメンタルズ　　　X：取引数量

④ 標準型需要関数

（5.2）の右辺を X_i で微分してゼロとおくと最適取引量を得る。

$$X_i=\frac{E(\nu-P|G)}{a_i\mathrm{Var}(\nu-P|G)}=\frac{E(\nu|G)-P}{a_i\mathrm{Var}(\nu|G)} \qquad (\textstyle\sum X_i=X=X_I+X_U) \tag{5.3}$$

（5.3）を標準型需要関数と呼ぶ。（5.3）を変形すれば、$P=E(\nu|G)-a_i\mathrm{Var}(\nu|G)X_i$ となり、各トレーダーの取引と観察可能情報の分布の数値がわかれば価格を求めることができる[7]。

流動性

市場の流動性について定義する[8]。市場流動性には取引流動性と資金流動性がある。ここでは重要な取引流動性については単に流動性と呼ぶことする。さらにこの流動性には2つの流動性がある。売買取引の需給による流動性と物理的な市場システムの流動性である。通常の流動性は売買取引の需給を流動性という。

流動性の概念の説明に入る。ブラック（Black）（1971）は流動性とは常に

第Ⅱ部　証券理論モデルによる原因究明

売買が可能な連続的市場の意味であると定義した[9]。ハリス（Harris）（2003）は流動性とは低いコストで大きなサイズをいかに早く取引できるかの能力であると定義した[10]。このように流動性の定義についても統一された概念は存在していない。

続いてマーケット・マイクロストラクチャーの体系からグロスマン＆ミラー（Grossman & Miller）（1988）の流動性を検討しよう。流動性はストール（1978）のディーラーの即時性対価（アスク＆ビッドのスプレッド）に基づく供給取引とカイル（1985）の市場取引のトレーダーの最適化に基づく需要取引から構成される。グロスマン＆ミラー（1988）はこの需給取引の均衡で流動性のレベルが決定されると考えた。グロスマン＆ミラー（1988）は流動性について以下のように定義する。

「流動性は即時性の需要と供給により決定される前提でモデル化が可能である。外生的な流動性イベントは即時性の需要を作り出し，マーケット・メーカーは継続的な即時性を供給する。また最終的な買手と売手の間でリスクを負担してかつ長期的にはマーケット・メーカーの数により調整されて，需給が等しくなる。こうして流動性の均衡レベルが決定される[11]。」

流動性については継続的な需要と供給の即時性であるとの定義を本書では採用する。供給の即時性の対価がマーケット・メーカーのスプレッドである。物理的な市場システムの流動性についてはその都度，その旨を記することにする。

1.2　モデル体系の拡張

原因究明モデルとしてブラック・マンデー前に考案された基本モデルとブラック・マンデー後に提案されたシナリオ・モデルがある。基本モデルではグロスマン＆スティグリッツ・モデル（合理的期待均衡モデル），カイル・モデル（戦略的流動性モデル），グロステン＆ミルグロム・モデル（逐次取引モデル），グロスマン・モデル（資金流動性モデル）からなり現代においても重要な規範的モデルである。

さらに基本モデルからシナリオ・モデルへの移行は理論的拡張が必要性である。なぜならマーケット・マイクロストラクチャーの基本モデルは小さな

102

エコノミー・モデルであるので，現実の証券市場にアプローチするためには多数のトレーダーの一般化が必要である。さらに1期間から逐次モデルによらない通常の多期間も考慮しなければならない。ここでは一般化（多数のトレーダーの存在）と多期間化をモデルの拡張と呼ぼう。基本モデルの推測価格関数を現実に適応させるための拡張はヘルウィグ（Hellwig）（1980）（付録（A.25））の公式を利用する。

$$\max E[U(W_i)|X_i] \quad \text{s.t.} \quad X = \sum_{i=1}^{n} X_i(s_i,P) \tag{5.4}$$

$U(W_i):i$の効用関数　　$X:i$のトレーダーの総需要　　$P:1$つの資産価格（株価）

この公式をもとに拡張されたモデルがシナリオ・モデルである。

2　基本モデル

基本モデルでは2.1 グロスマン＆スティグリッツ・モデル（情報品質均衡モデル），2.2 カイル・モデル（戦略的流動性モデル），2.3 グロステン＆ミルグロム・モデル（逐次取引モデル），2.4 グロスマン・モデル（資金流動性モデル）からモデルの内容の説明とクラッシュの可能性の示唆を行う。

2.1　グロスマン＆スティグリッツ・モデル（情報品質均衡モデル）

グロスマン＆スティグリッツ（Grossman & Stiglitz）（1980）モデルは情報の非対称性（情報格差）を前提に，情報の伝達過程についてベイズの学習から私的情報が価格にどのように集約されるかというメカニズムの解明をするための理論モデルである[12]。

モデルの内容

情報トレーダーの期待収益が非情報トレーダーより高ければ，非情報トレーダーは費用cを出費し，情報を取得して情報トレーダーに移行する。情報トレーダーの比率をϕとして，情報トレーダーと非情報トレーダーを情報の質の均衡比率（情報品質の均衡比率）$\varsigma(\phi)$とする。記号は標準型需要関数

第Ⅱ部　証券理論モデルによる原因究明

と同じである。

　シグナルθを条件に情報トレーダー$E[U(W)|s]$と非情報トレーダー$E[U(W)|\theta]$のCARA効用関数（付録（A.33））に関して標準型需要関数の展開式を用いて以下のように表す。ただし情報取得の費用cであり，$\mu=(\nu-P)=E(\nu|G)-P$である。

$$E[U(W)|\theta]=-e^{-a[W_0+(\nu-P)X_U]}$$

(5.5)

$$E[U(W)|s]=-e^{-a[W_0-c+(\nu-P)X_I]}=-e^{\{-a(W_0-c)+(-a)[(\nu-P)X_I]\}}$$

　(5.5) の右辺における指数の第1項は固定係数であるので，第2項の$\mu=(\nu-P)$を最大化にすればCARAの効用関数極大化となる。そこで（5.2）を利用すると$E(\mu|\theta)=\frac{1}{2}aVar(\mu|\theta)$と$E(\mu|s)=\frac{1}{2}aVar(\mu|s)$である。

　よって非情報トレーダーCARAの効用関数極大化は以下のように表現できる。

$$E[U(W)|\theta]=E(\mu_U|\theta)=-e^{-aW_0}E\Big[\exp\Big(-\frac{(E(\nu|\theta)-P)^2}{2Var(\nu|\theta)}\Big)\Big]$$

　情報トレーダーについては非心カイ自乗分布の積率母函数（付録5.1）を利用する[13]。

$$E[U(W)|s]=E(\mu_I|\theta)=-e^{-a(W_0-c)}E\Big[\exp\Big(-\frac{(E(\nu|s)-P)^2}{2Var(\nu|s)}\Big)\Big|\theta\Big]$$

$$=-e^{-a(W_0-c)}\sqrt{\frac{Var(\nu|s)}{Var(\nu|\theta)}}\exp\Big[-\frac{(E(\nu|\theta)-P)^2}{2Var(\nu|\theta)}\Big]$$

(5.6)

　いま情報トレーダーの比率ϕ，情報品質の比率$\varsigma(\phi)$とすれば以下のように表現できる。

$$\varsigma(\phi)=EU(\mu_I)/EU(\mu_U)=e^{ac}\sqrt{\frac{Var(\nu|s)}{Var(\nu|\theta)}}=1$$

(5.7)

　(5.7) より情報品質の比率$\varsigma(\phi)$は情報取得費用c，危険回避係数a，情報格差$\sqrt{Var(\nu|s)/Var(\nu|\theta)}$が影響することがわかる。ここで重要な点は情報トレーダーの期待収益が非情報トレーダーより高ければ，非情報トレーダーは費用cを出費し，情報を取得して情報トレーダーに移行することである。こ

104

の移行によって情報トレーダーの比率ϕは高まり，この移行は期待収益が互いに等しいときに止まる。この均衡点が（5.7）である[14]。

クラッシュの示唆

グロスマン＆スティグリッツ・モデルは市場を不安定にする諸要素がクラッシュへと繋がることを示唆できる。

① 観察可能情報θとシグナル情報sと乖離する場合，要するに情報格差が大きい場合はノイズ（攪乱項）に曝されることになる。このノイズはブラックのいう投資心理とは別のものである。このノイズが大きければ価格はファンダメンタルズと乖離する。

② 情報トレーダーの比率ϕが大きいと価格は多くの情報sを含んでいるので，取得費用cをかけて情報を得て売買する利得が薄れる。そして市場の流動性は薄くなる。このように情報を多く顕示している価格は情報トレーダーが費用を出して情報sを収集する誘因をなくして市場を無取引（no tarde）状態にさせる危険性がある。こうした状況（$\varsigma(\phi)=1$）をグロスマン＆スティグリッツのパラドックスという[15]。

2.2 カイル・モデル（戦略的流動性モデル）

モデルの内容

カイル（Kyle）（1985）モデルは情報の非対称性下における，戦略的な流動性の決定に焦点を当てた。このモデルはリスク中立的な世界を前提に，外部のトレーダー（流動性トレーダーと情報トレーダー）の集計された注文フローをマーケット・メーカーが単一の価格をつけて，すべての取引を成立させる，一括売買取引システムによって成立する[16]。マーケット・メーカーは注文フローに対して市場でクリアーするために価格を決定する。この過程で情報トレーダーとマーケット・メーカーによる戦略に関してはナッシュ・ベイジアン均衡（NBE）（付録4.2）が適用される[17]。

このモデルのタイムライン形式で前提を説明する。

A.1 複数の流動性トレーダーは流動性需要から注文量$\tilde{u}$を出す。$\tilde{u}$は注

第Ⅱ部　証券理論モデルによる原因究明

文量～$N(0, \sigma_u^2)$である[18]。

A.2　リスク中立型の情報トレーダーはリスク資産の期末価値$\tilde{\nu}$という私的情報を持ち，$\tilde{\nu} \sim N(P_0, \Sigma_0)$である。また注文量$\tilde{u}$と期末価値$\tilde{\nu}$を観察して期待利潤最大となる戦略的注文量$\tilde{x} = x(\tilde{\nu})$を決める。

A.3　マーケット・メーカーは注文フロー$\tilde{X} = (\tilde{x} + \tilde{u})$から市場をクリアーするような価格$\tilde{P} = P(\tilde{x} + \tilde{u})$を決定する。ベルトランド競争下，期待利潤はゼロである。

以上からカイルは情報トレーダーの注文量と価格に関する均衡解を導出した[19]。

$$\tilde{x} = x(\tilde{\nu}) = \beta(\tilde{\nu} - P_0) = \sqrt{\frac{\sigma_u^2}{\Sigma_0}}(\tilde{\nu} - P_0) \tag{5.8}$$

$$\tilde{P} = P(\tilde{x} + \tilde{u}) = P_0 + \lambda(\tilde{x} + \tilde{u}) \tag{5.9}$$

$$\beta = \sqrt{\frac{\sigma_u^2}{\Sigma_0}} \qquad \lambda = \frac{1}{2}\sqrt{\frac{\Sigma_0}{\sigma_u^2}}$$

クラッシュの示唆

カイル・モデルは流動性の指標であるラムダλの変化がクラッシュを引き起こす可能性のあることを示唆する。(5.8)は情報トレーダーの需要を示している。その需要は資産の変動Σ_0が高くなると減少する。流動性トレーダーの注文量の変動σ_u^2が高くなると需要は増加する。(5.9)はマーケット・メーカーの価格設定を示している。情報トレーダーの資産の変動Σ_0が高くなると，その価格は高くなる。流動性トレーダーの注文量の変動σ_u^2が高くなると価格は低くなる。情報トレーダーの情報の質の高さと価格の高さの関係は直感的理解と整合的である。

このようにカイルは簡単なモデルから内生的に流動性と戦略的意思決定に基づく価格設定の関係を明示化した。このモデルは戦略的流動性モデルとも呼ばれる。

カイル・モデルの特徴は(5.9)における流動性の指標βである。この$\beta = 1/\lambda$は流動性を測る市場の厚さの尺度を示している[20]。またλは「カイ

106

第5章 マーケット・マイクロストラクチャー・モデルによる原因究明

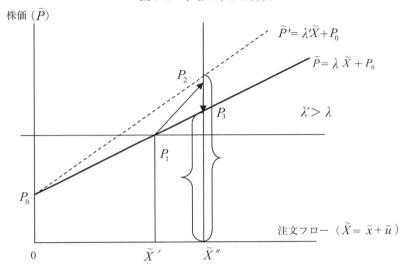

図 5-2 市場の厚さと株価

資料：著者作成。

ルのラムダ」と呼ばれる。このλは追加的買い注文の価格上昇を決定する。λが低いことは資産変動Σ_0が低く情報が安定している状況を意味するので，追加的注文フローよって大きな価格変化はしない。λが低いと多くの売買を少ない価格変化で処理できる。この状況は流動性が高いことを示している。いまλを使ってクラッシュの可能性を**図 5-2**[21)]で明示することができる。λにおいて価格P_1の時，注文フローXの変化（$\tilde{X}'$から$\tilde{X}''$）により何らかの理由でλ'に変化すれば，株価P_3ではなくP_2に上昇する。流動性がもとのλに回復すれば，少しの注文フローで株価P_3に暴落する。カイルが流動性の変化が株価を暴落させる可能性のあることを初めてモデル化したのである。

2.3　グロステン＆ミルグロム・モデル（逐次取引モデル）

モデルの内容

グロステン＆ミルグロムの逐次取引モデルについて，オハラ（1995）[22)]

107

第Ⅱ部　証券理論モデルによる原因究明

に依拠して説明する。リスク中立型のマーケット・メーカーは情報トレーダーと流動性トレーダーの売買注文に対して，株式の真の価値νに対してアスク＆ビッドを提示する。

　アスクaはマーケット・メーカーが投資家に対して提示する売価格（投資家の買値）である。ビッドbはマーケット・メーカーが投資家に対して提示する買価格（投資家の売値）である。したがって$a \geq b$となる。

　その取引確率のオーダー・ツリーは図5-3であり，1期間の条件付き期待値のアスクとビッドは以下のように計算できる。

$$a_1 = E(\nu|B_1) = \nu_L \Pr(\nu_L|B_1) + \nu_H \Pr(\nu_H|B_1)$$
$$= \nu_L[(1-\delta)(1-\phi)\gamma^B] + \nu_H[\delta\phi + \delta(1-\phi)\gamma^B]$$
$$b_1 = E(\nu|S_1) = \nu_L \Pr(\nu_L|S_1) + \nu_H \Pr(\nu_H|S_1)$$
$$= \nu_L[(1-\delta)\phi + (1-\delta)(1-\phi)\gamma^S] + \nu_H[\delta(1-\phi)\gamma^S]$$

B_t : t 期で（情報・流動性）トレーダーが買う事象　　S_t : t 期で売る事象

　いま図5-3から$\nu_H = 1$，$\nu_L = 0$のとき，マーケット・メーカーのスプレッドは

$$a_1 - b_1 = \delta[\phi + (1-\phi)(\gamma^B - \gamma^S)] \tag{5.10}$$

を得る。

　つぎに2期間のスプレッドについては以下の通りである。

$$a_2 - b_2 = E(\nu_1|B_1, B_2) - E(\nu_1|S_1, S_2) = E[E(\nu|B_2)|B_1] - [E(\nu|S_2)|S_1] \tag{5.11}$$

　効率的市場ではマルチンゲール（付録（A.5））が想定できるので，これを長期にするとスプレッドはゼロになる。それは価格は最終的に真の価格に収束するからである[23]。

クラッシュの示唆

　グロステン＆ミルグロム・モデルは情報とスプレッドの逆選択の問題がクラッシュへと繋がることを示唆する。1期間のスプレッド$a_1 - b_1$について（5.10）から分析する。いま情報トレーダーの比率ϕが小さい時は情報があまりわからないので$\gamma^B = \gamma^S$すなわち1/2に近づき，スプレッドは小さくなる。逆に，情報トレーダーの比率ϕが大きい時は$\gamma^B - \gamma^S$にかかわらずスプ

108

第5章　マーケット・マイクロストラクチャー・モデルによる原因究明

図 5-3　取引確率のオーダー・ツリー

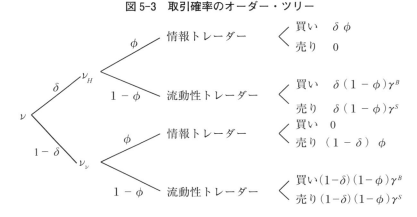

δ：良いシグナルで価格がν_Hとなる確率　　$1-\delta$：悪いシグナルで価格がν_Lとなる確率　　ϕ：情報トレーダーの比率　　$1-\phi$：流動性トレーダーの比率
γ^B：流動性トレーダーの買う確率　　γ^S：流動性トレーダーの売る確率
資料：O'Hara（1995）p. 63. Figure 3.1 修正。

レッドは大きくなる。このように情報とスプレッドの逆選択の問題は市場の崩壊，すなわち，売買取引ができない危険性を示唆している。この逆選択の問題がクラッシュへ導く可能性がある[24]。

　また情報トレーダーの比率ϕが多くなると，価格に情報がすべて反映されるので情報による売買の意味がなくなることから無取引になる。これはグロスマン & スティグリッツのパラドックスと同じ現象を示唆するものであった。

　さらにイーズレイ & オハラ（Easley & O'Hara）（1987, 1991）は逐次取引モデルから多くの取引形態の特徴を析出している。流動性トレーダー（ノイズ・トレーダー）は大口取引と小口取引をランダムに執行するが，情報トレーダーは常に大口取引を好み，同様にマーケット・メーカーは大きなスプレッドを得るために大口取引を好むとしている。しかし高頻度取引（HFT）ではあらゆるトレーダーは逆に小口注文になってきている。

第Ⅱ部　証券理論モデルによる原因究明

2.4　グロスマン・モデル（資金流動性モデル）

　流動性概念は売買需給が中心であった。ところがグロスマン（Grossman）（1988b）はクラッシュが資金流動性（funding liquidity）から起きる可能性を示唆した。特にポートフォリオ・インシュランスの情報の非対称がトレーダーの円滑な資金準備を阻害させて市場の流動性の不足を招来させてクラッシュが起きることを警告した。

モデルの内容

　グロスマンは一定の情報s（ダイナミック・ヘッジの比率ϕの情報）が与えられているとき，第2期の需要関数を以下のように定式化した。

$$f_{MT}\left(\frac{P_2}{P_2^*}, M; s\right)+(1-\phi)f_{PM}\left(\frac{P_2}{P_2^*}; s\right)+(\phi)f_{DH}(P_2, s)=100\% \qquad (5.12)$$

　P_2：第2期の株価　s：情報　M：資金量　ϕ：ダイナミック・ヘッジャーの比率

　P_2^*：第2期の株価のダイナミック・ヘッジャーの存在しない株価

　$f_1(\cdot)$：関数

　（5.12）においてはポートフォリオ・インシュランスの比率の情報sの水準は相対価格P_2/P_2^*と必要な資金M，そしてトレーダーとしてマーケット・タイマーMT，ポートフォリオ・マネージャーPT，ダイナミック・ヘッジャーDHが需要関数に影響を与える。そして情報sが完全に顕示されていない場合はマーケット・タイマーMTは必要な資金を準備することができないので，価格に大きな影響を及ぼすことになる。

　なお（5.12）はポートフォリオ・インシュランスの比率ϕが増加すると価格過程では価格変動が大きくなることを前提としている（第4章（N4.1））。

クラッシュの示唆

　また（5.12）はポートフォリオ・インシュランスの情報非対称がトレーダーの円滑な資金準備を阻害して，市場の流動性の不足を招来させてクラッシュを引き起こす可能性を示唆している。ブラック・マンデー直前の証券理

110

第5章　マーケット・マイクロストラクチャー・モデルによる原因究明

論モデルの提示であったので，その先見性には高い評価が与えられている。この危惧は的中した[25]。ブラック・マンデーにおける資金流動性の問題が起きたが，迅速な連邦準備制度理事会（FRB）の施策で大事に至らなかった。

グロスマン・モデルが提起した問題はその後の証券市場，さらに金融市場に大きな影響を与えることになった[26]。例えばブルナーメイヤ＆ペダーセン（Brunnermeier & Pedersen）（2009）は最近の事例からマーケット・メーカーが資金流動性不足に陥って本来の業務ができなかったことでクラッシュの可能性を示唆している[27]。

3　ジェンノット＆リーランド・モデル（複数均衡モデル）

ジェンノット＆リーランド（Gennotte & Leland）（1990）はグロスマン＆スティグリッツ・モデルとサンスポット理論を結合したモデルである。このモデルではブラック・マンデーの状況から①比較的小さなヘッジ取引がどうしてクラッシュをもたらしたのか，②売り圧力が収まったときにすぐに株価は反転しなかったのか，という2つの疑問を自ら提起した。この回答のために理論モデルが考案された。それでは3.1モデルの内容，3.2シナリオの説明，3.3シナリオ説明の検証に沿って展開する。

3.1　モデルの内容

前　提

A.1　市場参加者

供給情報トレーダーは資産に関連した私的な共通シグナルx_S（供給量）を持っている。価格情報トレーダーは資産の将来価値νに関するシグナル$S^i = \nu + \varepsilon^i$（$\nu \sim N(\mu_\nu, \sigma_\nu^2)$, $\varepsilon \sim N(0, \sigma_\varepsilon^2)$）を観察できる。ただし$\nu$と$\varepsilon_i$は相互に独立的である。

以上のように情報トレーダーを2つに区分するのは市場参加者の情

111

報の差別化による現実的分析を行うためである。マーケット・メーカーは（値付け）ブックにアクセスした注文量がわかるので供給情報トレーダーに含まれる。

A. 2 　各トレーダーjは CARA 効用関数を極大化する行動をとる（付録（A. 36））。

$$U(w) = -e^{-\left(\frac{w}{a_j}\right)}$$ 　　　a_j：絶対的危険回避度 　　　w：富

A. 3 　資産の供給量

$$\overline{m} + x_L + x_S \tag{5.13}$$

$\overline{m}$：固定的な数量 　　　x_L：観察不可能な供給量

x_S：供給トレーダーのみ観察できる供給量

x_Lとx_Sは相互に独立で分布は$x_S \sim N(0,\sigma_S^2)$と$x_L \sim N(0,\sigma_L^2)$である。

A. 4 　最適需要の算出は標準型の公式を用いる。

供給情報トレーダーの需要 　　　$x_1 = \dfrac{E(\nu|x_s, P_1) - P_1}{a\mathrm{var}(\nu|x_s, P_1)}$

価値情報トレーダーの需要 　　　$x_2 = \dfrac{E(\nu|S^i, P) - P_1}{a\mathrm{var}(\nu|S^i, P_1)}$

そこで需要（2 つのグループ）は以下のように一般式に表現し直すことができる。

$$\sum x_j = \sum k_j Z_j^{-1}(\mu_\nu - P_1) \qquad k_j = \frac{a_j\, w_j}{\sum_j a_j w_j} \tag{5.14}$$

Z_j：将来価格の条件付分布 　　μ_ν：将来価格に対する期待値の平均

A. 5 　非情報トレーダーとしてダイナミック・ヘッジのためのポートフォリオ・インシュランスの外生的な超過需要 $\pi(P_1)$ が加わる。これは価格が上昇すると増加して下落すれば減少する。価格に対して減少関数である。

3.2 シナリオの説明

シナリオの設定

前提に基づいて超過需要 $\pi(P_1)$ が線形でかつ観察可能であれば，このモデルは市場においてヘッジ需要を含む合理的期待均衡が成立する。均衡への

展開はグロスマン＆スティグリッツ・モデルと同様な手続きを踏む。よって（5.13）と（5.14）から次式を得る。

$$Z^{-1}P_1 + \pi(P_1) = Z^{-1}\mu_\nu - m \qquad (5.15)$$

$$m = \overline{m} + x_L + x_S \qquad\qquad Z^{-1} = \sum_j k_j Z_j^{-1}$$

さらに（5.15）をP_1について一般式にする。

$$P_1 = f(\nu - \mu_\nu - \alpha x_L - \beta x_S) \qquad (5.16)$$

α , β：常数でモデルの確率変数の平均と期待値および絶対リスク回避係数に依存[28]

（5.15）または（5.16）においてヘッジ戦略が存在する場合，超過需要π(P_1) が線形であればP_1は正規分布で，価格の安定性は$f(\cdot)$に依存する。またヘッジ戦略が存在しない超過需要π (P_1) ＝ 0 のときは，ほぼ安定的である[29]。

よってポートフォリオ・インシュランスの超過需要π(P_1) ＞ 0 の場合を検討する。超過需要π(P_1) ＞ 0 のとき，このモデルはヘッジ需要の情報に関するトレーダーの観察程度により価格の安定性が異なる。そこでジェンノット＆リーランドは 3 つのケースを想定した。

ケース 1 ：すべてのトレーダーが超過需要π (P_1) について観察可能である。

ケース 2 ：供給情報トレーダーのみが超過需要π (P_1) について観察可能である。

ケース 3 ：すべてのトレーダーは超過需要π (P_1) について観察不可能である。

シナリオの結果

ヘッジ（売り）の情報に対する株価の変化を**図 5-4** で示した。ケース 1 とケース 2 では需要曲線はすべてのトレーダーまたは供給情報トレーダーがヘッジ（売り）需要（具体的にはプログラム・トレーディング売り）の水準を知っているので，線型関係を維持して右下がりとなる。ただしケース 1 の場合はすべてのトレーダーがヘッジ需要に対処できるので，需要曲線はケー

第Ⅱ部　証券理論モデルによる原因究明

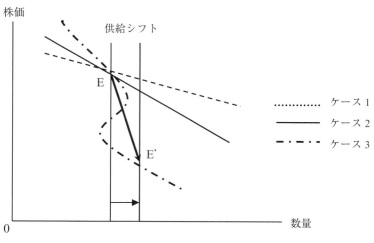

図 5-4　複数均衡

資料：Gennotte & Leland (1990) p. 1012, Figure 4 を修正。

ス 2 よりなだらかな右下がりとなる。これに対してケース 3 の場合では全くヘッジ需要が観察不能なので超過需要 $\pi(P_1)$ は逆 S 字型のような非線形となるから需要曲線も非連続となる。逆 S 字型需要は均衡点からある点へとカスケード現象を起こして大きく移行してしまう可能性がある。他方の総供給は直線で描くことができるので，総供給がシフトすれば均衡は非連続的になって低い均衡水準に移行する。このようにある総供給の範囲においては複数の均衡が存在することになる。

　以上，ジェンノット & リーランドはケース 3 がブラック・マンデーの原因であると結論づけた。当初のジェンノット & リーランドの疑問と照合しよう。比較的小さなヘッジ取引でも，観察不可能な取引は大きな影響を及ぼす可能性がある。また逆 S 字型需要になると売り圧力により均衡点は下位に移行する。この複数均衡のゆえに投資家が納得してしまうので，株価は反転しないとする。

　さらに逆 S 字型のヘッジ需要を作った事例は 1929 年のブラック・サーズデーのストップ・ロス戦略であり，1987 年のブラック・マンデーのポート

第 5 章　マーケット・マイクロストラクチャー・モデルによる原因究明

フォリオ・インシュランスであった。この複数均衡モデルは歴史的クラッシュの多くの事例に適用可能であるとした。

3.3　シナリオ説明の検証

逆 S 字型需要

　本来，ポートフォリオ・インシュランス自体はヘッジ目的であるので市場で主要な取引になることはない。ブラック・マンデー時でもポートフォリオ・インシュランスの売買比率は 3 割程度でしかなかった（**表 1-2**，**表 1-3**）。したがって**図 5-5** が示しているようにポートフォリオ・インシュランスが支配的であるとは多くの他のトレーダーの追随する需要喚起が必須条件であることを意味する。これにより逆 S 字型需要（価格の断絶）が起きることになる。

低位価格の安定性

　ジェンノット & リーランド・モデルはブラック・マンデー以前の価格はファンダメンタルズの下で正しいとの前提に立っている。価格の不連続性後（クラッシュ後）に機械的なポートフォリオ・インシュランスが大量売りの

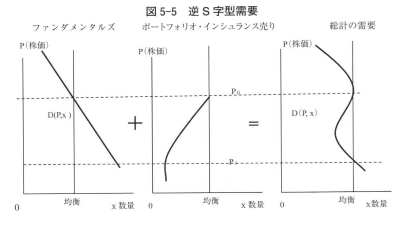

図 5-5　逆 S 字型需要

資料：著者作成。

第Ⅱ部　証券理論モデルによる原因究明

情報が行き渡ったならば，株価はリバウンドしなければならない。しかし株価はその比率が小さく影響が少ないので低位に安定化してしまう。ブレディ報告書のようにクラッシュ前には伝統的市場価値，株価収益率（PER）は正常な水準を上回っていたとの前提に立てば，低位安定性は解釈可能かもしれない。しかしクラッシュ以前も均衡価格であったとする。だから複数均衡である。

サンスポット理論

　サンスポット理論とは経済のファンダメンタルズとは必ずしも関係のない心理の変化が人々の経済環境に関する期待や経済行動に影響を与えて，それが結果として価格などの経済変数を実際に変動させるとする理論である[30]。市場構造の分類からみるとノイズ（投資心理）理論に近い[31]。

　この複数均衡理論におけるサンスポットの条件はポートォリオ・インシュランスを対象とした非対称性イベントに付随する多数のトレーダーの参加が必要である。しかし最近の複数均衡理論は必ずしもポートフォリオ・インシュランスのような異常な取引が存在しなくともクラッシュが起きる可能性が証明されている。あるファンダメンタルズのイベントにおいて情報格差のある場合には非情報トレーダー（またはノイズ・トレーダー）の合理的ではない投資行動によってクラッシュが惹起する可能性がある。この理論モデルはバレビー＆ベロネージ（Barlay & Veronesi）（2003）により新たに提案された。それゆえ複数均衡理論は情報の非対称性よりも非情報トレーダー行動が価格変動に大きく影響する意味でサンスポットにより類似していると考えられる。

4　ジャクリン，クライドン＆プフラインデラー（JKP）モデル（情報誤認モデル）

　ジャクリン，クライドン＆プフラインデラー（JKP : Jacklin, Kleindon & Pfleiderer）（1992）はブラック・マンデーをマーケット・メーカーによるポートフォリオ・インシュランスに関する情報誤認がブラック・マンデーの

116

原因であるとした。彼らはグロステン＆ミルグロムの逐次取引モデルにポートフォリオ・インシュランスのヘッジ取引を加えてブラック・マンデーのシナリオを試みた。このシナリオ・モデルの前提は余りにもテクニカルすぎるが，そこから得られたシナリオの結果は重要な示唆を含んでいる。そこでこのモデルをシンプルな前提を設けて再展開を試みている。以下，4.1 モデルの内容，4.2 シナリオの説明，4.3 シナリオ説明の検証の順に展開する。

4.1　モデルの内容

前　提

　まず**図 5-6** をみてほしい。これは**図 5-3** にダイナミック・ヘッジャーが加わった逐次モデルであり，この図に基づいて前提を説明する。

A.1　トレーダーは情報トレーダーと非情報トレーダーある。さらに非情報トレーダーはポートフォリオ・インシュランスを運用するダイナミック・ヘッジャーと流動性トレーダーに区分される。彼らの効用関数はリスク中立型である。

A.2　ϕ は ν（真の価格）が情報トレーダーに届く確率であり，$1-\phi$ は ν が非情報トレーダーに届く確率である。

A.3　ダイナミック・ヘッジャーの比率は市場ではわからず，θ_H, θ_L の 2 つの場合を想定する。（ただし $\theta_H > \theta_L$）また θ_H について期待ポートフォリオ・インシュランスの事前の信念の確率は q とする。

A.4　アスク a_t はマーケット・メーカーが投資家に対して提示する売価格（投資家の買値）である。ビッド b_t はマーケット・メーカーが一般投資家に対して提示する買価格（投資家の売値）である。
　　　期待価格 $\tilde{\nu}$ は $\tilde{\nu} \in \{\nu_L, \nu_M, \nu_H\}$ をとる。（$\tilde{\nu}$ の各価格の確率は同じ $1/3$）
　　　情報トレーダーは $\tilde{\nu} > a_t$ のときは買い注文（B）をする。$\tilde{\nu} < b_t$ のときは売り注文（S）をする。また $b_t \leq \tilde{\nu} \leq a_t$ のときは注文をしない。

A.5　マーケット・メーカーの利益はゼロである。要するに気配のスプレッドはゼロである。

A.6　$\pi_t^i(h_t)$ は状態（i）に至る t 期までの取引経路を示す。

A.7　ダイナミック・ヘッジャーの買い注文の確率は

図 5-6　ジャクリン,クライドン & プフラインデラー(JKP)モデルのオーダー・ツリー

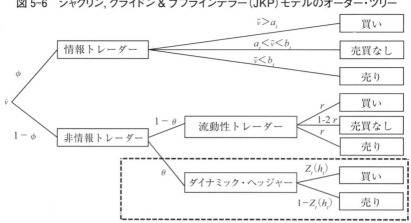

資料：JKP（1992）p. 41, Figure1 を修正。

$$Z_t(h_t)=(1-\lambda_t)+\lambda_t\delta_{\{\tilde{v}_{t-1}>\tilde{v}_{t-2}\}} \tag{5.17}$$

とする。λ_t はダイナミック・ヘッジャーが売買をすでに実行している比率で $\delta_{\{\tilde{v}_{t-1}>\tilde{v}_{t-2}\}}$ は特定関数（1 または 0）ある（λ_t については $F\left(\dfrac{t-15}{2}\right)$ の標準正規分布関数とするので $t=15$ になると，すでに λ_t はヘッジャー買い比率が半分に達していることになる）。

A.8　流動性トレーダーの売買の確率は r とする。

図 5-6 から t 期の買い注文 B_t，マーケット・メーカーの売値（アスク）a_t の経路を $a_t(h_t, B_t)$ とすれば，経路 $\pi_t(h_t)$ は 3 つでまた各 $\theta_{H,L}$ があるので計 6 つになる。

$$\sum_{i=1}^{6}\pi_t^i(h_t)a_t^i(h_t, B_t) \tag{5.18}$$

(5.18) については，例えば $a_t^i(h_t, B_t)$ として $\phi+(1-\phi)[\theta_{H,L}\cdot z_t(h_t)+(1-\theta_{H,L})r]$ がある。同様に投資家の売り注文 S_t（ビット）も $b_t(h_t, S_t)$ となり経路は 6 つある。

　t 期ごとにマーケット・メーカーが下記式をもって事後更新（ベイ

ズの定理）（付録（A. 26）と（A. 27））をする。

$$E(\tilde{\nu}|h_t:t期に出される買い注文) = \sum_{i=1}^{6} \frac{\pi_t^i(h_t)a_t^i(h_t, B_t)\nu(i)}{\sum_{j=1}^{6} \pi_t^j(h_t)a_t^j(h_t, B_t)} \qquad (5.19)$$

$\nu(i)$：状態(i)における$\tilde{\nu}$（期待値）

4.2　シナリオの説明

シナリオの設定

　ジャクリン，クライドン＆プフラインデラー（JKP）は以下の４つのケースを想定した。

　　ケース１：マーケット・メーカーがポートフォリオ・インシュランスの規模がわからず$(0<q<1)$，実際の規模は当初の予想よりも高い場合$(\theta=\theta_H)$

　　ケース２：マーケット・メーカーがポートフォリオ・インシュランスの規模がわからず$(0<q<1)$，実際の規模は当初の予想より低い場合$(\theta=\theta_L)$

　　ケース３：マーケット・メーカーがポートフォリオ・インシュランスの規模が確実にわかっている場合$(q=1,\ \theta=\theta_H)$

　　ケース４：マーケット・メーカーがポートフォリオ・インシュランスの存在しないことがわかっている場合

シナリオの結果

　ジャクリン，クライドン＆プフラインデラー（JKP）は（5.19）を基礎にしたマーケット・メーカーの事後更新を利用して４つのシナリオをシミュレートした[32]。彼らの実験の結果は**図5-7**で示されている。当初価格は50ドルである。

　まずケース３とケース４のようにマーケット・メーカーがθの情報を持っている，または$\theta=0$の場合は事後変更の株価は予測できるのでクラッシュは排除される。よってケース１とケース２がクラッシュの検討対象となる。

　もしマーケット・メーカーがケース１のようにポートフォリオ・インシュ

第Ⅱ部　証券理論モデルによる原因究明

ランスの規模を過小予測すると当初，事前の信念qに基づく予想価格$E(\tilde{\nu})$はダイナミック・ヘッジャーの買いにより，事後の価格$E(\tilde{\nu}|h_t)$は高くなる。よって次期のマーケット・メーカーが提示する価格は高くなる。価格の上昇はダイナミック・ヘッジャー買い$Z_t(h_t)$の確率が高くなることを意味するから，次期も事後の提示価格は上昇する。この連鎖は$t=15$のダイナミック・ヘッジャーの買い確率が高くなるまで続く。その後，ダイナミック・ヘッジャーの新規買いが一巡するとダイナミック・ヘッジャーの買い確率は標準正規分布に従って次第に下がり，株価は情報トレーダー中心の買いの株価となるので平均50ドルに向かって下落していく。

　ケース2では当初，マーケット・メーカーは大きなポートフォリオ・インシュランスの規模を予測した。しかし期待したほどダイナミック・ヘッジャーの買いは多くはなかった。よってマーケット・メーカーの事後更新により株価は下落する。これによりダイナミック・ヘッジャーの買い注文が出ないので，さらに株価は下落する。その下落幅は1期間のダイナミック・ヘッジャー買い比率θ_Lが小さいので小さい。ダイナミック・ヘッジャーの買い出動が一巡する時点での株価は次第に情報トレーダー中心の買いのみとなって平均50ドルに向かって上昇していく。

　以上のようにジャクリーヌ，クライドン＆プフラインデラー（JKP）モデルはケース1の予想情報の誤認から始まり，$t=15$以降の株価下落過程がクラッシュであるとした。そのとき前提A.7のダイナミック・ヘッジャーの買い条件式が重要な働きをしている。

　クライドン（Kleidon）（1995）はこのシナリオ・モデルを用いてブラック・マンデーの原因について以下のように説明している。

　「マーケット・メーカーはケース1のようにポートフォリオ・インシュランス規模を過小に誤認して，そして株価の上昇の主要因が外生的なファンダメンタルズの買いであると誤解して株価の気配表示を上げる。マーケット・メーカーはダイナミック・ヘッジャーの買注文を情報トレーダーのグッド・ニュースによる買いであると解釈する。このことが株価を押し上げる要因となる。これは$t=15$まで続く。ダイナミック・ヘッジャーの買いが一巡する

120

図 5-7 ジャクリン,クライドン & プフラインデラー(JKP)モデルのシナリオの結果

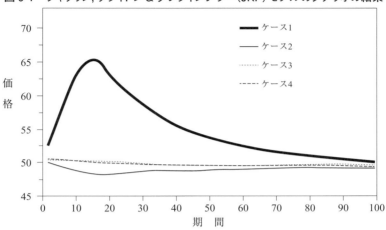

資料：JKP（1992）p. 46, Figure 2

と，これまでの情報の推測が一度に下方修正されるため，株価は下落傾向となり，株式市場でクラッシュを引き起こす。例えばブレディ報告書が指摘しているように，これまでのバッド・ニュースとブラック・マンデー直前の9月16日（金）の予想外のポートフォリオ・インシュランスの大量売りがブラック・マンデーの引き金となったのである[33]。」

4.3 シナリオ説明の検証

JKPモデルの解析

ジャクリン，クライドン & プフラインデラー（JKP）モデルは複雑な前提を設けて展開している。しかしシンプルな前提に変更が可能である。図 5-7 のケース1はノイズの学習に基づく誤認した推測の大幅な修正によりクラッシュが起きたケースである。このケースをよりンプルな例に置き換えて説明を試みる。このケースでもマーケット・メーカーはスプレッドがゼロであり，また必要に応じて気配（アスクまたはビッド）を出すと仮定する。その他の前提は以下の通りである。

A.1　情報トレーダーと非情報トレーダーの比率はともに50%である。

第Ⅱ部　証券理論モデルによる原因究明

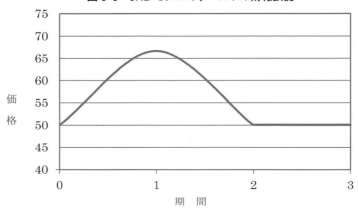

図 5-8　JKB モデルのケース 1 の情報誤認

資料：著者作成。

　　　　　ダイナミック・ヘッジャーは非情報トレーダーの一部を構成する。
A.2　価格νは$\bar{ν}$：$Pr\{ν=1\}=1/2$，$\underline{ν}$：$Pr\{ν=0\}=1/2$である。
A.3　トレーダーの確率は以下の通りである。
　　　ヘッジャーのいない非情報トレーダーはニュースにかかわらず，売買の確率は 1/2 とする。また情報トレーダーの買い（売り）の確率はグッド・ニュースのとき 2/3（1/3），バッド・ニュースのとき 1/3（2/3）である。
A.4　マーケット・メーカーは以下の事象に従い，気配を出す。
　　　第 0 期では事前・事後確率は同じ 1/2
第 1 期では非情報トレーダーのうちヘッジャーが買い出動する確率となった。よって非情報トレーダーの買い比率が上がる。マーケット・メーカーはグッド・ニュース（情報トレーダーの買い）と誤認する。第 2 期ではマーケット・メーカーはヘッジャーの売りであったことを理解する。そこでマーケット・メーカーは気配を下げることになる。
　以上のことを確率過程（当初価格 50）を示せば図 5-8 となる。0 期から第

第5章　マーケット・マイクロストラクチャー・モデルによる原因究明

2期までのマーケット・メーカーの気配の推移はダイナミック・ヘッジャーの買い出動$E(\nu|B)=2/3$とその後の売り$E(\nu|BS)=1/2$となる。よって気配は上昇した後，下落する[34]。

　この事例をジャクリン，クライドン＆プフラインデラー（JKP）モデルに従って解釈すれば，マーケット・メーカーは第1期でダイナミック・ヘッジャーの買いを情報トレーダーの買い確率が上昇したと誤解する。そしてマーケット・メーカーはより高い気配を出した後，情報推測の誤認に気付いて気配を下方修正する。この大きな下方修正こそがクラッシュである。

売買スピード

　ジャクリン，クライドン＆プフラインデラー（JKP）モデルには次のような限界が存在する。第1に当該取引の時期（タイミング）が正確ではない。このモデルは取引機会が同じインターバルのカレンダー・タイムで，ポートフォリオ・インシュランス開始後に買い確率が高くなることを前提としている。逆にポートフォリオ・インシュランスの買い確率が減少する時点から，株価下落は同じスピードとなるのでブラック・マンデーを的確に捉えることができない。第2にこのモデルの情報トレーダーは確実に期待価格を知っている反面，非情報トレーダーは何も知らないことを前提にしている。しかし私的情報を条件とした注文の情報は価格に伝達されるので非情報トレーダーもこの価格から情報を得ることができるであろう。以上の2つの指摘は逐次取引モデルに共通した欠陥でもある。

情報の非対称性

　ジャクリン，クライドン＆プフラインデラー（JKP）モデルはポートフォリオ・インシュランスの情報が非対称性であることによる誤認とその修正を前提とする。ブラック・マンデー時の状況を調べてみよう。

　証券取引委員会（SEC）報告書（1988）によると，トリプルウイッチである10月16日（金）のポートフォリオ・インシュランス取引の大量の売り残りの情報が疑いもなく19日のブラック・マンデーの売り圧力となったと分析している。このことは機関投資家はフロアーの外で多くの情報を持ってい

123

第Ⅱ部　証券理論モデルによる原因究明

たようである。当時のファンド・マネージャーであったブックステーバーは
つぎのように述べている。

　「ポートフォリオ・インシュランスの調整は通常，市場の終値で 1 回行う。
16 日（金）の値段が下がったので，多くの会社は 19 日（月）持ち越した。
19 日朝，投資会社 LOR のみで 50 億ドル超のポートォリオ・インシュラン
スの売りが推定された。これ知って投資信託は慌てていた……。他のポート
フォリオ・インシュランス会社は 5 億ドル近い S&P 先物を売り出し，先物
注文の 3 割に達した[35]。」

　このようにジャクリン，クライドン & プフラインデラー（JKP）モデルの
シナリオはポートフォリオ・インシュランス情報の非対称性，特に過小評価
の誤認とその修正に関する前提に疑意がある。このことはジェンノット &
リーランド・モデルの前提も同様である。

　また膨らんだポートフォリオ・インシュランスの注文がアービトラージの
ための現物市場へ移行したとき，スピディーに対応できなかったことが問
題であるとブックステーバーは的確な指摘をしている。これは流動性の問題
でもある。

均衡点への移行

　情報の誤認による修正であるとしたら，ブラック・マンデー以前の株価水
準は誤りであることを暗示する。では長らく市場はなぜ情報の非対称性の状
態が続いて，どうして突然に修正が可能になったのであろうか。この点につ
いて明確ではない。このモデルは均衡点の移行を目的とするのみである。

5　グロスマン & ミラー・モデル（流動性イベント・モデル）

　流動性の需給はストール（1978）のディーラーの即時性の対価に基づく供
給取引とカイル（1985）の市場取引のトレーダーの最適化に基づく需要取引
から形成される。グロスマン & ミラー（1988）はストール・モデルとカイ
ル・モデルとを統合して流動性モデルを構築した。このモデルは通常，流動
性の均衡の状態であることを前提とする。しかし外部（情報）トレーダーの

大量な売り注文（流動性イベント）のために最適需要で充足できないとき，一時的な流動性の不均衡の状態となる。流動性からブラック・マンデーの原因究明をすべく考案されたシナリオ・モデルである。このモデルはその後，流動性の理論にも大きな影響を及ぼした[36]。以下，5.1モデルの内容，5.2シナリオの説明，5.3シナリオ説明の検証の順に展開する。特に5.3のなかの流動性イベントとクラッシュの関連性のシェーマ**図 5-10** はこのモデルの検討をした成果である。

5.1 モデルの内容

前 提

A.1 現物市場を対象とする[37]。

A.2 私的情報は存在しない（特別な情報をいかなるトレーダーも所有していない）。

A.3 市場参加者は 2 人の外部トレーダーと n 人の複数のマーケット・メーカーからなる。特に私的情報がないので外部トレーダーは流動性トレーダーの役割を果たす。またマーケット・メーカーはアスク＆ビッドを提示しないので，価格次第では積極的に在庫ポジションでも保有しようとする。

A.4 市場参加者は同じ CARA 型効用関数で，すべての確率変数は正規分布に従う。

$$U(W) = -e^{-aW} \qquad a：絶対的リスク回避度 \qquad W：富$$

A.5 タイムライン t は 3 期間である。

第 1 期：ある 1 人の外部トレーダーが一時的な注文不均衡（以下，流動性イベント） i の影響を受ける。n 人のマーケット・メーカーが流動性イベントを引き受ける。

第 2 期：この流動性イベント i を相殺する外部トレーダーが現れる。流動性イベントを引き受けた n 人のマーケット・メーカーが対応する。

第 3 期：第 2 期の証券の価値の最終条件のみ表示される。

第Ⅱ部　証券理論モデルによる原因究明

　　　　　3 期間を通算した流動性イベントの超過需要はゼロとなる。

A.6　資産の種類：外部トレーダーによる t 期のリスク・フリー資産とし
　　てのキャッシュ（収益はゼロ）の保有量 M_t，リスク資産として価格
　　P_t，取引後の保有単数を x_t とする。3 期間モデルなのでリスク資産価
　　格 P_3 は危険資産の最終価格または清算価値となる。

流動性イベント

　まず第 1 期に初期保有量のショックを受け取った外部トレーダーの 3 期間
の資産を以下のように表す。

$$W_3 = M_2 + \tilde{P}_3 x_2$$
$$\tilde{P}_2 x_2 + M_2 = W_2 = M_1 + \tilde{P}_2 x_1 \qquad\qquad (5.20)$$
$$\tilde{P}_1 x_1 + M_1 = W_1 = \tilde{P}_1 i + W_0$$

　i：資産の初期保有量　　　W_0：0 期の富　　　M：キャッシュ量

つぎに後ろ向きの誘導方法により外部トレーダーの期待効用の極大化を求
める。

第 2 期　$\displaystyle \max_{x_2} E_2 U(W_2 + \tilde{P}_3 x_2 - P_2 x_2)$　　第 1 期　$\displaystyle \max_{x_1} E_1 U(W_1 + \tilde{P}_2 x_1 - P_1 x_1)$

$$(5.21)$$

いま流動性イベントを考えないと，その外部トレーダーの各期の最適取引
需要 x^{cd} は以下のようになる。

第 2 期　$\displaystyle x_2^{cd} = \frac{E_2(\tilde{P}_3) - P_2}{a Var_2(\tilde{P}_3)}$　　　第 1 期　$\displaystyle x_1^{cd} = \frac{E_1(\tilde{P}_2) - P_1}{a Var_1(\tilde{P}_2)}$　　(5.22)

続いて A.5 から流動性イベントについて市場清算条件を求める。第 2 期
では第 1 期に流動性イベントの影響を受けた外部トレーダー，それを引き受
けた n 人のマーケット・メーカーと第 2 期に出現する流動性イベント i を相殺
する外部トレーダーからなる。

$$\frac{E_2(\tilde{P}_3) - P_2}{a Var_2(\tilde{P}_3)} - i + n \frac{E_2(\tilde{P}_3) - P_2}{a Var_2(\tilde{P}_3)} + \frac{E_2(\tilde{P}_3) - P_2}{a Var_2(\tilde{P}_3)} + i = 0 \qquad (5.23)$$

つぎに第 1 期の清算条件は（5.23）の最初の 2 項に当たるので第 1 期に遡

れば

$$\frac{E_1(\tilde{P}_3)-P_1}{aVar_1[E_2(\tilde{P}_3)]}-i+n\frac{E_1(\tilde{P}_3)-P_1}{aVar_1[E_2(\tilde{P}_3)]}=0 \tag{5.24}$$

となる[38]。

さらに（5.24）は下記式のように書き換えられる。x^m は 1 人のマーケット・メーカーの供給である。

$$\frac{E_1(\tilde{P}_3)-P_1}{aVar_1[E_2(\tilde{P}_3)]}=\frac{i}{n+1}=x_1^m \tag{5.25}$$

（5.25）は第 1 期に行われた外部トレーダーの「流動性イベント」が発生した取引量 x_1^{cd} に対してマーケット・メーカーの即時性を供給する量 nx_1^m で対応するものである。これは第 2 期の外部トレーダーとの取引量 x_2^{cd} により相殺される。このようにグロスマン＆ミラー・モデルによると，外部トレーダーの最適需要はマーケット・メーカーの流動性によって対応する。流動性である即時性の供給の能力が問題となる。まず即時性の供給と即時性の対価（収益）について即時性の供給の能力はマーケット・メーカーの数 n に関する解析で試みる。

即実性の対価

即実性の対価について考察する。モデルのストーリーは第 1 期で外部トレーダーの価格 P_1 をマーケット・メーカーが供給（購入）することから始まる。第 2 期はこの不均衡が逆転する。このため各期間の価格変化はマーケット・メーカーの流動性供給に対する収益とみなすことができる。この収益はマーケット・メーカーの流動性供給の「即時性の対価」と考えられる。この収益を

$$r=\frac{\tilde{P}_2}{P_1}-1 \tag{5.26}$$

と定義すれば

$$E_1(\tilde{r})=\frac{P_1 i}{n+1}aVar_1(\tilde{r}) \tag{5.27}$$

第Ⅱ部　証券理論モデルによる原因究明

を得る。

（5.27）からマーケット・メーカーの収益は価格変動$Var_1(\tilde{r})$，その人数n，リスク回避係数a，在庫の価値P_1iに依存することがわかる。

マーケット・メーカーの収益は価格の分散$Var_1(\tilde{r})$に対して増加関数であるので，価格の分散が高いほどマーケット・メーカーが多くなる。逆にマーケット・メーカーが多くなると収益が低下するので，マーケット・メーカーの市場から退出してしまう。ここで供給の対価とマーケット・メーカー数の最適値が重要となる。

マーケット・メーカー数

グロスマン＆ミラー（1988）はクラッシュの原因究明のなかで流動性イベントによるマーケット・メーカー数nは中核である。いまマーケット・メーカーのシート料cとしてマーケット・メーカーの効用は変わらないと仮定する。

$$-e^{-a\{W_0-c+(\tilde{P}_2-\tilde{P}_1)x_1^m\}}=-e^{-aW_0} \tag{5.28}$$

$(\tilde{P}_2-\tilde{P}_1)$の分散$Var_1\tilde{P}_2$として，（5.25）と期待効用極大化の公式を用いると（5.28）は以下のように書き換えることができる。

$$e^{ac}E\left\{\exp\left[-\left(\frac{a^2}{2}\right)(var_1\tilde{P}_2)\left(\frac{i}{n+1}\right)^2\right]\right\}=1 \tag{5.29}$$

つぎに非心カイ自乗分布の積率母函数（付録5.1）を（5.29）に適用する[39]。さらに流動性イベントの期待値をゼロ($Ei=0$)を仮定すると

$$\frac{1}{\sqrt{1+t}}=e^{-ac}\quad ただしt=a^2E\left[\exp\left(Var_1\tilde{P}_2/(1+n)^2\right)Vari\right] \tag{5.30}$$

を得る。

（5.30）からシート料cが低ければマーケット・メーカー数nが多くなる。nが多くなると彼らのリスク回避係数aが小さくなる。価格変動$Var_1\tilde{P}_2$または流動性イベントの変動$Vari$の変数が上昇すればマーケット・メーカー数nは増加する。

5.2 シナリオの説明

(5.23)からマーケット・メーカーの数nに上限があるとして流動性イベントiが非常に大きい場合，マーケット・メーカーは対処できない。これがブラック・マンデーの原因であるとグロスマン＆ミラー（1988）は主張する。さらに流動性イベント・モデルからブラック・マンデーの原因について，彼らはつぎのように主張する。

「即時性の需要の不均衡の意味において，ブラック・マンデー時の流動性イベントが先物市場と現物市場を襲った。それは前例のない規模の膨大な売り注文であった。現物市場のマーケット・メーカーの資本原資からみると，マーケット・メーカーはこの大きな流動性イベントにコミットするのに負担が大きすぎた。先物市場のシカゴ・マーカンタイル取引所（CME）においても，より小さいマーケット・メーカー（ローカルズ）はフロアーから去った。それは自発的なのか，または決済会社からの圧力によるものか不明である。マーケット・メーカーはこうした変動のある市場に大きなポジションをあえて取ろうとはしなかった。一部のマーケット・メーカーは通常よりも大きなディスカウントで値付けをした。ついにこの両市場は高い流動性と低いコストによる値付けができなくなった。……翌20日（火）の午後の早い時期にニューヨーク証券取引所（NYSE）の現物市場とオプション，先物市場は取引停止となった。マーケット・メーカーの値付け能力の限界を補うために，大企業の自己株式の買戻しプログラム等が参加した。同時に連邦準備制度理事会（FRB）はディーラーの在庫のポジションに支援している銀行を援助することを表明した。

クラッシュ後，売買取引システムを回復するにはプログラム取引の制限を止めてかつ現物市場と先物市場におけるマーケット・メーカーの間の通常のアービトラージ・リンケージを円滑にすることであった[40]。」

ブラック・マンデーに前例のない規模の膨大な売り注文の流動性イベントが先物市場と現物市場を襲った。グロスマン＆ミラー（1988）モデルによると，ブラック・マンデーの原因は大きな流動性イベントiがマーケット・メーカー数nの減少を招いてマーケット・メーカーの即時性の機能を阻害し

第Ⅱ部　証券理論モデルによる原因究明

たためであるとする。大きな流動性イベントiはポートフォリオ・インシュランスのみではなく他の売買注文の合計である。この点に関してファンダメンタリストのミラーの主張は一貫している。

　さらにグロスマン＆ミラー（1988）は流動性イベントの起きた理由よりも流動性の阻害により大きな関心を抱いた。阻害の根源はマーケット・メーカーの数の減少であると考える。その数を保持するため，彼らはシートのプレゼンス費用（以下，シート料）の導入を模索する。このコストは通常，サンク・コストであるので，シート料が低ければ，均衡でのマーケット・メーカーの人数は多くなる。この人数が多くなれば，マーケット・メーカーのリスク回避係数は小さくなる。またマーケット・メーカーの収益性を一定とすれば，株価変動が上昇するとマーケット・メーカーの人数が増加することは（5.25）と（5.30）から理解できる。

　グロスマン＆ミラー（1988）はつぎのように主張する。「多くの売買を同時にできる活発な市場はマーケット・メーカーの収益に貢献するであろう。この状況になると新たなマーケット・メーカーの参入を誘うので，マーケット・メーカーのフロアーのプレゼンスを維持するために収益がゼロになる。そのとき市場は崩壊する。よって市場の機能を保持するために，取引所はマーケット・メーカーに対して利用できる『シート』の数を限定する必要がある[41]。」

5.3　シナリオ説明の検証

　グロスマン＆ミラー・モデルについて第1には価格系列としての自己相関（日次ベースと日中ベース），第2には売買取引システムの観点，第3には流動性イベントとクラッシュとの関連性から検証する。

日次ベースの自己相関

　グロスマン＆ミラー・モデルが仮定する株価の負の自己相関（付録（A.47））について検討しよう。グロスマン＆ミラー・モデルでは，第1期の外部トレーダーのポジティブな即時性の需要はまさに第2期で反対の不均衡の新たな外部トレーダーにより相殺される。したがって他が一定ならば，

130

第5章　マーケット・マイクロストラクチャー・モデルによる原因究明

マーケット・メーカーは価格変動予測が大きいと負の自己相関を想定して売買する[42]。では実際にブラック・マンデーのような大きな流動性イベントが起きた時の株価の相関を調べてみよう。

　ブルーメ，マッキンレー & ターカー（BTM：Blume, MacKinlay & Terker）（1989）は大きな流動性イベントに見舞われた10月クラッシュ時のスタンダード & プアーズ500（S&P 500）を対象に15分間隔の株価変動と注文の不均衡の総計に対する自己相関を調査した。その結果，ブラック・マンデーでは0.81，その翌20日（火）では0.86と強い相関を析出した。このことからブルーメ，マッキンレー & ターカー（BTM）（1989）はつぎのように主張する。

　「この強い相関の関係は注文の不均衡が株価変動を導き，この価格変動がさらに注文不均衡を導くカスケード・モデルと整合的である。ただし株価変動と注文の不均衡との因果関係はまだ明確ではない[43]。」

　しかしブルーメ，マッキンレー & ターカー（BTM）（1989）はもう1つの可能性に言及している。「売買注文の不均衡と現実の収益率の間の関係は，大きい売買注文の不均衡が起きると，一定の期間には株価変動が一時的に負の関係が生じることがある。もし負の収益率が売買注文の不均衡によって生じたならば，不均衡がなくなれば株価はリバウンドすると考えられる。もしブラック・マンデーの午後の株式の下落が売買注文の不均衡に起因するとすれば，その翌日20日（火）にその売買注文の不均衡が解消されるなど株価は大きくリバウンドすることになる[44]。」

　彼らはニューヨーク証券取引所（NYSE）の795銘柄についてj銘柄の20日（火）の始値($Tues_j$)とブラック・マンデーの終値(Mon_j)とのクロスセクションの回帰を計算した。

$$Tues_j = -3.33 + 3.91\delta_j - 0.54Mon_j, \qquad \overline{R}^2 = 0.26 \qquad (5.31)$$
$$(-9.20) \quad (8.49) \quad (-7.93)$$

（　）：Z値　$\overline{R}^2$：自由度調整済み決定係数　δ_j：ダミー変数でS&P500に該当すれば1，その他は0

　（5.31）に従えば，前日大きく下落した銘柄はその後，反転することを示

131

第Ⅱ部　証券理論モデルによる原因究明

している[45]。このように日次ベースでは，ブラック・マンデーにおける株式収益率の負の相関は反転効果を裏付けている。

　では株価の自己相関についての一般的な見解はどうであろうか。効率的市場における情報に関する価格変動は理論的に自己相関が存在しないとする考えが支配的である。しかし実際には時間，日次ベースのような短期の株式の収益率においては有意な自己相関を示す場合が多い。このため株価変動または収益率の実証的研究が盛んに行われている（第9章4.3）[46]。

日中ベースの自己相関

　グロスマン＆ミラー・モデルの流動性イベントの影響に関するブラック・マンデーの価格系列について，さらに日中ベースの時間を基準として分析をしてみよう。現物市場で即時性に対応しきれず売買開始が1時間遅れた。この現象を売買注文と執行のタイムラグがある無取引が起きたという。ブラック・マンデーはまさに無取引が起きた。1時間後，売買開始において，膨大な売り注文とニューヨーク証券取引所（NYSE）の一定のキャパシティしかない売買メカニズムが円滑に作動しなくなり，売買注文とその執行にタイムラグが生じた。これを即時でない価格（stale prices）[47]という。こうした無取引や即時でない価格の取引を総称して非同時取引[48]という。クライドン（1992）は株式収益率の正の自己相関は非同時取引における即時でない価格により，流動性イベントを大きくしたと主張する。

　クライドンは**図5-9**に基づいて，ブラック・マンデーの即時でない価格の実態について2つの特徴を挙げている。

①　現物価格の動向

　　通常では現物の収益率は正の自己相関がある。それは即時でない価格に起因する。しかしブラック・マンデーの19日（月）から21日（水）にかけて自己相関は他の日と異なり劇的に上昇した。

②　現物価格と先物価格の関係

　　クラッシュ時，先物の収益率と現物の収益率は非常に長いラグを持っていた。先物と現物の収益率の同時性相関は低下した。そのためクラッシュ時は取引開始の時からネガティブ・ベイシス（現物価格が先物価格

第5章 マーケット・マイクロストラクチャー・モデルによる原因究明

図5-9 即時でない価格と先物価格（S&P500）
(10月19日：最大90分の遅れ)

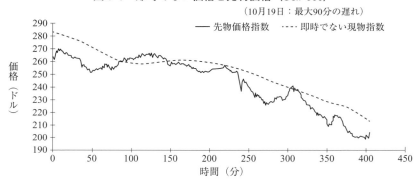

（注）即時でない価格 $P_t(1+R_{P,t})$
　　以下，即時でない価格のモデルを示す。

$R_{P,t} = R^F_{t-\omega_P} + \varepsilon_{P,t}$　　　$R_{p,t}$：現物価格の収益率 $(= ln\dfrac{P_t}{P_{t-1}})$

R^F_t：先物価格の収益率　　ω_P：情報の遅れ　　$\varepsilon_{P,t}$：ラグ（平均0）

$R_{P,t}:\begin{cases} t<\omega_n \text{のとき}0 \\ \text{それ以外のとき} R^F_{t-\omega_P}+\varepsilon_{P,t} \end{cases}$

資料：Kleidon (1992) p.504, Figure 2.

より高い状態）であったので，アービトラージができなかった。

　非同時取引の概念からグロスマン＆ミラー・モデルを再解釈してみよう。流動性イベントは正の相関から現物及び先物価格の下落に拍車をかけた。一方マーケット・メーカーの即時性の供給が難しくなった。こうした状況が先物と現物の収益率の同時性相関を低下させ両市場の断絶を引き起こしたので，アービトラージの機能を喪失してしまい市場を崩壊させたのである。流動性イベントの不均衡が終結する見通しがあると反転効果が期待できるため，グロスマン＆ミラー・モデルでは日次ベースの株価は負の自己相関をとったものと考えられる。グロスマン＆ミラー・モデルの前提に立つと最終的には均衡化するので，これは流動性イベントによる日中ベースの価格変動（連続的下落）があってもファンダメンタルズに戻るという均衡化理論を想定している。

第Ⅱ部　証券理論モデルによる原因究明

売買取引システムのキャパシティ

　グロスマン＆ミラー（1988）のマーケット・メーカーのシート数の制限に関して，「シカゴ大学の教授やPh. D. 取得者から競争を制約しないことが市場の活性化に脅威であるとの意見を聞いてショックを受けた[49]。」と揶揄されたが，ブラック・マンデーの原因としての流動性問題は売買取引システム問題へと転化していく。ミラー（1991）は現物市場と先物市場の不適切なキャパシティ問題を取り上げて「トレーダーは『非現実的な市場の非現実的な相場』の価格を観察して，注文は『さらに古い伝達システムで遅く』届けられる[50]。」と即時でない価格の問題を指摘して，これがクラッシュ原因の1つであると主張した。

　ロー＆マッキンレー（Lo & Mackinlay）（2002）は流動性問題を売買システムのキャパシティに集約させて，以下のように主張する。

　「ブラック・マンデーは大きな注文の不均衡により暴落して，翌20日（火）にリバウンドした。この結果は下落の一部が少なくとも経済的なファクターではなく，取引を行うシステムの不能力さに起因する。現在，売買取引システムはより高いキャパシティが準備されている。よってブラック・マンデーのようなクラッシュが繰り返されることはない[51]。」

　こうした楽観的な考え方には疑問が残る。アミフド，メンデルソン＆ウッド（Amihud, Mendelson & Wood）（1990）の回帰モデルに基づく流動性の実証研究によると，取引停止や市場閉鎖の噂および注文がフロアーに届かない等による原因が流動性低下に影響を与えるので，流動性の需給だけで流動性の予測をすることができないとする。またクライドン（1992）は「単純に株式市場の注文過程のキャパシティが増加したことで流動性の問題が解決されたと判断するのは難しい[52]。」とも述べている。

流動性イベントとクラッシュ

　グロスマン＆ミラーの流動性イベント・モデルは多面的なアプローチが可能なグランド・デザインで構築されているので分析を含めて整理する必要がある。そこで**図5-10**のシェーマを作成した。

　このモデルによると，膨大な売りにより現物・先物両市場のマーケット・

134

第5章 マーケット・マイクロストラクチャー・モデルによる原因究明

図5-10 流動性イベントとクラッシュの関連性

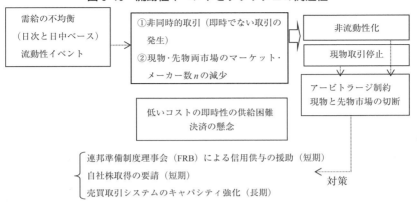

資料：著者作成。

メーカーの人数 n が減少して即時性の供給ができなかった。これにより一段と非同時的取引が起こり、即時でない価格が発生して先物・現物両市場の関連性が切断され株価が下落に拍車をかけた。この下落（日中ベース）は正の自己相関の現象である。この現象は物理的な売買取引システムのキャパシティという問題があったとする。翌日は流動性イベント・モデルは価格系列（日次ベース）として負の自己相関を前提としているので、買いが入ると価格は反発して均衡化に向かう。

このような見解には一貫性があると思われ、しかもブレディ報告書の現状分析とも符合する部分が多い。

流動性モデルについて留意する点が2つある。まずブラック・マンデーの特徴であるポートフォリオ・インシュランス取引の分析はその情報開示以外ほとんど行われてない（第8章1）。標準モデルの支持者のミラーによる考え方が反映されている証左である。つぎに流動性イベントによる物理的な売買取引システムが原因であるならば、売買取引システムが復旧すれば価格はリバウンドすることになる。これを負の自己相関で代替していると推測する。

第Ⅱ部　証券理論モデルによる原因究明

おわりに

　本章では，マーケット・マイクロストラクチャー（市場のミクロ的構造）によるブラック・マンデーの原因究明の準備として，基本モデルを展開した。この基本モデルにより市場における情報，流動性（需給と資金），および相場気配の3要素がクラッシュを起こす要因であることを確認できる。いままでに議論されていなかった要因で価格を説明する意味で画期的なモデルであったが，厳しい前提条件（例えば，投資家の合理性，情報の非対称性，需給均衡，株価と売買の線形性）を必要としたため現実への適用が難しい。基本モデルを拡張したブラック・マンデーの3つのシナリオ・モデル（複数均衡，情報誤認　流動性イベント）が提示した共通した基本的原因は以下の通りである。

　ブラック・マンデーの原因は合理的期待のトレーダーの需要と供給の総集計が原則として，均衡化するにもかかわらず不均衡が生じてクラッシュを引き起こした。この不均衡の原因が情報の非対称性や膨大な売りによる流動性イベントである。

　それでは各シナリオ・モデルからブラック・マンデーの原因究明について要約しよう。まず情報の非対称性に基づくモデルからの原因説明の検証結果である。

　現実にはポートフォリオ・インシュランスの情報の非対称性の状況はないように推測できる。この先物市場への膨らんだ注文がアービトラージのための現物市場へ移行したときにスピーディに対応できなかった。したがってシナリオ・モデルの前提と現実に乖離があるといえる。

　そのうえで各シナリオ・モデルによる分析・評価は以下の通りである。

　ジェンノット＆リーランド・モデル（情報の非対称性による複数均衡モデル）では，些細な観察不可能なポートフォリオ・インシュランスの売り情報が投資家の大量売りを誘発して逆S字型需要が起きて下方均衡点へ移行させたとする。当時のポートフォリオ・インシュランスの比率が大きくないので，S字型需要は非情報トレーダー（またはノイズ・トレーダー）による

136

サンスポットに起因するとの解釈がより適切であると考える。

ジャクリン，クライドン＆プフラインデラー（JKP）モデルでは機械的なヘッジ運用のポートフォリオ・インシュランスの売りをファンダメンタルズの売りの誤認修正により株価が下落したとする。しかし現実には情報の非対称性の存在は疑わしく誤認の余地は少ない。このモデルは取引スピードが同一なので株価急落とはならない等の欠点を持つ。

これら2つのシナリオ・モデルはクラッシュの瞬間的分析（情報の非対称性）を対象にしており，また均衡点の移行についてリバウンドはなく低位安定となることを想定している。ポートフォリオ・インシュランスを含めたクラッシュ以前の株価についてシェンノット＆リーランド・モデルでは均衡水準，ジャクリン，クライドン＆プフラインデラー（JKP）モデルではバブルによる株価形成があったことを暗示する。この点についてはどちらのシナリオ・モデルも明確な説明は難しい。

グロスマン＆ミラー・モデル（流動性イベント・モデル）では膨大な売りにより現物・先物両市場のマーケット・メーカー（人数 n の減少）が即時性の供給ができなかった。これにより非同時的取引と即時でない価格が発生し，先物・現物両市場の関連性が切断されて株価が下落していった。この下落（日中ベース）は正の自己相関の現象である。この現象は物理的な売買システムのキャパシティという問題があったとする。よって売買システムが復旧すれば価格はリバウンドする。このため価格系列（日時ベース）では負の自己相関を前提に採用している。

グロスマン＆ミラーは特に流動性の問題解決のため，マーケット・メーカーの数と即時性の対価との最適化に目を向ける。こうした考えは流動性の効率化，ひいては高頻度取引（HFT）への足掛かりになった。

以上からブラック・マンデーの原因究明に関連したシナリオについて現実面を考慮すると，流動性イベント・モデルの説明が最も説得力があるといえる。しかし流動性の原因がすべてかまたは限定的かという問題についてはインパクト・モデル（第7章）で再検討する。

第Ⅱ部　証券理論モデルによる原因究明

注

1）　O'Hara（1995）p. 1（訳書 2 頁）。

2）　ワルラスを含めた証券市場の一般均衡（またはアロー・ドブリュー均衡）理論については拙稿（2009b）を参照。

3）　Stoll の在庫モデルの中心概念である即時性の対価について要約しておく。まずディーラー（またはマーケット・メーカー）が自分の最適ポートフォリオを所有していると仮定して，ディーラーが投資家に即時性を供給するときは最適ポートフォリオから乖離する。この結果，ディーラーは不必要なリスクを被る。このリスクこそが即時性の供給の対価であると考える。

4）　マーケット・メーカー（またはディーラー）をリスク中立型に変えることにより，在庫問題を回避させることになった。

5）　REE については，以下のような批判がなされているが，この背景には REE に内在する仮定と現実との乖離に根差していると考えられる。

　　①　投資家は情報を使わないと，その情報が価格に反映されない。

　　②　合理的投資家が価格関数を知っているであろうか。

　　③　ノイズが加わらなければ，価格は完全顕示（fully revealing）となる。その時，情報を得て売買は行われない（Grossman & Stiglitz パラドックス）。

　　④　情報の分布に関する制限的な条件が充足されない限り，REE を達成できない。大きな経済において投資家のシグナルすべてが $N(s,\sigma^2)$ で独立であり，s のみペイオフに関係する条件となっている（Easle & O'Hara（1995）pp. 359-360（訳書350-351 頁））。

6）　資産価格は収益の関数として変形できる（$U(W) \rightarrow E[U(\pi)]$）。

7）　$P = \alpha\nu + \beta s - \gamma X$ として ν, s, X に分布を与えて α, β, γ を計算している（O'Hara（1995）pp. 125-127（訳書 173-176 頁））。

8）　マーケット・マイクロストラクチャーにおける流動性についてはわが国でも金融市場の側面から研究が行われている。例えば谷川（2002）および齋藤（1999）がある。

9）　Black（1971）は以下の条件を満たすときに流動性のある市場と定義した。

　　①　少量の株式の売買を直ちに行う投資家にとって，常に売りと買いの気配が常に存在する。

　　②　気配のスプレッドが小さい。

　　③　特別な情報がなくても直ちに大量の売買を欲する投資家は，現在の価格で長期間，平均して著しく異ならない水準で売買ができるとの期待を充足する。

　　④　投資家は直ちに大口の売買を行うとき，そのプレミアム（あるいはディスカウント）は大口の大きさに依存する。

10）　Harris（2003）（pp. 398-400，訳書 630-631 頁）の市場流動性の定義は以下の通りである。ほぼ Kyle（1985）と同じである（（注 20）参照）。

　　①　即時性とは一定のコストの下，あるサイズの取引をいかに早く取引するかを示す。トレーダーは一般的に即時的な取引を要求するために市場注文を行う。

第5章　マーケット・マイクロストラクチャー・モデルによる原因究明

② 幅は一定のサイズの取引をするコストをいう。これはアスク＆ビッド・スプレッドという幅を意味する。この幅はブローカーの手数料も勘案されており，流動性の1単位のコストである。
③ 厚さは一定のコストで取引される取引のサイズを意味する。そして流動性とは低い価格で大きなサイズをいかに早く取引ができるかの能力である。
ここでは早いとは即時性，サイズは厚さ，コストは幅を意味する。

11)　Grossman & Miller（1988）p. 617.
12)　このモデルは Grossman（1976）が基礎になっている。これはノイズが入らない情報シグナル s だけの競争的合理的期待均衡モデルである。よって Grossman & Stiglitz（1980）はノイズ（情報の顕示にノイズが入る）が加わるから，ノイジー合理的期待均衡モデルとも呼ばれる。
13)　非心カイ自乗分布の積率母函数（付録5.1）の具体的な利用は以下の通りである。
$$Z=[E(\nu|s)-P]/\sqrt{Var[E(\nu|s)|\theta]} \quad t=-Var[E(\nu|s)|\theta]/2Var(\nu|s)$$
とすれば（5.6）は
$$-e^{-a(W_0-c)}E\Big[\exp\Big(-\frac{(E(\nu|s)-P)^2}{2Var(\nu|s)}\Big)\Big|\theta\Big]=-e^{-a(W_0-c)}E(e^{tZ^2}|\theta)$$
$$=-e^{-a(W_0-c)}\frac{1}{\sqrt{1-2t}}\exp\Big[\frac{t}{(1-2t)}\frac{E(Z|\theta)^2}{var(Z|\theta)}\Big] \tag{N5.1}$$
となる。
（N5.1）において t を代入する。
また $Var[E(\nu|s)|\theta]=Var(\nu|s)-Var(\nu|s)$ を利用すると（5.6）が得られる（Grossman & Stiglitz（1980）p. 71，太田他（2011）88-90頁）。
14)　Grossman & Stiglitz（1980）p. 72 による。
15)　こうした市場と情報の関係は Hayek（1945）が初めて明らかにして価格システムと競争的市場では情報の費用がかかる時のみ重要であるとした。
16)　Subrahmanyam（1991）モデルはトレーダーの効用関数をリスク回避型の多数情報トレーダーを前提として Kyle（1985）モデルを適用した。
なお Subrahmanyam（1991）モデルの解析は大村（1996）を参照。
17)　Kyle（1985）は時間的な拡張として逐次オークション，さらに連続オークションを展開している。しかし本質的含意は変わらないので単一期間の基本モデルで展開した。
18)　Kyle（1985）ではランダム・ノイズ・トレーダーと呼んでいる。しかしランダムに流動性需要を出すので流動性トレーダーとした。
19)　（5.8）および（5.9）の導出方法は以下の通りである。
いま $\mu, \lambda, \alpha, \beta$ を定数として，注文フロー y（カイル・モデルでは X）と価格 P が線形関数にある。
情報トレーダーの注文量決定
$$P(y)=\mu+\lambda y \qquad\qquad y\equiv\tilde{x}+\tilde{u} \tag{N5.2}$$
$$x(\nu)=\alpha+\beta\nu \tag{N5.3}$$

139

第Ⅱ部　証券理論モデルによる原因究明

情報トレーダーの条件付期待利益

$$E[\{\bar{\nu}-P(\bar{x}+\bar{u})\}x|\bar{\nu}=\nu]=(\nu-\mu-\lambda x)x \tag{N5.4}$$

（N5.4）において情報トレーダーの戦略的注文量xについての期待利益極大化の1階の条件から（2階の条件は充足）（N5.4）のxで微分してゼロとおくと$x=\dfrac{\nu}{2\lambda}-\dfrac{\mu}{2\lambda}$となるので，（N5.3）を利用して

$$\beta=\frac{1}{2\lambda} \qquad \alpha=-\beta\mu \tag{N5.5}$$

を得る。つぎにマーケット・メーカーの（均衡）価格設定は（N5.2）から以下の通りとなる。

$$P(y)=\mu+\lambda y=E(\bar{\nu}|\alpha+\beta\bar{\nu}+\bar{u}=y) \tag{N5.6}$$

ここで2変量正規分布の公式（付録（A.29），（A.30））をカイル・モデルに利用する。

$$\boldsymbol{y}=\begin{bmatrix}\bar{\nu}\\y\end{bmatrix} \qquad \mu=\begin{bmatrix}E(\nu)\\E(x+u)\end{bmatrix}=\begin{bmatrix}P_0\\\alpha+\beta P_0\end{bmatrix} \qquad \boldsymbol{\Sigma}=\begin{bmatrix}\Sigma_0 & \beta\Sigma_0\\\beta\Sigma_0 & \sigma_u^2+\beta^2\Sigma_0\end{bmatrix}$$

このとき

$$E(\bar{\nu}|y)=P_0+\frac{\beta\Sigma_0}{\sigma_u^2+\beta^2\Sigma_0}(y-\alpha-\beta P_0)=P_0+\lambda y$$

から

$$\lambda=\frac{\beta\Sigma_0}{\sigma_u^2+\beta^2\Sigma_0} \tag{N5.7}$$

を得る。（N5.5）と（N5.7）のλは同じなので，まずβを解いてλを求める。

20）　Kyle（1985）によると流動性は一般に①スプレッドの狭さ，②厚さ，③回復力等を含む取引コストの要素からなるとする。

21）　De Jong & Rindi（2009）p.57，Figure 3 も参照。

22）　O'Hara（1995）pp.58-66（訳書88-98頁）。

23）　ただし，取引過程の第1階差が系列相関を持たないことを条件とする。

24）　しかしマルチンゲールの仮定からすれば市場の崩壊が起きても，それは一過程とみることもできる。

25）　第1章3.2の市場パフォーマンスの③「決済システムと信用システムの不安」を参照。

26）　このモデルが提起した課題はShleifer & Vishny（1995）の「裁定の制約」により深化され，そしてリーマン・ショックの流動性問題としてマクロ・プルーデンス政策の考え方にも影響を与えている。

27）　Brunnermeier & Pedersen（2009）pp.19-20.

28）　Gennotte & Leland（1990）p.1018 では（5.16）の数値（常数）計算の展開を紹介している。ただし本章ではその展開による解は必要としない。

29）　しかし$\pi(P_1)=0$であっても供給の増加が大きな価格変動を起こす場合がある。

この尺度として供給の価格弾力性 $E=\dfrac{\Delta x_{S,L}/x_{S,L}}{\Delta P_1/P_1}$ が提示されている。この価格弾力

140

性は供給変化をどの程度観察できるかがポイントとなる。供給の増加が共通知識であれば価格変動は小さいが，これがトレーダーにより観察できないときは価格変動が大きく，場合によりクラッシュが起きる可能性がある。

30) 福田（2001）17 頁の定義に拠る。

31) 「サンスポット均衡」とは経済主体がそう信じるという理由だけで本来は無関係の不確実性に依存している均衡である（Blanchard & Fischer（1989）pp. 255-256（訳書254-256 頁）。また，「いまや，太陽黒点（sunspot）は，ある変数が均衡に影響を与えると人々が信じているという理由だけで実際に均衡に影響を与えるという現象を表す包括的な用語となった感がある。……ただし，太陽黒点を経済学に導入した Jevons（1884）[*1]は，太陽黒点が農作物に影響を与え，したがって経済に影響すると考えていた。」（Blanchard & Fischer（1989）p. 268（訳書 269 頁）。

[*1]：1875 年に発表された論文「太陽周期と穀物価格」を示す。
なお Jevons と証券市場については野下（2016）を参照。

32) シミュレーションは $v_H=100$, $v_M=50$, $v_L=0$, $\phi=0.2$ で各ケースはケース 1 $(\theta=\theta_H=.4, q=.1)$, ケース 2 $(\theta=\theta_L=.1, q=.1)$, ケース 3 $(\theta=\theta_H=.4, q=1.0)$, ケース 4（インシュランスなし）としている。

33) Kleidon（1995）pp. 476-477（訳書464-467 頁）。

34) 計算は以下の通りである。

第 1 期 $\quad \Pr(\nu=0|B)=\dfrac{\Pr(\nu=0)\Pr(B|\nu=0)}{\Pr(\nu=0)\Pr(B|\nu=0)+\Pr(\nu=1)\Pr(B|\nu=1)}=\dfrac{2}{3}$

第 2 期 $\quad \Pr(\nu=0|BS)=\dfrac{\Pr(\nu=0|B)\Pr(S|\nu=0)}{\Pr(\nu=0|B)\Pr(S|\nu=0)+\Pr(\nu=1|B)\Pr(S|\nu=1)}=\dfrac{1}{2}$

$\Pr(\nu=0|B)=1/3, \Pr(\nu=1|B)=2/3, \Pr(S|\nu=0)=2/3, \Pr(S|\nu=1)=1/3$

35) Bookstaber（2007）p. 18（訳書36-37 頁）。

36) このモデルを基礎にしたまたは影響を受けたマーケット・マイクロストラクチャー・モデルは Greenwald & Stein（1991）モデル（第 8 章 2.2），Huang & Wang（2009）の流動性ショック（第 7 章 3），Cartea & Penalva（2012）モデル（第 9 章 2.1）が挙げられる。

37) 分析対象として先物市場によるヘッジのケースも考えられる。しかしその結果は同じである。

38) また効率的市場であるため反復期待値の法則（付録 1.4）を利用すると以下の通り。

$$\frac{E_1(\tilde{P}_2)-P_1}{aVar_1(\tilde{P}_2)}=\frac{E_2(\tilde{P}_3)-P_1}{aVar_1[E_2(\tilde{P}_3)]}=\frac{E_1(\tilde{P}_3)-P_1}{aVar_1[E_2(\tilde{P}_3)]}$$

39) 非心カイ自乗分布の積率母函数（付録 5.1）の具体的な利用は以下の通りである。
$Z^2=i^2/Var i \quad t=a^2 E\{\exp[Var_1\tilde{P}_2/(1+n)^2]Var i\}$ とすれば（5.29）は

$$e^{ac}E\left[\exp\left(-\frac{t}{2}Z^2\right)\right]=1 \quad \frac{1}{\sqrt{1+t}}\exp\left[\frac{-(Ei)^2}{1+t}\frac{t}{2}\right]=e^{-ac}$$

である。（Grossman & Miller（1988）p. 628）。

141

第Ⅱ部　証券理論モデルによる原因究明

40）　Grossman & Miller（1988）pp. 631-633.

41）　Grossman & Miller（1988）pp. 629-630.

42）　Roll（1984）はスプレッド（*Spr.*）＝*ask−bid*が以下のように価格の負の自己相関と深く関係していることを証明した。そのエッセンスを説明する Campbell, Lo & Mackinlay（1997）pp. 101-102（訳書 105-106 頁））。

$$P_t = P_t^* + I_t(Spr./2) \tag{N5.8}$$

I_t：注文の指示変数　　　P_t^*：摩擦のない市場の本源的価格値

いま $E(I_t)=0$, $\Pr(I_t=1)=\Pr(I_t=-1)=1/2$ として，スプレッドも変化しないとすると以下のようになる。

$$\Delta P_t = \Delta P_t^* + (I_t - I_{t-1})(Spr./2) = (I_t - I_{t-1})(Spr./2) \tag{N5.9}$$

上記式から自己相関 $\mathrm{Corr}(\Delta P_{t-1}, \Delta P_t) = -\dfrac{1}{2}$ となる。

（∵ $Var|\Delta P| = Spr.^2/2$　$Cov|\Delta P_{t-1}, \Delta P_t| = -Spr.^4/4$　$Cov|\Delta P_{t-k}, \Delta P_t| = 0$　$k>1$）

43）　Blume, MacKinlay & Terker（BMT）（1989）p. 837.

44）　Blume, MacKinlay & Terker（BMT）（1989）pp. 838-839.

45）　ただし調整済み決定係数は小さいがクロス・セクションの回帰分析ではよくある水準である。

46）　Roll（1984）および Campbell, Lo & Mackinlay（1997）を参照。日中の価格変動は日次ベースの価格変動とは性質が異なる。最近ではガーチ（GARCH）モデルによる価格ボラティリティの実証研究が盛んである。

47）　stale prices の一般的な定義としては注文の更新が遅滞した，古い情報による価格を示すので「即時でない価格」と訳した。

48）　英語では nonsynchronous trading または asynchronous trading という。

49）　Whitcomb（1988）p. 635.

50）　Miller（1991）p. 48.

51）　Lo & Mackinlay（2002）p. 286.

52）　Kleidon（1992）p. 505.

第6章

ノイズ・モデルによる
原因究明

はじめに

　従来から，投資家はすべての情報を処理，または理解することには限界があるので合理的行動は難しいとする限定合理性という概念がサイモン（Simon）（1955）を嚆矢として唱えられていた。その後，投資家の行動はノイズ（投資心理）が重要な役割を担うという概念が浸透していく。こうした心理に基づいた投資行動を行動ファイナンスという。行動ファイナンスは非合理的投資行動であるので，第2章の市場構造の分類に立てば効率的市場に対峙する「非効率的市場」である。こうした市場が実際に存在するか否かについて，まず検証（テスト）しなければならない。このテストではシラー（Shiller）のボラティリティ・テストが有名である。これに立脚してシラーは行動ファイナンスからブラック・マンデーの原因説明を試みた。一方，このテストを契機にボラティリティに関する論争が繰り広げられさらに株価の決定理論に関する論争に発展していった。この論争の成果として以下に説明するノイズ・モデルが形成されるに至った。

　従来のファンダメンタルズでは合理的トレーダー，例えば機関投資家が中心に市場の価格形成がなされるとする。しかしノイズ・モデルでは行動ファイナンスの投資心理に基づいて行動をする非合理的トレーダーであるノイズ・トレーダー（例えば「裁定の制約[1]」をもつ）もこの価格形成に参加して，彼らの投資行動が株価に大きなインパクトを与えると考える。

　本章は2つの代表的なノイズ・モデルをブラック・マンデー原因究明に適

143

第Ⅱ部　証券理論モデルによる原因究明

用する。これらはブラック・マンデーの原因究明のために構築されたシナリ
オ・モデルではなく，平常時の証券理論モデルとして構築された一般モデル
である。それゆえノイズ・モデルを変形またはシミュレーション等から原因
究明を行う必要がある。

　以上の確認を踏まえて，本章では1ノイズ・モデルの体系，シラーの2行
動ファイナンスを紹介する。ブラック・マンデーの原因究明については短期
ノイズ・モデルとして3デロング，シュライファー，サマーズ＆ワルドマ
ン（DSSW）モデル，長期ノイズ・モデルとして4キャンベル＆カイル・
モデルからアプローチする。さらに短期ノイズとして5ローマの追加的シナ
リオから検討を加える。

1　ノイズ・モデルの体系

　まず標準モデルは効率的市場仮説に立脚している。この仮説は多くの実証
研究により支持されている。行動ファイナスの前提となる非効率的市場の仮
説についても実証研究が求められる。この証明を試みた嚆矢の研究がシラー
の1.1ボラティリティ・テストである。このテストはミラーとの論争となっ
た。つぎに1.2論争の整理はノイズ・モデルの生成と定常性の問題であるで
ある。

1.1　ボラティリティ・テスト

　標準モデルは効率的市場仮説に立脚している。この仮説は多くの実証研究
により支持されている。行動ファイナスの前提となる非効率的市場の仮説に
ついても実証研究が求められる。この証明を試みた嚆矢の研究がシラーのボ
ラティリティ・テストである。

　彼は証券市場が効率的市場でないことをこのテストで明らかにして，行動
ファイナンスが胎動する契機を作った。

シラーのボラティリティ・テスト

　ボラティリティ・テストとは資本市場の効率的市場に関して証券理論モデ

144

ルのボラティリティ（分散）からのテスト（検証）の方法で分散制約検定ともいう[2]。ここではシラー（1981）のボラティリティ・テストを解説することにしよう。

シラー（1981）は株価を理論価格（付録（A.6））と事後価格の2つを考えた。

理論価格

$$P_t = \sum_{k=0}^{\infty} \overline{\delta}^{k+1} E_t(D_{t+k}) \tag{6.1}$$

事後価格

$$P_t^* = \sum_{k=0}^{\infty} \overline{\delta}^{k+1} D_{t+k} \tag{6.2}$$

$$0 < \overline{\delta} = \lambda\delta = (1+g)\frac{1}{1+\overline{r}} < 1$$

P_t：株価　　$E_t(D_{t+k})$：1株当たり期待配当　　D_{t+k}：1株当たり実際配当

$\lambda = (1+g)$：配当成長率　　　$\delta = \dfrac{1}{1+\overline{r}}$：割引率（$\overline{r}$：金利）

（6.1）により過去の長期的なデータに基づき一定期間ごとに株価と配当から配当成長性と割引率を統計的に推定した数値が理論価格である。また（6.2）のP_t^*は事後的な実際の配当に置き換えて計算したもので，事後価格である。事後価格は理論価格と予測誤差ε_tから成立して現実値（事後価格）P^*と理論値との関係は$P_t^* = P_t + \varepsilon_t$となる。理論値$P_t$と予測誤差$\varepsilon_t$は互いに独立であることを前提に効率的市場において分散を$Var(\cdot)$とすれば

$$Var(\varepsilon_t) = Var(P_t^*) - Var(P_t) \geq 0 \tag{6.3}$$

の関係が成立する[3]。

長期間（例えばダウ工業株平均（DJIA）は50年以上）の株価と配当の時系列の実証結果では（6.3）とは逆にマイナスであった。シラーはこの結果をトレーダーの配当予測が合理的でないまたは割引率が間違いに起因するとして，効率的市場仮説に疑問を投げかけた[4]。このテストにより株価はノイズ（投資心理）に基づいたノイズ・トレーダーの投資行動が重要なファクターであると主張されるようになった。この証券理論モデルを行動ファイナンス・モデルと呼ぶことにする。

145

第Ⅱ部 証券理論モデルによる原因究明

ミラーの反論

　シラーのボラティリティ・テストに対して効率的市場の支持者から批判が噴出した。その第1の批判は株価の決定要因の問題である。標準モデルの主導者であるミラー（Miller）（1991）は短期的な利益により株価が形成されると主張して，シラーに反論する。シラーのボラティリティ・テストと関連させて，ミラーは$Var(P_t)$を配当による理論株価，$Var(P_t^*)$を利益に依拠する実際株価とすれば自ずと（6.3）は成立すると主張する[5]。さらにミラーは株価のファクターとして配当を選択すること自体，誤りであるとする。これに対してシラーも内部留保利益のダブル計上問題等から再反論する[6]。

　またミラーはシラーのボラティリティ・テストの統計的処理は株価と配当が定常性[7]という条件を充足する場合のみ意味があると主張した。

1.2　論点の整理

　ボラティリティ・テストの当初の目的は効率的市場の検証であった。このテストに関する議論を踏まえて次第に効率的市場の証券理論モデルに関心が移った。その関心の対象は2つの論点に整理ができる。その論点がノイズ・モデルの生成と定常問題である。

ノイズ・モデルの生成

　シラー（1981）がテストに採用したモデルは配当ファクターからなるファンダメンタルズ・モデルであり，もちろん標準モデルである。このモデルが市場に適合していないとミラーは主張する。なぜならミラーは利益ファクターを重視しているからである。こうした対峙が株価の決定ファクターについて多くの実証研究を盛行させた。ファーマ＆フレンチ（Fama & French）（1988b）の実証研究においては株価（収益率）は短期的には弱い自己相関を持つが，長期には配当利回り（配当／株価）によって説明される部分が大きくなるとする。これは平均回帰的ファクターが影響しているためである。その後，株価の決定ファクターによるモデル研究は次第に市場構造区分（情報の効率性と投資家の合理性）の垣根を低くさせた。例えば，ファーマ＆フ

146

レンチ（1993, 1996）の3ファクター（リターン，サイズ，株価純資産倍率（PBR））モデルもその1つであろう。

　一方，ノイズ・トレーダーからなる行動ファイナンス・モデルも合理的トレーダーとの融合を志向した[8]。具体的にはノイズ・モデルはファンダメンタルズ（配当）を基礎とする合理的トレーダーとノイズ（投資心理）トレーダーを基礎とする行動ファイナンスとの融合で誕生したモデルがノイズ・モデルである。このモデルは合理的（期待）トレーダーとノイズ・トレーダーが市場で並存する証券理論モデルである。そしてノイズ（投資心理）トレーダーの行動が価格や流動性に大きなインパクトを与えることになる[9]。この行動ファイナンスの主導者はシラー（2001），ノイズ・モデルの主導者はシュライファー（Shleifer）（2000）である。

　さらにノイズ・モデルを用いる場合，より厳密にノイズ取引とノイズ・トレーダーを厳密に定義する必要がある。ノイズ取引とはブラック（Black）（1986）に従い「市場において情報が何もない状況のなかで，あたかも情報があったように取引をする」と定義する。ノイズ取引とは情報ではなく，投資心理に依拠して取引をすることである。

　ノイズ（投資心理）はいろいろな相場の局面で多様に使われる。例えば強気（投機的），群衆心理（パニック），過剰反応，悲観的推測，高値警戒感，そして平均回帰などである。この取引はパニック売りまたは追随売りに一見するとみえるので情報に基づかない非合理的取引といわれるが，認知科学から理解可能な投資心理に基づく投資行動であるのでこれこそが行動ファイナンスである。

　なおノイズ・モデルのなかでは合理的（期待）トレーダーの代わりに先見性がありかつ卓越した投資スキルを持つ投資家，スマート・マネー（smart money）トレーダーを据える場合がある。

定常問題

　ボラティリティ・テストの議論で定常性が問題となった。定常とは株価変動（分散）が一定内にあることを意味する（付録5.3）。いま非定常の配当割引モデル（DDM）を掲げる。

第Ⅱ部　証券理論モデルによる原因究明

$$P_t = E(\sum_{k=0}^{\infty} \delta^{k+1} D_{k+t}) \tag{6.4}$$

P：株価　　　D：配当　　　$\delta = \dfrac{1}{1+r}$　割引率（$r=$ 金利）

そこで（6.4）をさらに変形して配当の定数倍を引くと以下のように定常式を得る[10]。

$$P_t - \frac{D_t}{r} = \left(\frac{1}{r}\right) E(\sum_{k=0}^{\infty} \delta^k \Delta D_{t+1+k}) \tag{6.5}$$

上記式は配当の変化分（ΔD_{t+1+k}）が定常であれば，$P_t - \dfrac{D_t}{r}$ と将来の配当の変化分の期待現在価値は定常過程になる。そのとき株価と配当は線形結合しているので株価と配当は共和分の関係にあるという。このような証券理論モデルの定常性への変換方法はボラティリティ・テストが端緒となり，その後の研究成果によるものである[11]。

　つぎに定常問題とクラッシュの関係について考えよう。定常モデルをクラッシュで用いることは一時的な要因の変数（例えば，配当予想，利益予想）のショックとして捉えることができる。ショックは時間と共に再び回復することになる。株価変動も一定内の範囲で収まる定常モデル（変換可能な非定常モデルも含む）は統計的な実証分析には適している。しかしクラッシュが市場を大きく変容させる，例えば標準モデルでのフラクタルの非線形，マーケット・マイクロストラクチャーの複数均衡における不連続性の問題，ノイズ・モデルのスイッチ・モデル等の事例は統計的な実証分析には適さないので模擬実験（シミュレーション）を用いることになる。

2　行動ファイナンス

　ボラティリティ・テストを通して，シラーは行動ファイナンスに依拠したブラック・マンデーの原因説明を試みた。彼の見解は第4章のミラーのファンダメンタルズからの見解と対峙するものである。ここでは2.1シラーの見解として論じる。つぎに2.2行動ファイナンス・モデルを示す。これはその後のノイズ・トレーダーの中核となるモデルである。

148

2.1 シラーの見解

シラーのサーベイ

　ここではシラー（1988b, 1989）のブラック・マンデーの原因に関する見解を要約しよう。

　シラーはブラック・マンデーの原因究明のためオープン型質問形式のサーベイを実施した。その調査結果からクラッシュの原因はニュースやイベントではなく，トレーダーの内部的思考変化によるものであるとの結論を得る。内部的思考変化の経路には価格経路と社会的心理経路がある。この2つの経路の相互作用がクラッシュを惹起したとする。

　まず価格経路を対象としたポートフォリオ・インシュランスが挙げられる。従来のヘッジであるストップ＆ロス戦略はより高度化したポートフォリオ・インシュランスに変わった。このポートフォリオ・インシュランスは予想以上に人気を博し，市場において大きな比重を占めるようになったため，シラーはポートフォリオ・インシュランスを金融イノベーションのバブルであると称した。換言すればポートフォリオ・インシュランスの下方カスケード効果が株価のポジティブ・フィードバックと相まってクラッシュをもたらしたとシラーは主張する。

　つぎに社会的心理経路である。この経路はこれまでブラック・マンデーではほとんど分析されていなかったが，シラーは価格経路のカスケード効果より重視する。投資家は1982年以降の過去5年間，強気相場の株価高が異常な状況であると直感的，本能的な感覚を持つようになり将来について不安が募っていった。当時，ベストセラーであったバトラ（Batra）（1987）の1990年恐慌予測が投資家に大きな心理的影響を及ぼしていると指摘している[12]。このような投資の深層心理の状況がイベントでもクラッシュを引き起こす要因であると主張する。このように分析として投資心理の証券理論モデル化の重要性を強調する。

シラー説への支持

　フランスのレギュラシォン学派のオルレアン（Oreléan）（1999）は変動性

第Ⅱ部　証券理論モデルによる原因究明

の極端な高まりから 1987 年 8 月 25 日以降は共有信念（コンベンション）
の問い直しが進んだとみる。この共有信念とは市場参加者が支配的に認める
合理的であるとの信念の形成を意味する。共有信念の形成には多数の人がある信念について模倣（イミタシオン）する必要がある。これを模倣主義という[13]。

　この共有信念が変化するとき，必ずクラッシュが起きる。ブラック・マンデーは市場の効率性理論では基礎的条件（ファンダメンタルズ）の変化がないから，ファンダメンタルズでは説明することができない。さらに「1 日で
22.6% 下がるのは問題であるが，激しい上下動のほうがもっと問題である。
基礎的条件のデーターを用いて分析しても，これを合理的に説明することは
不可能である。」とのグリーンウォルト ＆ ステイン（Greenwald & Stein）
（1988）の論評を取り上げて同意する。

　そこで共有信念が変化した原因を証明するため，オルレアンは行動ファイナンス研究の第 1 人者であるシラー（1989）のブラック・マンデーのアンケート分析を利用する。その結果，彼はブラック・マンデーにおいては強い
内生的な集団ダイナミックスが存在していたと判断する。特にポートフォリオ・インシュランスの売り急増が市場参加者の共有信念の変化と先行き価格
の不確実性を意識させたとする。この参照基準が 1929 年クラッシュ（ブラック・サーズデー）である。共有信念の変化は市場参加者同士の相互作用
であり，投資家は市場全般に支配する信念形成に役立つ認知標識を探すこと
であると強調する[14]。

2.2　行動ファイナンス・モデル

　シラーが提起した行動ファイナンスの具体的なモデルとして① 1 次の自己
回帰モデル，②スイッチング・モデル，③平均回帰モデルを取り上げる。

1 次の自己回帰モデル

　ファンダメンタルズ・モデルと対比する意味で行動ファイナンス支持者で
あるサマーズ（Summers）（1986）の 1 次の自己回帰 AR（1）（付録
（A.42））を用いた行動ファイナンス・モデルを示す。

150

第6章 ノイズ・モデルによる原因究明

図6-1 スイッチング・モデルのシミュレーション

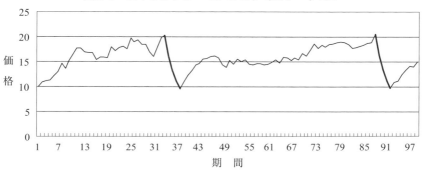

資料：著者作成。

$$P_t = \mu + \alpha_1 P_{t-1} + \varepsilon_t \tag{6.6}$$

上記式では今期の株価が前期 $(t-1)$ の株価の反応度係数 α （＞0）を乗じて決まるポジティブ・フィードバック・モデルである。このモデルは過去の株価が現在株価に（心理的）影響を与えている。シラーはこのモデルを想定してブラック・マンデーの原因究明を試みたといえる。

スイッチング・モデル

行動ファイナンス・モデルの応用として，心理の動きを1次の自己回帰モデル AR（1）を用いたスイッチング・モデルからクラッシュが起きることを説明する[15]。

$$P_t = \begin{cases} \alpha + \beta_1 P_{t-1} + \varepsilon_t & \text{強気過程} \\ \alpha + \beta_2 P_{t-1} + \varepsilon_t & \text{弱気過程} \end{cases} \tag{6.7}$$

α：定数　　ε_t：ホワイトノイズ　　β：反応度係数

（6.7）において株価は強気過程の価格モデルに従って推移すると仮定する。その後，一定の上限になると株価は一転して，弱気過程の株価モデルスイッチに変わるので急速に下落する。さらに一定の下限の水準に達すると，強気過程に再びスイッチして上昇に転ずる。このモデルのシミュレーションを行うと図6-1のようになる[16]。シラーの社会的経路の説明は心理的スイッチとしてモデル化が可能である。

151

第Ⅱ部　証券理論モデルによる原因究明

図6-2　平均回帰モデルのシミュレーション

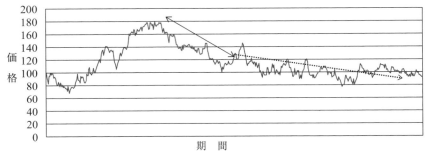

資料：著者作成。

平均回帰モデル

　株価P_tは算術ブラウン運動すると$dP_t=\mu dt+\sigma dB_t$（付録（A.3））と表現できる。これを基礎にしてブラック（Black）(1988)はブラック・マンデーの原因の1つの可能性として平均回帰を考えた（第3章2.1）。株価はバブルまたは心理的なユーフォリア（陶酔的熱狂）を起因として上昇すると，その反動として株価は平均的な水準μに回帰する。

　この考え方のモデル化がオルスタイン＆ウーレンベック・モデルである。このモデルでは平均回帰の一定の過程のなかで暴落が起きことを示唆する。さらに変形して平均回帰速度λを導入したモデルが(6.8)のバシチック（Vasicek）モデル(1997)であり，そのシミュレーションが図6-2で示されている[17]。

　このモデルの考え方はノイズ・モデルのキャンベル＆カイル（Campbell & Kyle）・モデル(1993)およびヘストン（Heston）確率的ボラティリティ・オプション・モデル(1993)において利用されている（第8章3.4）。

　なお本書の原因究明では有力なモデルと位置づけられている。

$$dP_t=\lambda(\mu-P_t)dt+\sigma P_t dB_t \qquad \lambda>0 \qquad (6.8)$$

3 デロング，シュライファー，サマーズ＆ワルドマン（DSSW）モデル

デロング，シュライファー，サマーズ＆ワルドマン（DSSW：De Long, Shleifer, Summers & Waldmann）（1990）モデルは行動ファイナンス理論の支持者により構築されたモデルであるから，まずケインズ（Keynes）（1936）の美人投票論の引用から始める[18]。デロング，シュライファー，サマーズ＆ワルドマン（DSSW）モデルの特徴は世代重複（OLG）モデルであり，ノイズ・トレーダーは若年層，合理的トレーダーをアービトラージャーとして熟年層がその役割を担う。

このモデルではノイズ・トレーダーの非合理的行動により価格均衡から大きく乖離したときに，バブルやクラッシュを惹起する可能性を示唆している。以下 3.1 モデルの内容，3.2 クラッシュの示唆，3.3 モデルの解析について展開する。

3.1 モデルの内容

このモデルの基本的な前提として①世代重複（OLG）モデル，②リスク資産の供給は一定，③ノイズ・トレーダーのシステマテイック・リスクの 3 点を挙げることができる。特に世代重複（OLG）モデルを用いることにより各主体の投資機会が短期を保証するようにした。短期では売買時の価格の回復は期待できない。

シュライファー（2000）によると「デロング，シュライファー，サマーズ＆ワルドマン（DSSW）モデルは世代重複（OLG）構造により，短期でかつリスク資産と無リスク資産の代替性はない。もしキャンベル＆カイル・モデルのように代替性がある場合は世代重複（OLG）構造の仮定は必要としない。このとき，合理的な長期（Long-lived）の市場参加者が参加することになる[19]。」とモデルの特徴を記している。この記述はつぎに説明するキャンベル＆カイル（1993）モデルとの融合化の可能性を示唆している。

第Ⅱ部　証券理論モデルによる原因究明

前　提

A. 1　投資期間

主体が 2 期間にわたって生存する。熟年層は資産を売却，若年層は資産を需要して合計は 1 で均衡化する。

A. 2　資産

リスク中立の世界を想定する。そのとき無リスク資産 s（基準化 1）は実質配当 r（＝無リスクレート），株式 u の実質配当 D は r である。そして t 期の u の株価を P_t とする。

A. 3　トレーダー

アービトラージャーの比率は $1-\phi$，ノイズ・トレーダーの比率は ϕ である。いずれの主体も $t+1$ 期における株式 u の価格分布の事前平均について信念を持ち，効用を最大化することを前提にポートフォリオを運用する。

A. 4　CARA 効用関数

$U=-e^{-(2a)w}$　　　a：絶対的危険回避度　　　w：熟年層の富

A. 5　誤認

t 期にアービトラージャーは株式を持つことで得られるリターンの分布を正確に認識する。ノイズ・トレーダーは t 期に株式の期待価格を独立で同一の分布をした正規確率変数 ρ_t であると誤認する。

$$\rho_t : i.i.d. \sim N(\rho^*, \sigma_\rho^2) \tag{6.9}$$

ρ^*：ノイズ・トレーダーの強気の尺度　　σ_ρ^2：ノイズ・トレーダーの誤認した株式の 1 単位当たりの危険リターンの分散

モデル

まず，（付録（A. 34））に基づき極大化条件を示す。

$$E(U)=\overline{w}-a\sigma_w^2 \qquad w \sim N(\overline{w}, \sigma_w^2) \tag{6.10}$$

いま t 期のアービトレージャーの株式保有量を x_t^m とすれば，その効用は

$$E(U)=\overline{w}-a\sigma_w^2=c_0+x_t^m[r+{}_tP_{t+1}-P_t(1+r)]-a(x_t^m)^2({}_t\sigma_{P_{t+1}}^2) \tag{6.11}$$

c_0：0 期の労働収益　　　${}_t\sigma_{P_{t+1}}^2 : E_t\{[{}_tP_{t+1}-E_t(P_{t+1})]^2\}$

154

である。

そして期のノイズ・トレーダーの株式保有量（＝需要）をx_t^nとすると，その効用は

$$E(U) = \bar{w} - a\sigma_w^2 = c_0 + x_t^n[r + {}_tP_{t+1} - P_t(1+r)] - a(x_t^n)^2({}_t\sigma_{P_{t+1}}^2) + x_t^n(\rho_t) \qquad (6.12)$$

となるから

（6.11）と（6.12）のトレーダーの効用極大化はx_t^mとx_t^nについて微分してゼロにおけばよい。

$$x_t^m = \frac{r + {}_tP_{t+1} - P_t(1+r)}{2a\sigma_{P_{t+1}}^2} \qquad x_t^n = \frac{r + {}_tP_{t+1} - P_t(1+r)}{2a({}_t\sigma_{P_{t+1}}^2)} + \frac{\rho_t}{2a({}_t\sigma_{P_{t+1}}^2)}$$
$$(6.13)$$

さらに前提に基づいて$x_t^m(1-\phi) + x_t^n\phi = 1$を考慮すれば，（6.13）から株式の均衡価格関数（6.14）が求められる。

$$P_t = (1+r)^{-1}[r + {}_tP_{t+1} - 2a({}_t\sigma_{P_{t+1}}^2) + \phi\rho_t] \qquad (6.14)$$

（6.14）を内生的な株式uの価格の1期先の分布は，逐次的に解いていく。もしP_{t+1}の無条件の分布がP_tの分布と同じであるという条件を加えると，定常状態の均衡に限定することが可能なので以下の式を得る[20]。

$$P_t = 1 + \frac{\phi(\rho_t - \rho^*)}{1+r} + \frac{\phi\rho^*}{r} - (2a)\frac{\phi^2\sigma_\rho^2}{r(1+r)^2} \qquad (6.15)$$

（6.15）がデロング，シュライファー，サマーズ＆ワルドマン（DSSW）モデルである。

このモデルを各項について説明する。

① $\dfrac{\phi(\rho_t - \rho^*)}{1+r}$の項はノイズ・トレーダーの誤認の変化によるリスク資産の変動を示す。

② $\dfrac{\phi\rho^*}{r}$の項はノイズ・トレーダーの誤認による価格リスクの負担を示す。トレーダーが強気であれば価格は上昇する。

③ $2a\dfrac{\phi^2\rho_\rho^2}{r(1+r)^2}$の項はノイズ・トレーダーの強気による危険リスクの下方価格による圧力を示す。

第Ⅱ部　証券理論モデルによる原因究明

3.2　クラッシュの示唆

このモデルはノイズ・トレーダーの誤認に対するリターンの世代間のリターンの変化を主眼においている。そして株式 u はファンダメンタルズを基礎にノイズ・トレーダーの比率と将来の誤認（強気）ρ^* に依存するので，株価 P はファンダメンタルズの水準（無リスク資産 s の価格は1である）と一致しない。こうした状況をファンダメンタル・リスクと呼ぶ。このモデルではリスクのある市場では思い切ったアービトラージ取引ができないので，常にバブルやクラッシュが惹起する可能性があることを示唆している。より緻密にクラッシュ分析をする場合はオペレーショナルにモデルを変形する必要がある。

3.3　モデルの解析

前のモデルと同様にデロング，シュライファー，サマーズ & ワルドマン（DSSW）モデルを変形してブラック・マンデーに似た状況をセットしてシミュレーションを行う。

モデルの変形

デロング，シュライファー，サマーズ & ワルドマン（DSSW）モデルの（6.15）はノイズ・トレーダーの誤認は強気 ρ^* に依存するが，将来，この強気が消えて $\rho^*＝0$ になることも考えられる。すべての期間について以下の条件を付加しよう[21]。

$$\left\{ \begin{array}{l} \rho^* \text{の確率を } q \\ 0 \text{の確率を } 1-q \end{array} \right. \tag{6.16}$$

ρ^* を $q\rho^*$ に書き換えると，（6.16）は以下のように変形できる。

$$P_t = 1 + \frac{\phi(\rho_t - q\rho^*)}{1+r} + \frac{\phi q\rho^*}{r} - (2a)\frac{\phi^2\sigma_\rho^2}{r(1+r)^2} \tag{6.17}$$

ρ^* について，シミュレーションの操作性を考慮して $\varphi＝1$ と仮定する。

$$\rho_t^* = \varphi\rho_{t-1}^* + \varepsilon_t \qquad \varepsilon_t : i.i.d. \sim N(0, \sigma_\varepsilon^2)$$

$$\rho_t^* = \rho_0^* + \sum_{i=0}^{t} \varepsilon_i \tag{6.18}$$

156

ρ_tはランダム・ウォーク（付録（A. 2））に従うとすればζ(*i.i.d.*)はホワイト・ノイズで$N(0, \sigma_\xi^2)$を持つことになるから次式を得る。

$$\rho_t = \rho_{t-1}^* + \varepsilon_t + \xi_t \tag{6. 19}$$

以上から（6. 17）は以下のように書き換えることができる。

$$P_t = 1 + \frac{\phi(\rho_t - q\rho_t^*)}{1+r} + \frac{\phi q \rho_t^*}{r} - (2a)\frac{\phi^2(\sigma_\varepsilon^2 + \sigma_\xi^2)}{r(1+r)^2} \tag{6. 20}$$

シミュレーション

シミュレーションの目的はファンダメンタルズから乖離させる変数であるノイズ・トレーダーの比率ϕとノイズの発生確率qの変数の水準を変化させて，（6. 20）の株価P_tの価格変動の状況を調べることである。

ケース1：ノイズ・トレーダーの比率ϕの水準と価格変動の関係

ケース2：ノイズの発生確率qの大きさと価格変動の関係

ケース1（ノイズ・トレーダー比率の水準）

他の変数に一定の数値を与え[22]，（6. 20）についてノイズの変数であるノイズ・トレーダーの比率ϕを10%と50%の2通りに変化させてシミュレーションを行った。各P_tの経路については**図6-3**で示した。

このモデルではノイズは強気を示すのでノイズ・トレーダーの比率が高いと株価は高くなる。これは価格変動が大きくなるからである。いま一定の株価下落に伴って強気のノイズ・トレーダーの比率が急激に低下する（50%から10%）と**図6-3**で示したように株価は急落してクラッシュが起きる。

ケース2（ノイズの発生確率の大きさ）

ここでは前のシミュレーションのうち$\phi = 50%$のケースの数値について，ノイズの発生確率qを0.8, 0.6, 0.4の3通りの水準に区分したシミュレーションを行ったが，変動推移は若干異なるものの顕著な差異は析出できなかった。

シミュレーションの結果

デロング，シュライファー，サマーズ＆ワルドマン（DSSW）モデルのノイズ・トレーダーの取引は短期的なノイズに基づく。本章では短期的ノイ

第Ⅱ部　証券理論モデルによる原因究明

図 6-3　DSSW モデルのノイズ・トレーダーの比率と株価

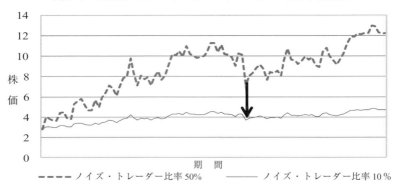

資料：著者作成。

ズ・トレーダーの概念をブラック・マンデーのクラッシュ分析に利用する。

　通常，ランダムな市場ではポートフォリオ・インシュラーの売買も日々のボラティリティによりランダムとなる。株価上昇ではさらに強気のトレーダーが多くなる。逆に一定以上に価格が下落してある価格以下になると売りは一気に急増して，株価は暴落する。クラッシュである。この現象はポーフォリオ・インシュラーの短期的ノイズとして適用できるであろう。世代重複（OLG）モデルでは若年層のノイズ・トレーダーの比率がその役割を担う。前提に基づき短期であるから株価は回復しない。なぜならこれ以降の分析は対象外であるかである。

4　キャンベル＆カイル・モデル

　ここで俎上に載せるキャンベル＆カイル（1993）モデルは投資の先見性のあるスマート・マネー・トレーダーと行動ファイナンスのノイズ・トレーダーからなる均衡理論である。米国における（1871年から1986年まで）株式の収益性について，配当をベースから予測するために構築されたモデルであり，ブラック・マンデーの原因究明のために構築されたシナリオ・モデルではない。しかしブラック・マンデーの原因究明の長期ノイズ・モデルとし

ても利用できる。キャンベル & カイル（1993）自身もこのモデルを用いてブラック・マンデーの原因に言及している。

では 4.1 モデルの内容，4.2 クラッシュの示唆，4.3 モデルの解析の順に展開する。

4.1 モデルの内容

前 提

A.1 ファンダメンタルズの配当を基礎にして投資をする。また効用は富の効果（富が増加すると絶対的リスク回避度 a は大きくなる）を持つリスク回避型トレーダーを想定する。トレーダーの投資期間は長期である。

A.2 定常モデルとする。

A.3 連続型を基礎にして，配当・株価は一定成長率を g とする。

A.4 配当については将来の配当と過去の配当に関する情報からなる。

A.5 予想の誤差またはイノベーション（1 期先の予測誤差）はブラウン運動をする。

A.6 ノイズ・トレーダーが存在する。

モデル

まず前提 A.3 から

$$D_t \equiv D_t^u \exp(-gt) \qquad P_t \equiv P_t^u \exp(-gt) \qquad (6.21)$$

g：配当成長率　　D_t^u：実際の無調整の配当　　P_t^u：実際の無調整の株価
t 期の配当 D_t については前提 A.4 から以下のように定める。$D_t^{(1)}$ は 1 次の自己回帰を示す。

$$D_t = D_t^0 + D_t^1 \qquad (6.22)$$

$$dD^0 = \sigma^0 dz^0 \quad dD^1 = -\alpha^1 D^1 dt + \sigma^1 dz^1$$

$$E\{D_{t+s}\} = D_t^0 + \exp(-\alpha^1 s) D_t^1$$

dz_t^0, dz_t^1：それぞれの標準偏差は σ^0, σ^1 でかつ振舞いはブラウン運動（Z）

第Ⅱ部　証券理論モデルによる原因究明

　α^1：配当の平均回帰スピード係数（（6.8）を参照）

　さて株価と配当の定常関係を示すには共和分の定義から株価と配当が線形であればよい。まずゴードン・モデル（付録（A.7））の均衡価格において一定の超過収益率を考慮すると，超過収益率（λ）＝実際配当（D_t）－実際株価値上り（rP_t）＋株価成長（gP_t）であるから以下のように展開できる。

$$[D_t-(r-g)P_t]=\lambda$$

$$P_t=D_t-\frac{\lambda}{(r-g)} \tag{6.23}$$

　　r：割引率（＝無リスク金利）　　　λ：定数

　さらに$t\to\infty$としてD_tのファンダメンタル・バリュー（現在価値）をV_tとすれば次式を得る。

$$V_t=E_t\int_{s=0}^{\infty}e^{-(r-g)s}D_{t+s}^0ds+E_t\int_{s=0}^{\infty}e^{-(r-g+\alpha_1)s}D_{t+s}^1ds \tag{6.24}$$

　そこで（6.24）のV_tをP_tに書き換えて（6.23）を利用すると次式を得る。

$$P_t=\frac{1}{r-g}D_t^0+\frac{1}{r-g+\alpha^1}D_t^1-\frac{\lambda}{r-g} \tag{6.25}$$

　（6.25）はスマート・マネー・トレーダーのモデルといえる。

　いま（6.25）にノイズ・トレーダーが行動するノイズ変数Y_tを加えると，キャンベル＆カイルのノイズ・モデルを得る[23]。

$$P_t=\frac{1}{r-g}D_t^0+\frac{1}{r-g+\alpha^1}D_t^1-\frac{\lambda}{r-g}+Y_t \tag{6.26}$$

ノイズY_tは1次の自己回帰として以下のように表現する。

$$Y_t \to dP_t=\beta P_{t-1}dt+\sigma_Y dz_Y \tag{6.27}$$

　　dz_Y：標準偏差σ_Yのブラウン運動　　　$0<\beta<1$：自己回帰係数

4.2　クラッシュの示唆

　キャンベル＆カイル（1993）は（6.26）に基づいてブラック・マンデーの原因に関して，長期の視点から以下のように言及している。

　「一般に合理的トレーダーの指数型効用関数の絶対的リスク回避度（ARA）は一定というより富とともに低下するリスク許容度が増す（ARAが

160

低下する）効果があると考えられる。株価が上昇すれば富の効果によりトレーダーの株式需要は高まるであろう。これらのトレーダーは株価が高くなれば，さらに株式の買付けを増加する（投機的投資心理）。この傾向はポートフォリオ・インシュランスの投資戦略によりさらに助長させる。株価が高くなれば当然，価格変動は大きくなる。一方，ノイズはファンダメンタルズと高い相関を持っている[24]。株価が高くなると少しのファンダメンタルズの変動に対して大きいノイズ（過剰反応）が起きる場合がある。こうしたトレーダーの行動の反転（平均回帰）がブラック・マンデーのエピソードを作ったのである[25]。」

4.3 モデルの解析

ここでは一般式であるキャンベル & カイル・モデルを変形してブラック・マンデーに似た状況をセットしてシミュレーションを行う。

モデルの変形

（6.26）のキャンベル & カイル・モデルはスマート・マネー・トレーダーとノイズ・トレーダーからなるモデルである[26]。そこでノイズ・トレーダーの比率をϕとすれば，以下のように表現することができる。

$$P_t = (1-\phi)\left(\frac{1}{r-g}D_t^0 + \frac{1}{r-g+\alpha^1}D_t^1\right) - \frac{\lambda}{r-g} + \phi Y_t \tag{6.28}$$

上記式を解釈すると，ブラック・マンデーのクラッシュは配当の平均回帰スピード係数α^1が急速に大きくなる，またはノイズ・トレーダーが過剰反応して，いままでの値上がりによる投資（投機）の部分を売却して急激に小さくなった場合に起きると理解できる。（6.28）の変数α^1の変化も理論的には重要であるが説得力ある数値の提示は難しい。ここでは配当とノイズのブラウン運動を前提に，他の変数を定数としてノイズ・トレーダーの比率ϕを変化させてシミュレーションを行うことにする。このシミュレーションはつぎの点に留意する必要がある。

① ノイズは1次の自己回帰モデル（6.27）であり，さらにノイズYの価格

第Ⅱ部　証券理論モデルによる原因究明

変動の標準偏差は配当のそれの 2 倍に設定する。

② 　対象期間は株高（バブル）を想定するため，ランダムのなかで抽出期間は株価上昇期から株価下降開始までとする。そのときノイズ・トレーダーについて高い比率から低い比率へ変化させる。これは同時に市場の平均回帰志向を強めること（α_1がより大きくなること）を含意とする。

シミュレーションの結果

　キャンベル＆カイル・モデルのシミュレーションの結果は**図 6-4** の通りある[27]。株価上昇期に株価の分散が大きいのは，1 次の自己回帰モデルのノイズ・トレーダーが寄与しているためである。ランダムで株価下降期に入ると高値相場から大きく反転する危険性がある。少しのファンダメンタルズの悪化でもノイズ・トレーダーのこれまでも強気のノイズの比率が激減して，その過程で株価は大きく下落する可能性がある。この可能性をキャンベル＆カイルは富の効果で説明するがモデルの変数のなかには含まれていないので，その代替的な係数としてノイズ・トレーダーの比率が重要である。

　シミュレーションの結果をブラック・マンデーへ適用しよう。株価下降開始時期にノイズ・トレーダーがポートフォリオ・インシュランスの売りにノイズ（平均回帰志向）による追随売りを起こして，その強気ノイズ・トレーダーの比率を 30% から 10% へ減少させたとしよう。同時に平均回帰のスピードが速くなる。これにより急激に株価は下落する。

　この背景には 1986 年に入って株価収益率（PER）は 15 倍以上になり，1987 年 8 月には 20 倍を超えたので（序章第 1.2），市場はノイズ（投機的警戒感）により些細のイベントでもポートフォリオの急増売りで平均回帰への反転する素地があったといえよう。この反転はノイズ・トレーダーの比率の大幅減少といままでの強気のノイズの部分（大きな分散）が減少することを意味するので，株価は大きく下落する。これがキャンベル＆カイル・モデルを変形して説明できるブラック・マンデーの原因である。外部からパニック売りとみえるかもしれないが，実は理にかなった株価修正による長期的ノイズの結果であると推測できる。

162

第6章 ノイズ・モデルによる原因究明

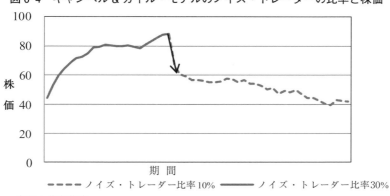

図6-4 キャンベル＆カイル・モデルのノイズ・トレーダーの比率と株価

資料：著者作成。

　その後の株価はノイズのないファンダメンタルズまで下落して安定するであろう。この安定ゾーンとは例えばシラーが提案した過去10年の実質収益の平均を分母として，当期の実質株価を分子として一時的な要因（例えば，インフレーション率）を取り除いて計算する，いわゆるシラーの修正株価収益率（修正PER）の平均的な近傍の可能性もある[28]。安定ゾーンではすぐには株価は余り変動しない。

　このモデルではポートフォリオ・インシュランスの売り急増とそれに追随した売りが短期的に膨らんだ状況の説明が乏しい。この点についてはローマの追加的シナリオ分析を行う必要がある。

5　ローマーの追加的シナリオ

　情報と心理の折衷モデルといわれるローマー・モデルの短期的シナリオについて[29] 5.1 モデルの内容，5.2 シナリオの設定，5.3 シナリオ説明の検証によりノイズ・モデルの原因説明の有効性を補強する。

5.1　モデルの内容

　ローマー（Romer）（1993）はトレーダー（添字で示したタイプ1から3）

163

の情報の推測について緻密な前提と市場内の情報経路（内部情報）を設定した。その上でトレーダーの内部情報の推測が価格にインパクトを与える可能性を示唆した。以下はローマーの重要な前提と情報経路についてである。

前　提

A.1　リスク資産の取引量（供給量）　$X \sim N(\overline{X}, \sigma_x^2)$

A.2　各トレーダー（タイプ1から3）のリスク資産の私的情報（シグナル）は$s_i = \alpha + \varepsilon_i$　攪乱項$\varepsilon_i \sim N(0, \sigma_i^2)$である。

A.3　各トレーダーの私的情報は$\varepsilon_2 = \varepsilon_1 + \delta_2$　$\varepsilon_3 = \varepsilon_2 + \delta_3$の関係を持っている。

A.4　各トレーダー（タイプ2と3）のシグナルの分布は以下の確率である。

タイプ2 $= \frac{1}{2}s_1 + \frac{1}{2}s_2$

タイプ3 $= \frac{1}{2}s_2 + \frac{1}{2}s_3$

情報経路

以上の前提（特にA.4を念頭において）からローマーは図6-5で示すような情報経路を考えた。このシナリオは新たなニュースがない場合でも内部情報の推測修正よりクラッシュが起こる可能性を示唆した。特にタイプ1の

図6-5　ローマーによる各トレーダーの情報・推測の経路

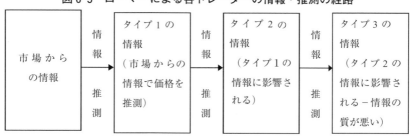

資料：著者作成。

情報の影響がタイプ2の需要，価格に大きく反応する。

5.2 シナリオの設定

タイプ1のトレーダーが赤字財政などマクロ経済指標は株価に悪い影響を与えないというシグナルをタイプ2に伝達していた。こうした状況でタイプ2のトレーダーはポートフォリオ・インシュランスのプログラム売りは僅かで，余り影響を及ぼさないとの信念を持った。ところがタイプ2のトレーダーはブラック・マンデー直前のタイプ1のポートフォリオ・インシュランスによる想像以上の売りの情報から，いままでの情報評価が誤りであったと推測するようになる。トレーダーはいままでのマクロ経済指標が株価に重要な影響を与えるとの考え方に変わっていく。新たなに情報がないにもかかわらず，市場内での情報，タイプ1のポートフォリオ・インシュランス売りの急増はタイプ2に悲観的推測を与え，内部情報の推測修正による追随売りへ拍車をかけた。このようにブラック・マンデーの原因はポートフォリオ・インシュランスの売り情報に対するタイプ2のノイズ（内部情報の推測修正＝悲観的推測）に起因した追随売りであるとする[30]。

5.3 シナリオ説明の検証

ローマーのシナリオは2つの過程からなる。①マクロ情報に関するバッド・ニュースの過小評価を情報伝達する。②過小評価の見直し（ポートフォリオ・インシュランスの売り急増）に対して，いままでの情報を信じていたトレーダーはノイズ（内部情報の推測修正＝悲観的推測）によるパニック的な追随売りをする。特に②のノイズはクラッシュと結びつく。

ローマーのシナリオは外部情報は正しく推測できるという意味で情報の対称性を前提に構築されていると解釈できる[31]。しかしポートフォリオ・インシュランスの売り急増の観察はファンダメンタルズとは関係のない取引であるが，この内部情報の変化がノイズ（部情報の推測修正＝悲観的推測）に大きく影響して，トレーダーが直ちに（19日早朝に）追随売りへと走った。これがクラッシュの原因であるとする。短期のノイズ・モデルからポートフォリオ・インシュランスの追随売りの急増を誘発としたことになる。

第Ⅱ部　証券理論モデルによる原因究明

おわりに

　本章ではデロング，シュライファー，サマーズ＆ワルドマン（DSSW）モデルとキャンベル＆カイル・モデル，さらにローマーのシナリオからそれぞれブラック・マンデーの原因究明を試みた。これらは融合して短期と長期から原因究明が可能である。デロング，シュライファー，サマーズ＆ワルドマン（DSSW）モデルを利用した説明では短期的ノイズ（日々，数日単位）が通常，日常的にランダムに発生する。ポートフォリオ・インシュランスの売りもファンダメンタルズに関係しない短期的ノイズとして予想できないランダムな動きをする。そして突如一定の価格ゾーンに突入するとポートフォリオ・インシュランスの売りが急増して，それに追随して株価が急落する。ローマーのシナリオではこのポートフォリオ・インシュランスの売りをノイズ（内部情報の推測修正＝悲観的推測）と捉えて，追随売りがあったとする。この情報は外部イベントではなく短期的な市場内部の情報である。

　キャンベル＆カイル・モデルは長期的ノイズ・モデルである。一般に投資心理は株価が高くなると理論以上に株価変動を大きくさせる，いわゆる投機的な傾向を持つ。ブラック・マンデーにおいてポートフォリオ・インシュランスの売り急増とそれに付随する短期的なノイズ（内部情報の基づく悲観的な推測）による下落を契機に，平均回帰志向によりトレーダー（特に大株主）の大量追随売りという長期的なノイズ（高値警戒感）が加わり株価の下落に拍車をかけた。ノイズ・モデルによるシミュレーションでは強気のノイズ・トレーダーの構成比率が急激に変化（低下）したことから確認できる。長期的なノイズはリバウンドしないが短期的なノイズについてのリバウンドは不明である。

　同じ市場に異なった価値を有するトレーダーまたは世代が存在して，どちらが市場を支配するか重要なポイントとなる。まさに世代重複（OLG）モデルの特徴を示している。

　しかし検討すべき点も若干残されている。まずノイズ・モデルではシミュレーションが可能であるが，実証的または具体的予測値が算出できない。さ

第6章　ノイズ・モデルによる原因究明

図 6-6　ノイズ・モデルによるクラッシュ分析の要約

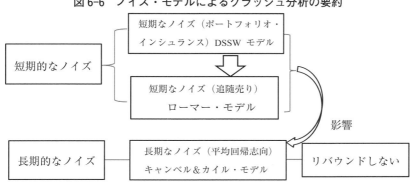

資料：著者作成。

らにノイズ・トレーダーの比率が市場において，具体的にどのように構成されるかについての曖昧さが残っている。

では市場を動かすノイズ（投資心理）の基準とは何か。そしていつそのノイズが収まるであろうか。多くの行動ファイナンスは明確な回答がないが，シラーはその基準として修正株価収益率（修正 PER）を提唱している。ここでもファンダメンタルズの重要性がわかる。

最後に，以上のことを図 6-6 のシェーマで再確認されたい。

167

第Ⅱ部　証券理論モデルによる原因究明

注

1 ）　金融機関のファンド・マネジャーは委託運用しているため完全に裁定取引できない。これを「裁定の制約」という。（Shleifer & Vishny（1995））。

2 ）　この検定は直交性テストからのアプローチも可能である。

3 ）　なぜなら予想割引金利 r を一定にすると，実際の配当による価格変動は期待配当による価格変動よりも大きいためである。

4 ）　ボラティリティ・テストでは Leroy & Porter（1981）がシラーと同じ方法で分析を行い，同様な結論を得ている。

5 ）　「なぜなら配当流列は企業収益の流列よりもなだらかである。通常，株価反応は企業の収益やキャッシュ・フローの変化による。利益が出ない場合の配当は資産売却や新証券を新たに発行したりして維持される。配当が変わらなくとも株価は期待に反したキャッシュの収益やエクイティの減少からネガティブに反応する場合もある。」（Miller（1991）p. 93）。

6 ）　Shiller（1981）の主張は以下の通りである。

　　株価のファンダメンタルズからの乖離を証明するために配当ファクターを用いた。当期の利益は以前の利益の内部留保による再投資も含まれるから，ファクターに利益を用いることはダブル計上となる。無配の企業については配当割引モデルでは確かに計算できないが，長期的には配当するので配当ファクターによる株価は計算可能でより適切である。

7 ）　定常性は厳密に共分散定常または弱定常という。

8 ）　例えば Thaler（1999）は規範モデルのなかに行動ファイナンスを組み入れることの重要性を主張する。

9 ）　ノイズ・トレーダー・リスクと表現する場合もある（Shleifer（2000）p. 12）。

10）　まず $P_t=\frac{1}{r}\Big[D_t+E\Big(\sum_{k=0}^{\infty}\Big(\frac{1}{1+r}\Big)^k\varDelta D_{t+1+k}\Big)\Big]$ と変形する。

11）　Campbell & Shiller（1988a）は配当の対数線形過程（または配当対株価の対数比）の展開から株価と配当の「共和分」の関係を捉えて株式の対収益率から配当対株価の対数比の共和分を作り上げた。

12）　Batra（1987）は社会的循環の法則に従って人間は 1 世代経つと親の失敗の教訓を忘れてしまう。1929 年の大恐慌後，まさに 60 年の 1 世代が経過した。そして再び貨幣量，投資方法（1929 年の信用取引，1987 年の先物取引）等のクラッシュの環境を作りつつあったとの持論を展開した。

13）　模倣主義の具体的な分析ツールは純粋強調ゲームとシェリングの標識（多数の人が持つ信念を探す）である。

14）　拙稿（2013）においてブラック・マンデーに関する André Oreléan の分析を整理している。

15）　マルコフ・スイッチング・モデルでは条件 $s_t=1$ または $s_t=0$ として $s_t=\boldsymbol{P}$（推移行列）とすればよい。これを利用してフィードバックからトレーダーの心理の過剰反応を明らかにした代表的なモデルに Barberis, Shleifer & Vishny（1998）がある。

16）　シミュレーションの正規ランダム数は 100 個であり，初期値を 10 としてブル状

第 6 章　ノイズ・モデルによる原因究明

況で $\beta_1=0.9$，ベア状況で $\beta_2=0.7$ にスイッチすることを前提とした。

17）　このシミュレーションは $\varDelta P_{t-1}=0.5\times(0.05-P_{t-1})\times0.002\times0.8\varDelta B_t$ $(t=500, P_0=100)$ として正規ランダム 500 個を作る。ブラック・マンデーを平均回帰モデルから説明を試みた数少ない論文の 1 つに Hillebrand（2004）がある。

18）　美人投票論の他以下の叙述がある。「真の長期期待を基礎とする投資は今日ではきわめて困難であって，ほとんどの実行不可能となっている。それを企てる人はたしかに群集がいかに行動するかを群集よりも，よりよく推測しようと試みる人に比べて，はるかに骨の折れる日々を送り，はるかに大きな危険を冒さなければならない。」（Keynes（1936）p. 157（訳書 155 頁））。

19）　Shleifer（2000）p. 39（訳書 56-57 頁）。

20）　(6.22) から (6.23) への展開は省略される場合が多いので以下に示す。
まず (N6.1) を (N6.2) のように変形する。

$$P_t=(1+r)^{-1}[r+{}_tP_{t+1}-2a({}_t\sigma^2_{P_{t+1}})+\phi(\rho_t-\rho^*)+\phi\rho^*] \tag{N6.1}$$

$$P_t=(1+r)^{-1}[r+{}_tP_{t+1}-2a({}_t\sigma^2_{P_{t+1}})+\phi\rho^*]+(1+r)^{-1}[\phi(\rho_t-\rho^*)] \tag{N6.2}$$

(N6.2) について $\nu=[r-2a({}_t\sigma^2_{P_{t+1}})+\phi\rho^*]$ とすれば

$$P_t=(1+r)^{-1}[\nu+P_{t+1}]+(1+r)^{-1}[\phi(\rho_t-\rho^*)] \tag{N6.3}$$

となる。(N6.3) について $P_t=(1+r)^{-1}{}_tP_{t+1}$ を逐次的に解いて第 1 項を展開する。

$$P_t=(1+r)^{-1}{}_tP_{t+1}=(1+r)^{-1}[(1+r)^{-1}{}_{t+1}P_{t+2}]=(1+r)^{-2}{}_{t+1}P_{t+2}$$

$$P_t=\sum_{t=1}^{\infty}\frac{\nu}{(1+r)^t}+\lim_{k\to\infty}\frac{{}_{t-1+k}P_{t+k}}{(1+r)^k} \tag{N6.4}$$

(N6.4) の右辺の第 1 項は無限等比級数であり，第 2 項はゼロとなるので下記式が求まる。

$$\begin{aligned}P_t&=\sum_{t=1}^{\infty}\frac{\nu}{(1+r)^t}+\frac{\phi(\rho_t-\rho^*)}{(1+r)}\\&=\sum_{t=1}^{\infty}\left[\frac{r-2a({}_t\sigma^2_{P_{t+1}})+\phi\rho^*}{(1+r)}\right]+\frac{\phi(\rho_t-\rho^*)}{(1+r)}=\frac{r}{r}-\frac{2a}{r}({}_t\sigma^2_{P_{t+1}})+\frac{\phi\rho^*}{r}+\frac{\phi(\rho_t-\rho^*)}{(1+r)}\end{aligned} \tag{N6.5}$$

(N6.5) において P_t の一期先の分散は ${}_t\sigma^2_{P_{t+1}}=\sigma^2_{P_{t+1}}=\dfrac{\phi^2\sigma^2_\rho}{(1+r)^2}$ であるので，これを代入すると (6.15) を得る。

21）　DSSW モデルの変形は Binswanger（1999）のアイディアに負うところが大きい。

22）　$\rho_t^*=1, r=0.05, q=0.8, \varepsilon_t\sim N(0, 0.05), \zeta_t\sim N(0, 1), a=1$

23）　Campbell & Kyle（1993）のモデルには A から C があり，これはモデル C に当たる。

24）　回帰モデルによる Verma, Baklaci, Turkey & Soydemir（2008）においてもノイズはファンダメンタルズの変化が重要であると析出している。

25）　Campbell & Kyle（1993）p. 27. ただし括弧は加筆した部分である。

26）　Campbell & Kyle（1993）p. 2.

27）　変数の数値は以下の通りである。ただし t は一局面のみ。

169

第Ⅱ部　証券理論モデルによる原因究明

$$t=200, \phi=0.9, \frac{1}{r-g}=1, D_t^0=D_t^1=2, \alpha^1=1, \frac{\lambda}{r-g}=1, \sigma^0=\sigma^1=0.1, \sigma_Y=0.2, \beta=0.8$$

28）　景気循環調整後 PER（CAPE：cyclically adjusted price-to-earnings）ともいう。実証
　　は Shiller（2000）および Siegel（2016）を参照。この指標は一般的に景気循環調によ
　　り数値が小さくなる傾向がある。

29）　Romer についてはモデル体系から外れるためシナリオとして取り扱った。Vives
　　（2008）や Brunnermeier（2001）はマーケット・マイクロストラクチャー・モデルと
　　同等に扱って解説している。

30）　Romer のシナリオでは合理的期待トレーダー自身が市場の情報や推測に際してノ
　　イズ・トレーダーへと変身するが，ノイズ・モデルでは 2 種類の異なったトレーダー
　　が存在するため構成比率が変化する。ただし効果は同じである。

31）　Hong & Stein（2003）は Romer の考え方が情報の対称性を前提としているが，よ
　　り現実的に隠された情報の存在も考慮した推測問題の重要性を強調する。

第7章
インパクト・モデルによる
原因究明

はじめに

　高頻度取引（HFT）市場を前提としているインパクト・モデルは理論的にはマーケット・マイクロストラクチャー・モデルの範疇に入るので，従来の証券理論モデルと時間軸で大きな隔たりを除けば本質的には何ら変わりはない。ただしインパクト・モデルはノイズ・トレーダーの参加も排除しない点，図2-1で示したように広い領域の市場構造を持つ。

　本章では1インパクト・モデルの体系を説明して後，続いて2カイル＆オビズヘイヴァ・モデル（ベッツ・インパクト・モデル）と3ハン＆ワン・モデル（流動性インパクト・モデル）からブラック・マンデーの原因究明を行う。

　これらのモデルによりクラッシュ分析が試みられた背景として高頻度取引（HFT）市場の下，想定外の近時クラッシュ，2008年のリーマン・ショックや2010年のフラッシュ・クラッシュが起きて，ブラック・マンデーを含むクラッシュ分析の重要性が再認識されたことによる。

1　インパクト・モデルの体系

　高頻度取引（HFT）の売買取引システムを包摂した微小（マイクロ）なマーケット・インパクトを分析するモデルがインパクト・モデルである。そこで1.1マーケット・インパクトの体系，1.2ノイズ・トレーダーの導入の

第Ⅱ部　証券理論モデルによる原因究明

順で説明をする。

1.1　マーケット・インパクトの構成

　証券理論モデルであるインパクト・モデルをクラッシュ分析の視点から体系的に説明する。このインパクト・モデルの分析ではマーケット・インパクトの概念が重要である。

マーケット・インパクトの定義

　ホルトハウゼン，レフトウィッチ＆マイアーズ（Holthausen, Leftwich & Myers）（1987）は大口取引と小口取引でのマーケット・インパクトの影響について，金融商品が短期的な変化に伴う「短期的（一時的）インパクト（temporary impact）」と売買のシグナリング効果による「長期的（恒久的）インパクト（permanent impact）」に区分した。では短期的（一時的）と長期的（恒久的）から構成されるマーケット・インパクトはどのように表現できるのであろうか。

　ペロールド（Perold）（1988）によると意思決定した価格から計算される想定上の損益と執行後に判明する実際の損益の乖離としてインプリメンテーション・ショートフォール（IS : Implementation Shortfall）であると表現した。

　この概念をアルムグレン＆クリス（Almgren & Chriss）（2001）の投資戦略の視点から具体的に表現した。

　いま，0期において価格 P で証券保有量 X のとき，その資産を T 期までに N 回で清算したいとき，1回の期間を $\tau = T/N$ として，時刻 $t_k = k\tau (k = 0, 1, ...N)$ の執行量を n_k，その直後の残りを x_k と表記する。

　よって $x_0 = X$，$n_k = x_{k-1} - x_k$ であるので

$$IS = XP_0 - \sum_{k=1}^{N} n_k \tilde{P}_{t_k} \tag{7.1}$$

と表現することができる。

マーケット・インパクトの内容

　アルムグレン＆クリス（2001）等に沿ってマーケット・インパクトを説明したが，その内容についてさらにコスト（費用）とトレーダーの側面からさらに検討を加えよう。

　マーケット・インパクトとは取引を市場で執行する直前の市場価格と執行に際して実際に支払う価格に差が生じることによって発生するコスト（費用）として把握することができる。そのコストの種類としては流動性の需要と取引情報の顕示とがある。

　まず流動性の需要コストは取引相手方が当該流動性を提供する対価のコストである。つぎに取引情報の顕示コストは売買情報シグナルから価格水準が変化することに伴うコストである。そして流動性の高い市場では流動性の需要コストは一時的に発生することから短期的（一時的）インパクトであり，売買情報シグナルはファンダメンタルズに係るもので長期的（恒久的）インパクトである。加えて大量注文執行は甚大なマーケット・インパクトを引き起こすために細かく分割して執行する必要性が生じる過渡的インパクトも生じる。この過渡的インパクトは幾何級数的に減衰してファンダメンタルズに吸収されることを前提とした取引コストである。

　つぎにマーケット・インパクトをトレーダーの構成から分析する。短期的インパクトは高頻度取引（HFT）（またはアルゴリズム取引）トレーダーにより，長期的インパクトはファンダメンタルズに関係する合理的トレーダーにより引き起こされる。さらに市場では突如，注文フローのノイズ・トレーダーが大きなボラティリティをもたらす可能性がある。これはサプライズである。

　このようにインパクト・モデルはいろいろなアプローチからマーケット・インパクトの要因を析出することができる。しかもインパクト・モデルは21世紀から本格化した高頻度取引（HFT）の売買システムのスピード化に対応しているが，効率的市場仮説に立脚しているので価格は均衡化する。それでは効率的市場は予想外のクラッシュは起きないことになる。そこでノイズ・トレーダーの導入が必要になる。

第Ⅱ部　証券理論モデルによる原因究明

1.2　ノイズ・トレーダーの導入

　マーケット・マイクロストラクチャー理論の主導者のオハラ（O'Hara）（2014）とカイル他（Kyle, Obizhaeva & Wang）（2014）はノイズ・トレーダーの再検討を行っている。従来の理論構築ではクラッシュの説明能力が欠けるきらいがあったからである。

　オハラ（2014）によるとカイル・モデル（1985），グロステン＆ミルグロム（Glosten & Milgrom）（1985）が定義する流動性トレーダーやノイズ（攪乱項）の概念はブラック（Black）（1986）のノイズ・トレーダーと異なり，曖昧であったとする[1]。そこでノイズ・トレーダーのマーケット・インパクトでの役割を明確にするためデロング，シュレイファー，サマーズ＆ワルドマン（DSSW）モデル（第6章3）に登場するノイズ・トレーダー概念をマーケット・マイクロストラクチャー・モデルにも導入する必要があると主張する。

　カイル他（2014）も長期的視点を持った合理的投資家さえもダイナミックの短期的期待を考慮しなければならないとして，ケインズ（Keynes）（1936）の美人投票理論の概念，すなわち行動ファイナンス的ノイズ（投資心理）のマーケット・マイクロストラクチャー・モデルへの導入の必要性を説いている。そして平均的マルチンゲールはマルチンゲールとは異なると主張する。以前，カイルは基本モデル（第5章2.2）でファンダメンタルズに依拠しない流動性（ランダム・ノイズ）トレーダーを登場させているが，その性格が行動ファイナンス的トレーダーとは異なっていたので，この意味でノイズ・モデルに近づくことになる。

2　カイル＆オビズヘイヴァ・モデル（ベッツ・インパクト・モデル）

　カイル＆オビズヘイヴァ（Kyle & Obizhaeva）（2013a, b）は高速度マーケット・マイクロストラクチャー理論を含意に，機関投資家がリスク移転するための売買をベッツ（bets）と定義した。そしてベッツを中心に膨大な

データに基づきキャリブレーションした不変量（invariance）を構築してベッツ・インパクト・モデルを発案した。彼らはこの証券理論モデルからブラック・マンデーのマーケット・インパクトを実証的に推測して原因究明している。

　まずカイル＆オビズヘイヴァ（2013a, b）が開発したベッツ・インパクト・モデルの中核であるマーケット・マイクロストラクチャー不変量（MMI）モデルの考え方を紹介する。

　「マーケット・マイクロストラクチャー不変量はリスク移転の分布（ベッツ），取引コスト，回復力，市場の効率性に関してある期間（2001年から2005年）を測定して資産間に一定の関係があるとの仮定に基づいたモデルである[2]。」

　このモデルの枠組みにおいて重要な概念であるベッツとは機関投資家の大規模なトレーダーのリスク移転の売買を意味して，これはマーケット・インパクトを引き起こす。彼らはファンダメンタルズに依拠しないノイズ・トレーダーである。このノイズ・トレーダーはさらに他の投資家の売りを誘い，注文の不均衡化を引き起こすが，短期間（インプリメンテーション・ショートフォール）のマーケット・インパクトを対象としている。

　カイル＆オビズヘイヴァはベッツ・インパクト・モデルを用いて，ブラック・マンデーを含む歴史上，5つのクラッシュについて大きなマーケット・インパクトとして捉えて，原因分析を行っている[3]。特に，マーケット・マイクロストラクチャー理論を用いた本格的なブラック・マンデーの原因究明の試みはキャンベル＆カイル（Cambell & Kyle）のノイズ・モデル（1993）の続編として位置づけられよう。

　以下2.1モデルの内容，2.2モデルの原因説明（10月クラッシュの予測結果），2.3モデルの予測の検証と解析をとおしてブラック・マンデーの原因究明をする。

2.1　モデルの内容

　このモデルではマーケット・マイクロストラクチャー理論の基本モデルに位置するカイル（1985）の流動性指標ラムダλ（第5章2.2）の概念が利用

175

第Ⅱ部　証券理論モデルによる原因究明

される。カイル（1985）のラムダ λ は流動性の指標（市場の深さ）$\sqrt{\sigma_v^2/\sigma_u^2}$ で表現される。これは情報トレーダーの売買のボラティリティ σ_v と流動性トレーダの売買のボラティリティ σ_u の比率である。カイル・モデル（1985）の株価 P ではこのラムダ λ と取引量 $\tilde{Q}$ との線形関係があるので，株価は $P+\lambda\tilde{Q}$ へと変化して $\Delta P=\lambda\tilde{Q}$ となる。よって価格インパクト率（$\Delta P/P$）は $\lambda\cdot\tilde{Q}/P$ である。

不変量のモデル

　ベッツは機関投資家のリスク移転のための売買である。さらにベッツはファンダメンタルズと直接的に関連しないノイズ（機械的なヘッジ取引など）に基づく取引であり，長期的インパクトに入る。短期的インパクトはマーケット・メーカー，高頻度トレーダー，清算アービトラージャーによる（売買）取引である。ここで算出されるマーケット・インパクトは長期的と短期的なインパクトを合わせたものである。

　ベッツのマーケット・インパクトは $\Delta P=\lambda\tilde{Q}$ である。ここでカイルの $\lambda(=\sigma_v/\sigma_u)$ の概念を利用する。分子の σ_v は価格インパクト φ により生じた1株当たり価格変化の標準偏差である。すなわち市場の深さの不変量を示す。

　一方，分母の σ_U は注文不均衡（注文量）による標準偏差でありベッツの大きさにより計測される。

$$\frac{\Delta P}{P}=\frac{P(X)}{P}=\lambda\cdot\frac{X}{P}=\frac{\sigma_V}{\sigma_U}\frac{X}{P} \tag{7.2}$$

　　　X：ベッツまたはノイズの取引量（株数）

カイル＆オビズヘイヴァは（7.2）における $\lambda(=\sigma_V/\sigma_U)$ の不変量を以下のように定義した。

$$\sigma_V=\varphi\cdot\sigma\cdot P=\bar{\sigma}\cdot P \tag{7.3}$$

　　　$\bar{\sigma}$：ベッツのボラティリティ　　φ：価格インパクト係数　　P：株価
　　　σ：市場全体のボラティリティ

$$\sigma_U=\overline{W}E(\tilde{Q})^{-1}=W^{-1/3}\cdot V \tag{7.4}$$

$$\overline{W}=P\cdot V\cdot\bar{\sigma}=P\cdot V\cdot\sigma \tag{7.5}$$

$\overline{W}$：ベッツの取引活動（金額）　W：市場全体の取引活動（金額）

V：市場全体の取引量（株数）

$E(\tilde{Q})$：ベッツ取引規模（サイズ）の確率変数

$\overline{W}$はリスク移転のコストとして認識できるので，カイル（1985）のラムダλと不変量モデルのラムダ$\overline{\lambda}$の定義は同じではない。

さて（7.2）について（7.3）から（7.5）を代入すると次式を得る[4]。

$$\lambda \cdot \frac{X}{P} = \frac{\sigma_V}{\sigma_U} \frac{X}{P} = \overline{\lambda} \cdot (PV)^{1/3} \cdot \sigma^{4/3} \cdot \left(\frac{X}{V}\right) \tag{7.6}$$

$\overline{\lambda}$：価格インパクトのパラメータ

マーケット・インパクト（$\Delta P / P$）のうち，ΔPは特にベッツの注文量Xの関数$\Delta P(X)$となる。そこでカイル＆オビズヘイヴァは対数の価格インパクトの係数について，データ（2001年から2005年）により以下の式を得た。

$$\ln\left(1 + \frac{\Delta P(X)}{P}\right) = \frac{\overline{\lambda}}{10^4} \cdot \left(\frac{P \cdot V}{40 \cdot 10^6}\right)^{1/3} \cdot \left(\frac{\sigma}{0.02}\right)^{4/3} \cdot \left(\frac{X}{(0.01)V}\right) \tag{7.7}$$

彼らは（7.7）がマーケット・マイクロストラクチャーの不変量のモデルであるとする。さらに（7.7）は以下のように変形できる。

$$\frac{\Delta P(X)}{P} = 1 - \exp\left[\frac{\overline{\lambda}}{10^4} \cdot \left(\frac{P \cdot V}{40 \cdot 10^6}\right)^{1/3} \cdot \left(\frac{\sigma}{0.02}\right)^{4/3} \cdot \frac{X}{(0.01)V}\right] \tag{7.8}$$

2.2　モデルの原因説明（10月クラッシュの予測結果）

米国証券市場の1987年10月クラッシュ（1987年10月14日から1987年10月20日までの1週間）を対象期間としてカイル＆オビズヘイヴァは（7.8）に従って，ブラック・マンデーの予測をした。その結果は以下の通りである。

下記式から予測計算では19%の下落であった。しかし10月クラッシュ米国証券市場の実際のダウ工業株平均（（DJIA）は32%の下落であり，大きな乖離が生じた。

$$\frac{\Delta P(X)}{P} = 1 - \exp\left[\frac{-5.78}{10^4} \cdot \left(\frac{(20.57)10^9 \cdot 1.54}{40 \cdot 10^6}\right)^{1/3} \cdot \left(\frac{0.0135}{0.02}\right)^{4/3} \cdot \frac{(13.75)}{(0.01)(20.57)}\right] \tag{7.9}$$

1　PV ＝ブラック・マンデー時の売買高（ADV）20.57（現物＋先物）

第Ⅱ部 証券理論モデルによる原因究明

 億ドル

2 $\sigma = 1$ 日ボラティリティ 1.35%

3 1987 年の 2005 年の GDP のデフレーター 1.54

4 $\bar{\lambda} = 5.78$（ベッツの取引コストの定義式をキャリブレーションを通して算出された数値）

5 ポートフォリオ・インシュラーの売買高 $X = 13.75$（現物＋先物）億ドル[5]）

 この下落の要因として，カイル＆オビズヘイヴァは当時の反 TOB 規制や海外収支の赤字などのファンダメタルズに対するネガティブなニュースとブレディ報告書が指摘するような市場のメカニズムの崩壊によるポートフォリオ・インシュランスの大量売り X が価格インパクトに大きな影響を及ぼしたことを挙げる[6]。

 さらにこの大きな乖離はベッツ取引では計算できない予想外のポートフォリオ以外の売り急増があったと推測している。また彼ら自身も指摘しているように，売買執行のスピードについて 1987 年のクラッシュは 1 日単位，2010 年のフラッシュ・クラッシュでは数分単位と取引時間が非常に異なる。よってベッツによるインパクトは取引時間のスピードが大きく影響する要素であるとした。

2.3 モデルの予測の検証と解析

ブラック・マンデーの予測結果

 カイル＆オビズヘイヴァ・モデルの予測による 10 月クラッシュ（1987 年 10 月 14 日から 1 週間でブラック・マンデーを含む）の対象期間は実際，32% の株価下落であった。そのうちブラック・マンデー（19 日）は売買，株価下落とも非常な異常値を示している。そのため 1 週間の平均化したデータは必ずしも現実に適合していない。例えば 10 月クラッシュ（1987 年 10 月 14 日から 1 週間）のデータを検証すると，カイル＆オビズヘイヴァはポートフォリオ・インシュラーの比率を 66.8% と推定としている。この推定は現実とは大きく乖離している（通常は 10%，ブラック・マンデー時で

178

も 30％ 程度であった）（第 1 章 2.2）。またブラック・マンデー時とその翌日は 1 週間の平均買高の 2 倍以上となっている。そこでインパクト・モデルの性格から短期間でかつデータ的にも現状に合ったブラック・マンデー 1 日のみを対象として計算することも可能である[7]。（7.9）についてブラック・マンデー 1 日のデータから売買高（金額）$P \cdot V$ とポートフォリオ・インシュランスの売買高 X を再計算した。

$$\frac{\Delta P(X)}{P} = 1 - \exp\left[\frac{-5.78}{10^4} \cdot \left(\frac{38.9 \cdot 10^9 \cdot 1.54}{40 \cdot 10^6}\right)^{1/3} \cdot \left(\frac{0.0135}{0.02}\right)^{4/3} \cdot \frac{(12.00)}{(0.01)(38.9)}\right] \quad (7.10)$$

10 月クラッシュ（7.9）とブラック・マンデー（7.10）の異なるデータ数値は以下の通り。

1　PV ＝ブラック・マンデー時の売買高（ADV）38.9（現物＋先物）億ドル

5　ポートフォリオ・インシュラーの売買高（金額）X＝12（現物＋先物）億ドル

この結果，ブラック・マンデー 1 日のダウ工業株平均（DJIA）は実際値で 22.6％ 下落に対して（7.10）の予測計算では 11.4％ の下落である。この下落した要因はモデルの展開から解釈すれば，ポートフォリオ・インシュラーの売り（市場全体の比率 30％）であるので依然，乖離は大きい。このモデルの試算した 10 月クラッシュ（19％ の予測値，実績値は 32％）と余り変わらない結果であった。

ノイズ・トレーダーの対象拡大

カイル＆オビズヘイヴァは現実値との乖離はベッツ取引以外の売り急増によるものと指摘している。そこでカイル自身が主張している追随売りのノイズ・トレーダーを積極的に取り入れよう。これは前述したカイルの考え方にも適合している。ポートフォリオ・インシュラーは基本的にはファンダメンタルズとは関係のないリスク移転の取引を行うノイズ・トレーダーである。さらにポートフォリオ・インシュラーのほか，市場に参加しているポートフォリオ・インシュランス売りに追随するトレーダーもノイズ・トレーダーとして含めるべきであるとノイズ・モデル（ローマーの追加シナリオ）

第Ⅱ部　証券理論モデルによる原因究明

でも主張している。

　これらのノイズ・トレーダーがクラッシュを引き起こしたとの仮説を基礎に再試算をしてみよう。具体的にはベッツ・インパクト・モデルにおいては売買高Xのポートフォリオ・インシュラーの売買高に追随売りのノイズ・トレーダーの売買高ΔXを加える。もし追随売りがポートフォリオ・インシュラーと同等な規模とすれば，ノイズ・トレーダーは市場全体の合計60％となり逆S字需要を起こす支配的な条件が整う（第5章3.3）。その影響によるダウ工業株平均（DJIA）の下落予想率は21.4％と計算される。予測試算はブラック・マンデーの実態（22.6％下落）に近似する。

　ここではベッツ・インパクト・モデルの実証の近似性の追求が目的ではない。重要な点はベッツ・インパクト・モデルではベッツ取引とそれに追随するトレーダーを合わせたノイズ・トレーダーの売買高とその取引比率が上昇すると，マーケット・インパクトの下落率もさらに大きくなることである。

　ちなみにベッツ取引を拡大したインパクト・モデルについてのマーケット・インパクト（予測計算21.4％の下落率）を長短インパクトに区分すれば，下落率11.4％がポートフォリオ・インシュラーの短期インパクトであり，下落率10.0％が長期的インパクト（長期的平均回帰の追随売りのインパクト）との推測も可能である。

3　ハン＆ワン・モデル（流動性インパクト・モデル）

　短期的流動性の不均衡がクラッシュを引き起こす可能性について，インパクト・モデルから示唆する。そもそも市場の構造や経済のダイナミックすなわち，ファンダメンタルズの変化から起きるすべての主体の不確実性に直面するシステマテック・リスクに対して，このシステマテック・リスクとは関係のない特定な主体により生じるリスクが固有リスク（idiosyncratic shock）または特定リスクである。

　ハン＆ワン（Huang & Wang）（2009）は最も重要なマーケット・インパクトを流動性の固有ショックであるとして，流動性インパクト・モデルからクラッシュ分析を試みる。その内容は.1モデルの内容，.2クラッシュの示

180

唆，．3 モデル示唆の検証および．4 長短インパクトの計測である。

このモデルは流動性イベントを基調とするグロスマン＆ミラー（Grossman & Miller）・モデル（1988）を拡張したものである。

3.1 モデルの内容

ハン＆ワン・モデルの特徴はファンダメンタルズの変化がなくても投資主体の短期的な注文の不均衡によりクラッシュが起きることである。

ハン＆ワンは$P_t＝P_{t+1/2}＝P_{t+1}$を前提とする均衡理論（マルチンゲール）から証券価格モデルを以下のように定義する。

$$P_{t+1/2}＝R_F^{-1}[E_{t+1/2}(D_{t+1})＋P_{t+1}-\frac{1}{2}a\sigma_D^2\hat{\theta}-\frac{1}{2}a\sigma_D^2\delta Z] \tag{7.11}$$

$P_{t+1/2}$：$(t+\frac{1}{2})$ 期の株価　R：金利（割引率）　$E(D)$：予想配当　a：リスク回避度　σ_D^2：配当の分散　$\hat{\theta}$：システマテック・リスク（ショック）　δ：2 つの投資主体（a と b）の注文（ショック）差異（スプッド）$\delta＞0$　Z：固有ショックの分布

このうち流動性要素は（7.11）の最後の項であり，流動性の固有ショックpを表している。それ以外は 3 つの項はファンダメンタルズを表している。

$$p≡R_F^{-1}\left(-\frac{1}{2}a\sigma_D^2\delta Z\right) \tag{7.12}$$

この固有ショックpは主体のリスク回避を前提に，潜在的な売りが買いより強いイニシアティブを持つ（より高い価格で売りつけをする動機が強い[8]）ので，売買量と価格変化とは負の関係があるとする。そして常に流動性の固有ショックpが市場の注文の不均衡δを通して価格を下落させると考える[9]。

3.2 クラッシュの示唆

ハン＆ワン・モデルの証券価格モデルは市場の注文の不均衡（$\delta＞0$）が発生すると，株価が下落することを意図して構築された。ハン＆ワンは以下のように述べている。

第Ⅱ部　証券理論モデルによる原因究明

「取引のタイミングやサイズのミスマッチは一時的注文の不均衡を作り，株価はファンダメンタルズから乖離する。こうした流動性の固有ショックすなわち，流動性の欠如は株価を大きく下落させる，さらに株価の分布では大きな歪度（skew）をもたらすので[10]（付録 5.2），当然，起きる可能性がある。しかし短期的インパクトであるので価格はすぐにリバウンドすることになる[11]。」

3.3　モデル示唆の検証

1987 年のブラック・マンデーに関するグロスマン & ミラー（1988）の流動性モデルではマーケット・メーカーの流動性供給を一定と仮定した。それゆえマーケット・メーカーの退出が流動性の欠如をもたらし，この注文不均衡によるクラッシュが起きたとする。しかし流動性イベントのみで，ブラック・マンデーがすべて説明できるか疑問視されていた。ハン & ワン・モデルは注文の短期的な不均衡が大きなクラッシュへ繋がること，および流動性イベントの注文不均衡が解消されると株価はリバウンドすること，すなわち，流動性イベントが短期的インパクト（すなわち，歪度の変化）であることを明らかにした。これによりグロスマン & ミラー（1988）の流動性モデルによるブラック・マンデーの原因説明が可能となった。

3.4　長短インパクトの計測

これまでのイパクト・モデルによる原因究明の議論を踏まえ，ブラック・マンデーの実際のマーケット・インパクト（22.6% のダウ工業株平均（DJIA）の下落率）を長期的と短期的なインパクトの区分を試みよう。図7-1 は下落の 30%（クラッシュ後，10 月 19 日を基準にして 1 週間の終値の騰落率の平均）のリバウンドを短期的インパクトであると考える。この間で売買高も平常に戻っているからである。したがってリバウンドしない部分の下落の 70% が長期的インパクトとして考えられよう。

短期的インパクトはポートフォリオ・インシュランスの売り急増のインパクトとハン & ワンによる流動性インパクトの複合的要素によるものと推測できる。長期的インパクトはノイズ・モデルに従えば，ポートフォリオ・イ

182

第 7 章 インパクト・モデルによる原因究明

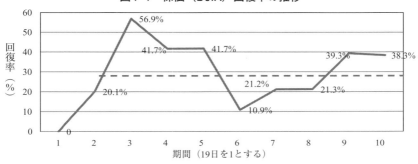

図7-1 株価（DJIA）回復率の推移

資料：NYSE&Dow Jowns 社の資料より著者作成。

ンシュランスに影響を受けた平均回帰の志向に基づく追随売りによる影響を示すことになる。

おわりに

　実証型のカイル＆オビズヘイヴァ（2013a, b）モデルのマーケット・インパクト（長期と短期のインパクトの合計）はベッツ（リスク移転）で活動をするノイズ・トレーダーの定義の範囲を広げてポートフォリオ・インシュラーに追随売りトレーダーを加えれば，さらにカイル＆オビズヘイヴァ（2013a, b）モデルの予測値は現実値により近くなる可能性がある。このことはブラック・マンデーの原因がノイズ・トレーダーの投資（売買）行動に起因するとのノイズ・モデルの主張に実証的妥当性を与える。さらにインパクト・モデルはクラッシュを長短のマーケット・インパクトからの原因究明の可能性を拡げた。特に流動性イベントが短期であることが明らかとなった。

　クラッシュ分析について，いままで仮想のシミュレーションに依存してきた方法なので，カイル＆オビズヘイヴァによる新たな予測（実証型）モデルの開発は高く評価されるべきであろう。しかしノイズ・トレーダーをどのように把握するかは実際は容易ではない。

第Ⅱ部　証券理論モデルによる原因究明

注

1 ）　Grossman & Stiglitz（1980）モデルは情報の非対称の noisy information であるので，同様に Black のいうノイズ・トレーダーとは異なる。

2 ）　Kyle & Obizhaeva（2013a）p. 1.

3 ）　5 つのクラッシュとは 1929 年大恐慌時（ノイズ・トレーダーは信用売り），1987 年 10 月クラッシュ（ブラック・マンデーを含む），1987 年ジョージ・ソロス大量売却，2008 年のジェローム・ケルビエル（Jérôme Kerviel）による流動性クラッシュ，2010 年フラッシュ・クラッシュである。

　　　Jérôme Kervie の流動性クラッシュとは 2007 年から 2008 年にかけてフランスの銀行ソシエテ・ジェネラルにおいて，欧州株式市場でプレイン・バニラを担当していた 1 人のトレーダー（Jérôme Kervie）が上司に報告することなく欧州株価指数に連動する先物取引で権限を超えたポジションを組んで 49 億ユーロもの損失を出した事件である。

4 ）　この展開式については Kyle & Obizhaeva（2012a, b, 2013a, b, c）を参照。

5 ）　本来，株数ベース（X/ V）であるが，金額ベースでも問題はない。

6 ）　Kyle & Obizhaeva（2013b）はブラック・マンデーにおけるいままでの理論分析の考え方をまとめている。

　　　Miller の標準モデルによる分析を通説（Conventional Wisdom）と称して，それらの見解に同意しない。同様に Shiller の行動ファイナンス・モデルも Animal Spirits Hypothesis と呼んで賛同しない。

7 ）　George Soros の大量売り（1987 年 10 月 22 日）のクラッシュ分析対象期間も 1 日である。

8 ）　売り手には，例えば非取引リスク（nontraded risk）の存在である。

9 ）　市場の流動性に関連してその他の考え方を紹介しておく。Brunnermeier & Pedersen（2009）は一時的（短期的）注文の不均衡を相殺する，または解消させるには資金の裏づけが必要であるとして資金流動性の重要性を主張した。なぜなら短期的（一時的）注文の不均衡は取引資金の調達費または証拠金取引の金利等の上昇が影響するからである。こうした考え方は Grossman モデル（1988b）（第 5 章 2.4）の流動性の資金制約の主張と軌を一にする。注文不均衡の 1 つの要因として考慮すべき点であろう。

10）　正規分布の歪度（skewness）は 0 で尖度（kurtosis）は 3 である。3 次のモーメントの歪度の符号は歪みの方向を示し，その絶対値が大きいほど歪みが大きいことを意味する。歪度を重視する分布を採用すると分布の非対称性が表現されるものの，その非対称性はめまぐるしく逆転しあうために分布の裾の厚みが安定しないことを示唆している。また 4 次のモーメントの尖度が 3 より大きければ大きいほど太い尾であることを意味する（付録 5.2）。

11）　説明のなかでは短期的インパクトの代わり過渡的（transient）インパクトを用いている（Huang & Wang（2009）p. 2634）。

第III部
原因究明からの課題と影響の分析

これまで1980年代に確立した金融工学的市場で起きた初めての
クラッシュ，いわゆる金融工学型クラッシュの原因究明を行った。
その過程で派生した多くの課題や将来的に証券市場への影響が出現
した。

第III部は原因究明から派生したこうした課題と影響の分析を論じ
る。まず売買取引に関係する喫緊に解決すべき課題や分析すべき影
響が浮上した。これらの検討を行う。つぎにクラッシュの再発防止
策として，流動性の観点から物理的な売買取引システムのキャパシ
ティの増大が求められた。2000年以降，このソルーションとして
高頻度取引（HFT）が実現した。この取引とクラッシュの関係につ
いて分析する。最後にブラック・マンデーにおいて金融商品として
のポートフォリオ・インシュランスの欠陥が指摘され，その代替と
してスーパーシェアーが開発された。この商品はさらなる金融イノ
ベーションを促し，高度化した金融商品（債務担保証書（CDO）
やクレジット・デフォルト・スワップ（CDS））の誕生に導いた。
この金融商品も欠陥が露呈して2回目の金融工学型クラッシュであ
るリーマン・ショック（サブプライム問題も含む）を誘発させた。
この高度化した金融商品について分析する。

このように課題と影響を分析することはブラック・マンデーの原
因究明の研究にさらなる奥行きと広がりをもたらすであろう。この
分析方法は第II部と同様に証券理論モデルを用いる。

第III部の構成は第8章売買取引の分析，第9章高頻度取引
（HFT）の分析，第10章金融商品の分析からなる。

第8章

売買取引の分析

はじめに

　本章では各証券理論モデルでの原因究明から派生したクラッシュ再発の防止策のための課題やクラッシュによる将来的な証券市場の影響のなかから，特に売買取引に関係した喫緊に解決すべき課題と影響について証券理論モデルをもって分析する。その前に3つの売買取引が議論の対象となった理由について整理して列挙してみよう。

① 　サンシャイン（事前公開）取引

　　ファンダメンタルズに関係しない機械的な売買取引のポートフォリオ・インシュランスについての情報は市場に大きく影響を与える。ブラック・マンデーの原因究明の過程で，取引前に情報開示をするサンシャイン取引（sunshine trade）の実施が議論となった。

② 　サーキット・ブレーカー（取引停止）

　　情報の非対称性または流動性の欠如を解消するためにサーキット・ブレーカー（取引停止）の規制が課題となった。特にサーキット・ブレーカーについてはブレディ報告書でも喫緊な課題として提案されていた（第1章3.2）。この規制については賛否両論の議論がある。

③ 　ボラティリティ・スマイル

　　ブラック・マンデー以降，証券市場では心理的後遺症の影響が現れた。具体的にはオプション市場における価格のボラティリティが一定からボラティリティ・スマイルに変化した。証券市場ではこの分析と対応を迫られ

187

第Ⅲ部　原因究明からの課題と影響の分析

た。

本章の構成は 1 サンシャイン取引，2 サーキット・ブレーカー，3 ボラティリティ・スマイルからなる。

1　サンシャイン取引

サンシャイン取引について，アドマティ & プフライデラー（Admati & Pfleiderer）（1991）のマーケット・マイクロストラクチャー・モデルによる有効性分析とハリス（Harris）の実効性分析からの見解を中心に論じる。構成は 1.1 サンシャイン取引とは，1.2 アドマティ & プフライデラー・モデルによる分析，1.3 ハリスの実務的見解である。

1.1　サンシャイン取引とは

サンシャイン取引とは

ポートフォリオ・インシュランスは 1987 年 10 月クラッシュまでは非常に人気があった。当時の証券市場では 1％下落するごとに 1000 万株を売る必要があったと推測されている。1 日平均取引量は 1 億 6000 万株であり，その影響は大きい[1]。そこでポートフォリオ・インシュランスの取引に関する透明性が議論となった。なぜならポートフォリオ・インシュランスはファンダメンタルズに関係のない，機械的なヘッジ売買であるためである。その対策の 1 つがポートフォリオ・インシュランスの売買内容を事前公表して取引を行うサンシャイン取引であった[2]。

グロスマン & ミラーの見解

ブラック・マンデーが起きる前でもニューヨーク証券取引所（NYSE）は先物取引の注文フローの開示が必要との認識を持っていた。グロスマン（Grossman）（1988b）は①取引終了直前の相場の開示，②インデックスおよび先物の満期日における取引開始の前の注文の不均衡に関する開示を提案した。

10 月クラッシュ後，サンシャイン取引導入の支持見解が強まった。まず

188

ミラー報告書（CME）（1988b）では「われわれは商品先物取引委員会がサンシャイン取引の調査を優先して行うべきであると考える。サンシャイン取引は年金ファンドやポートフォリオ・インシュラーが大きな先物売り注文をするとき，その旨を前もって公表する方法である。現在の商品先物取引委員会は簡単な事前公表制度をすでに実施している[3]。ブラック・マンデーにおいて，多くのポートフォリオ・インシュラーの売りをあらかじめ公表していれば，買手はパニックにならずに購入プランを立てることができたであろう[4]。」と主張する。

さらにミラー（Miller）自身（1991）は「膨大なポートフォリオ・インシュラーの流動性はニューヨーク証券取引所（NYSE）やシカゴ・マーカンタイル取引所（CME）のマーケット・メーカー能力をはるかに凌いでいる。これに対処するためには情報を伴わないポートフォリオ・インシュラーと情報投資家の区分ができる時間が必要である[5]。」として，本格的なサンシャイン取引導入を支持する。

マーケット・マイクロストラクチャーの流動性イベント・モデル（第5章5）の構築者であるグロスマン＆ミラーも需給の流動性の不均衡を緩和する情報開示に関して，より市場の効率性の水準を高めるとする観点から強く支持している。

1.2 アドマティ＆プフライデラー・モデルによる分析

ここでは，直接にサンシャイン取引の有効性についてアドマティ＆プフライデラー・モデルから考えてみよう。

前　提

A.1　トレーダーは流動性トレーダーとスペキュレーターとする。

流動性トレーダーは，外生的なランダムな取引をする公表型でその取引量 $\tilde{A} \sim N(0, a)$ と，非公表型でその取引量 $\tilde{N} \sim N(0, n)$ の2つのタイプが存在する。またスペキュレーター $\nu \in [0, 1]$ は流動性トレーダーの注文を連続して吸収できるマーケット・メーカーを想定する。

第Ⅲ部　原因究明からの課題と影響の分析

A.2　スペキュレーターが受け取る私的シグナルは $\tilde{Y}_v = \tilde{F} + \tilde{\varepsilon}_v$ であり，また真の値 $\tilde{F} \sim N(0, 1)$，誤差項 $\tilde{\varepsilon}_v \sim N(0, s)$ である。期待価格 $\tilde{P}$ は取引量と線形関係を有する。

A.3　スペキュレーターの効用関数は，以下の CARA 型である。

$$-\left(\frac{V}{\Psi}\right)^{\frac{1}{2}} e^{-w} \quad w：当初の富　係数は（8.9）参照 \tag{8.1}$$

A.4　タイムライン t は2期間である。

モデルの内容

$\tilde{A}$（公表型流動性トレーダー）と $\tilde{N}$（非公表型流動性トレーダー）の取引量の条件から均衡価格を求める。また $\tilde{F}$，$\tilde{A}$，$\tilde{N}$ は相互に独立である。

$$\tilde{P} = \gamma_F \tilde{F} + \gamma_A \tilde{A} + \gamma_N \tilde{N} \tag{8.2}$$

このとき係数は以下のように計算される[6]。

$$\gamma_F = \frac{s(a+n)+1}{(s^2+s)(s^2+s)+1} \quad \gamma_A = \gamma_N = \frac{s(s(a+n)+1)}{(s^2+s)(a+n)+1} \tag{8.3}$$

この期待価格を所与として，非公表型流動性トレーダーの期待取引コスト C_N は

$$C_N = E[\tilde{N}(\tilde{P} - \tilde{F})] = E[\tilde{N}(\gamma_F \tilde{F} + \gamma_A \tilde{A} + \gamma_N \tilde{N} - \tilde{F})] = \gamma_N n \tag{8.4}$$

となる。

同様に，公表型流動性トレーダーの期待取引コストは $C_A = \gamma_A a$ である。これはそれぞれの確率変数の平均がゼロであることを考えればよい。

これまではスペキュレーターには $\tilde{A}$ と $\tilde{N}$ の取引がわからないことを前提としたが，$\tilde{A}$ が取引について事前公表するものとすれば $a = 0$（および誤差 s のみはゼロ）となるので次式を得る。

$$\tilde{P}^* = \gamma_F^* \tilde{F} + \gamma_A^* \tilde{A} + \gamma_N^* \tilde{N} \tag{8.5}$$

$$\gamma_F^* = \frac{sn+1}{(s^2+s)n+1} \quad \gamma_N^* = \frac{s(sn+1)}{(s^2+s)n+1} \quad \gamma_A^* = \frac{s^2 n}{(s^2+s)n+1} \tag{8.6}$$

期待取引コストについては$C_A^*=\gamma_A^* a$ と$C_N^*=\gamma_N^* n$ を得るので，以下のようになる。

$$C_A^*-C_A<0 \qquad C_N^*-C_N>0 \tag{8.7}$$

事前公表による市場の期待取引コストは以下が成立する[7]。

$$\Delta=(C_A+C_N)-(C_A^*+C_N^*)>0 \tag{8.8}$$

つぎにスペキュレーターの（8.1）の効用関数の係数については流動性取引の分散に依拠すると仮定して $\Psi=Var(\tilde{F}-\tilde{P})$ および $V=Var(\tilde{F}|\tilde{Y}_v,\tilde{P})$ とすれば，以下の式を得る。

$$\Theta=\left[\frac{Var(\tilde{F}|\tilde{Y}_v,\tilde{P})}{Var(\tilde{F}-\tilde{P})}\right] \quad \Theta^*=\left[\frac{Var(\tilde{F}|\tilde{Y}_v,\tilde{P}^*)}{Var(\tilde{F}-\tilde{P}^*)}\right] \tag{8.9}$$

（8.9）のΘは事前公表がない場合の係数であり，Θ^*は事前公表がある場合の係数を示す。これらを用いて各効用を比較すると事前公表がある場合には私的情報の便益を低下させるので，スペキュレーターの効用は下がることが当然考えられる。

$$-\Theta^{1/2}e^{-w}>-\ \Theta^{*1/2}e^{-w} \tag{8.10}$$

スペキュレーターが事前公表をやめさせるために支払う金額をφとすると均衡においては

$$-\Theta^{1/2}\exp(-w+\varphi)=-\Theta^{*1/2}\exp(-w) \tag{8.11}$$

となる。支払う金額φは（8.8）の期待取引コストの節約分Δより少なければならないので，下記式の条件が必要である。

$$\varphi=\frac{1}{2}\log\left(\frac{\Theta}{\Theta^*}\right)<\Delta \tag{8.12}$$

モデルの見解

アドマティ＆プフライデラーはモデルから以下のように，サンシャイン取引の有効性を主張する。

① （8.7）から非公表型流動性トレーダーの事前公表（＝サンシャイン取引）は公表型情報流動性トレーダーの期待取引コストを減少させる。一方，非公表型流動性トレーダーの期待取引コストは当然，上昇する。

第Ⅲ部　原因究明からの課題と影響の分析

（8.8）から全体的な効果として期待取引コストを引き下げる。

② 　（8.10）から事前公表はスペキュレーターの効用を下げる。それを防ぐには（8.12）に示した通り，事前公表をやめさせるために支払う金額φが事前公表で節約できる期待取引コスト$\varDelta$より小さくなければならない。

③ 　$\tilde{P}^*$は事前公表した均衡価格である。よって真の値$\tilde{F}$についての情報量は均衡価格$\tilde{P}^*$が期待価格$\tilde{P}$を上回る，また価格変動については$\tilde{P}^*$が$\tilde{P}$より小さくなる。

1.3　ハリスの実務的見解

クラッシュ前にキダー，ピーボディ & Co. およびリーランド，オブライアン & ルービンスタイン（LOR）アソシエイツなど一部の機関投資家のポートフォリオ・インシュラーがサンシャン取引を実施した。市場関係者は彼らを称賛した。

しかしハリス（Harris）（2003）はサンシャイン取引に疑意を呈する。「本来，サンシャイン取引は機関投資家のポートフォリオ・インシュラーが取引費用を下げようとして，注文とその取引時期を公表することがあった。提供する取引機会を他のトレーダーに通知する目的でおこなわれたサンシャイン取引は大口トレーダーが直面する差別価格の問題や，情報の非対称性の問題を解決してくれるものと期待された。その反面，他のトレーダーが準備をしている取引を事前に集めて取引するフロントランナーやクォート・マッチャーを惹きつけてしまい，株価を不安定化させた。この結果，彼らはエクスプロジャー（リスク）を管理する以上の取引費用を支払うことになった[8]。」

さらにサンシャイン取引はあらかじめ他の顧客とマッチングして，スペシャリストやマーケット・メーカーのブローカー業務を経ない可能性があるので，取引所がこの取引を制度化することは難しいとの指摘もなされた。

以上のようにサンシャイン取引の実効性の問題である。しかしサンシャイン取引の支持はミラーと同様に効率的市場の信奉者に多い。この理由は取引

の情報開示が市場の効率性を増すとの信念からである。アドマティ＆プフライデラーも同じ視点からのモデル化（理論化）であり，この信念については正鵠を射ている。このような経緯からニューヨーク証券取引所（NYSE）は市場の日々のボラティリティ分析の手助けとして，証券会社から事後的な取引高を提出させて公表する制度のみに止まって実施した[9]。厳格な取引開示制度は実施されなかった[10]。

2　サーキット・ブレーカー

　サーキット・ブレーカーについては，ブラック・マンデー直後から賛否両論が沸き上がった売買規制である。政府のブレディ報告書とシカゴ・マーカンタイル取引所（CME）のミラー報告書からサーキット・ブレーカーの見解を紹介する。そしてサーキット・ブレーカーの導入に関する是非を理論モデル，グリーンワルド＆スタイン（支持）モデルとスブラマニヤム（不支持）モデルを用いて検討する。最後にニューヨーク証券取引所（NYSE）規則制定の経緯を確認する。ここでは 2.1 サーキット・ブレーカーとは，2.2 グリーンワルド＆スタイン・モデルによる分析，2.3. スブラマニヤム・モデルによる分析，2.4. 規則制定の経緯からなっている。

2.1　サーキット・ブレーカーとは

サーキット・ブレーカーとは

　サーキット・ブレーカーについてはブレディ報告書において提案され，その後の作業部会により具体策が検討された。その結果は「金融市場についての作業部会の中間報告」（1988 年 5 月）にまとめられた。これにより各市場が協調して規制を行うことになった[11]。しかし取引停止と値幅制限からなるサーキット・ブレーカーの実施については賛否両論が渦巻いた。まずサーキット・ブレーカーを定義することから始める。

　そこで 3 つの場合をサーキット・ブレーカーと定義する[12]。

①　注文不均衡の取引停止：個別銘柄の注文の不均衡のときにはそれが解消するまで取引が停止される場合[13]。

第Ⅲ部　原因究明からの課題と影響の分析

② 値幅制限による取引停止：すべての取引価格（例えばダウ工業株平均（DJIA），スタンダード＆プアーズ 500（S&P 500））が所与の日の特定の範囲内を超えると取引が停止される場合[14]。

③ カラー：インデックス・アービトラージのプログラム取引についてスーパー・ドット・システム（証券会社を通さず，直接フロアーに注文できる迅速な取引システム）を通して成行き注文が一時的に制限される場合。

ブラック・マンデー以前は規則ではなくニューヨーク証券取引所（NYSE）におけるスペシャリストの判断により①の規制外で取引一時停止が行われていた。またシカゴ・マーカンタイル取引所（CME）の規則によりブラック・マンデー以前からスタンダード＆プアーズ 500（S&P500）指数先物について 1 日 30 ポイント（平均 15％に相当）の値幅制限が実施されていた[15]。これは②に該当する。本章で議論するサーキット・ブレーカーの対象はニューヨーク証券取引所（NYSE）を中心とした他の取引所との協調的規制の取引停止である。

ブレディ報告書の見解

ブレディ（Brady）報告書（1988）では売買取引システム崩壊の再発防止のために，サーキット・ブレーカーの導入を最優先の対策と位置付けた（第1 章 3. 2）。

サーキット・ブレーカーは，各市場の注文の不均衡を反映した市場の値幅制限および取引停止，株式，株式指数先物およびオプション市場と関連した各市場間の協調取引停止を含む。サーキット・ブレーカーは以下のメリットがあるとする。

① 熱狂した取引に対してタイムアウトを設けることで，クレジット・リスクと金融的信頼の損失を抑制できること，さらにより支払能力の保証が可能となることが期待できる。

② 停止，評価，パニックの回避のためのタイムアウトと価格発見の促進のための注文の不均衡に関する公表は市場の価格変動を緩和させる働きがある。

③ サーキット・ブレーカーは市場が売買に限られたキャパシティしか
持っていないことを投資家に周知できる。

この反面，サーキット・ブレーカーは短期間で大量の売りが可能であると
信じている市場参加者（年金ポートフォリオ・インシュラー，積極的なミュ
チュアル・ファンド等）に対して，不利益をもたらす可能性もある。
　よって総合的に判断すると，サーキット・ブレーカーは欠陥のある取引戦
略よる市場の崩壊と金融システムの機能麻痺の可能性を少なくさせることか
ら将来的には市場と投資家を保護する制度であるとする。

ミラー報告書の見解
　サーキット・ブレーカーについては効率的市場支持者からの反対が多い。
まずミラー報告書（CME）（1988b）の見解を紹介する。
　ブレディ報告書でサーキット・ブレーカーの１つである取引停止を提案す
ることになった大きな理由は，ブラック・マンデーにニューヨーク証券取引
所（NYSE）とシカゴ・マーカンタイル取引所（CME）が大量の売りに見舞
われ，通常のコストで供給するシステムのキャパシティを超えたからであ
る。これにより現物と先物の２つの市場の分断が生じた。したがって，取引
停止の規制の必要性は取引所自身の問題である。
　ただしシカゴ・マーカンタイル取引所（CME）は従来からスタンダード
＆プアーズ 500（S&P500）について一時中断として１日 30 ポイント（平均
15％に相当）の値幅制限を行っており，それは現物指数取引にも適用可能で
ある。よってサーキット・ブレーカーのうち取引の限定的な値幅制限の有効
性は認めるが，ニューヨーク証券取引所（NYSE）システムのキャパシティ
が解決されたときには取引停止のサーキット・ブレーカーは必要としな
い[16]。

ファーマの見解
　同様に市場間の競争の観点から効率的市場仮説の先駆者のファーマ
（Fama）（1989）はサーキット・ブレーカーの導入について効率性の観点か

第Ⅲ部　原因究明からの課題と影響の分析

ら以下のように批判する[17]。

「取引停止はファンダメンタルズにおける価格変動の調整を遅らせるだけ
である。ブラック・マンデー前後に取引停止が実施されても，されなくても
市場の強さは変わらなかった。

　一般に市場の成功の鍵は安い取引コストと取引効率性を提供するメカニズ
ムにより決定される。そして市場の競争は異なった取引メカニズムのメ
ニューを提供することにより成立する。これは政府の規制当局が考えるべき
事柄ではない。もし取引停止が市場の効率性をもたらすならば，取引停止を
提供する市場は提供しない市場に対して競争的に優位となる。もし取引停止
が非効率であるならば，それを持たない市場は他の市場に対して優位となる
であろう[18]。」

理論モデルからの議論

　サーキット・ブレーカーについては理論的見地から多くの議論がなされ
た。まずグリーンワルド＆スタイン（Greenwald & Stein）（1991）によると
サーキット・ブレーカーは新たな情報伝達を可能にさせて，新たな価格発見
に寄与し，非情報トレーダーの不確実性に伴うボラティリティのリスクを軽
減するとした。

　これに対して，アミフド＆メンデルソン（Amihud & Mendelson）（1987）
はサーキット・ブレーカーは取引停止の間には価格情報がないので，再開時
には逆に多くのノイズが起きてしまい価格に大きな影響を与えると主張す
る。

　スブラマニヤム（Subrahmanyam）（1994）によるとサーキット・ブレー
カーはリスク増大により取引コストが上昇するから市場を効率的にしないと
主張する。

　価格と市場の透明性の関連性から中間的見解に立つマッドヘイヴァン
（Madhavan）（1991）は，サーキット・ブレーカーは不均衡情報によるノイ
ズを軽減化させる一方，再開時には投資家は一層戦略的となるのでリスク・
プレミアムの上昇，ボラティリティの上昇に繋がるとした。

　このように同意された理論が確立しているわけではない。ここではグリー

ンワルド＆スタイン（1991）支持モデルとスブラマニヤム（1994）の不支
持モデルからサーキット・ブレーカーの分析を行う。

2.2　グリーンワルド＆スタイン・モデルによる分析

このモデルの特徴は買方は最終執行価格を保証されない取引リスク
（transactional risk）が存在するので，大きな取引量ショックでは注文を抑制
してしまうことである。このためサーキット・ブレーカーはトレーダーに注
文フローの不均衡についての情報を知る時間を与える役割を果たす。よって
サーキット・ブレーカーは価格が穏やかに均衡化するように価格調整機能を
持つ。そのことをグリーンワルド＆スタイン（1991）はモデルで分析し
た[19]。

前　提

前提は以下の通りである。

A. 1　　トレーダーはマーケット・メーカーとバリュー・バイヤーとする。

A. 2　　トレーダーは CARA 効用関数（絶対的回避度=1）である。

A. 3　　マーケット・メーカーは短期的な効用極大志向者である。
　　　　タイムラインは**図 8-1** の通りである。

A. 4　　リスク資産 1 単位のペイオフ＝ F（ファンダメンタルズに関する
　　　　ニュースの価値），ニュース・イノベーション（予測誤差）は標準正
　　　　規分布，2 期の価格の分散はσ_f^2とする。P は（株式の）価格である。

モデルの内容

図 8-1 に沿って説明をする。バリュー・バイヤーの注文量dについて第 2
期のマーケット・メーカー数 n_2 が非確率的であるときマーケット・メー
カーの供給は$s-\bar{n}_2 d$であり，ショック s は第 1 期で完全に吸収されて P_1 が
決まる。それ以降，ファンダメンタルズにより価格 P_2 が決定される。需要
曲線を正確に予測できる世界である。

もしショックsの情報が第 1 期でバリュー・バイヤーに行き渡らない場合，
第 2 期のマーケット・メーカー数 n_2 が確率的となる。このとき必ずしもバ

第Ⅲ部　原因究明からの課題と影響の分析

図8-1　取引リスク発生のタイムライン

第1期　　　　　　　　　第2期　　　　　　　　　第3期

ⅰ）供給ショック s はマーケット・メーカー数 n_1 で吸収される。その価格 P_1

ⅱ）価格下落から買い手（バリュー・バイヤー）が現われる。その数 n_2，その注文量 d

ⅲ）ファンダメンタルズ $E_1F = 0$

ⅰ）買い手の注文によるマーケット・メーカーの値付け価格 P_2

ⅱ）ファンダメンタルズに関するニュース $E_2F = f_2$

清算
$F = f_2 + f_3$

資料：Greenwald & Stein（1991）p. 451, FIG. 4.

　リュー・バイヤーから適正な注文量 d が出されないので，価格は P_1 と乖離する。第2期ではマーケット・メーカーの供給も第1期の不完全な需要の下で価格 P_2 が決まる。第3期でようやく情報が行き渡って均衡化する。

　このようにショック s に関する情報の不完全性なとき市場では取引リスクが発生する。この取引リスクの大きさはバリュー・バイヤーの注文量 d の大きさに依存する。ショック s が大きくなると大きな注文量 d を要求する。

　そこで取引リスクをモデルから算出するために供給ショック s とバリュー・バイヤーの注文量 d との関係を第2期のマーケット・メーカー数 n_2 が①非確率的と②確率的の場合に区分して考える[20]。

　まず第1期でバリュー・バイヤーよりマーケット・メーカーに出された注文量 d については期待値 $E(\cdot)$ と分散 $V(\cdot)$ で表す[21]（F と P_2 は無相関）。

$$d = \frac{E_1(F-P_2)}{V_1(F-P_2)} = \frac{E_1F - E_1P_2}{V_1F - V_1P_2} \tag{8.13}$$

①　第2期のマーケット・メーカー数 n_2 が非確率的の場合

　（8.13）において $V_1P_2 = 0$ となるので

$$d = \frac{E_1(F-P_2)}{V_1(F-P_2)} = \frac{(s - \overline{n}_2 d)}{n_1} \tag{8.14}$$

となる。よって（8.14）から均衡注文は以下の通りである。

$$d^* = \frac{s}{n_1 + \overline{n}_2} \tag{8.15}$$

② 第 2 期のマーケット・メーカー数n_2が確率的の場合

このとき第 2 期のマーケット・メーカー数n_2の分散をσ_n^2とすると

$$V_1 P_2 = \frac{\sigma_f^2}{n_1} = \frac{\sigma_n^2 d^2}{n_1}$$

$$d = \frac{E_1(F-P_2)}{V_1(F-P_2)} = \frac{(s-\bar{n}_2 d)}{n_1+(\sigma_n^2 d^2/n_1)} \tag{8.16}$$

となる。

(8.16) のバリュー・バイヤーの均衡市場注文は以下の通りとなる。

$$\frac{\sigma_n^2 (d^*)^3}{n_1} + (n_1 + \bar{n}_2) d^* = s \tag{8.17}$$

以上からショックsが小さいとき$\sigma_n^2=0$（第 2 期のマーケット・メーカー数n_2が非確率的）であるので (8.15) と (8.17) は同じとなる。ショックsが大きくなると注文量d^*も (8.18) で示したようにマーケット・メーカー数nが不確実となって，注文量dはショックsの 1/3 乗となり均衡から大きく下回る。

$$d \to s^{\frac{1}{3}} \left(\frac{n_1}{\sigma_n^2}\right)^{\frac{1}{3}} \quad (s \to \infty) \tag{8.18}$$

(8.18) は取引リスクがある注文量という。

モデルの見解

図 8-2　取引リスク

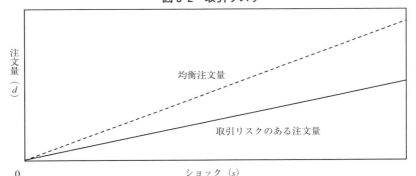

資料：Greenwald & Stein (1991) p. 480, FIG. 2.

第Ⅲ部　原因究明からの課題と影響の分析

　以上から，ショックsによるバリュー・バイヤーが均衡注文量dにするためには図8-2で示したように取引リスクを排除しなければならない。このためショックsを周知させるためにサーキット・ブレーカーが必要であるとグリーンワルド＆スタイン（1991）は主張する。

2.3　スブラマニヤム・モデルによる分析

　スブラマニヤム（1994）に従うとサーキット・ブレーカーはマグネット効果（価格を加速度的に下落させる効果）により，それを実施する前に価格ボラティリティが増大する効果を持つ可能性がある。なぜなら価格変動が大きい日にはサーキット・ブレーカーによりロック・アウトされるとの懸念からトレーダーは前もって株式を取引するからである。

　さらにサーキット・ブレーカーが存在しないときは1回で取引ができる。サーキット・ブレーカーが存在するときは取引停止の前後の2回取引しなければならない。当然，サーキット・ブレーカーが存在すると取引コストは高くなる。投資家がリスク回避型であれば，より多くの在庫コストも考慮せざるを得ない。よってサーキット・ブレーカーに関してスブラマニヤムはリスクの増大と取引コストの増加から市場の効率化に寄与しないと主張する。この主張をモデルで表現すれば以下の通りである。

①　価格モデル

$$P_1 = \overline{F} + \lambda_1 X_1$$
$$P_2 = \overline{F} + \lambda_{12} X_1 + \lambda_2 X_2 \tag{8.19}$$

λ：係数と相関係数（ただし，正の小さな数値）

P_i：i回に分けて取引する株価　　　F_i：（清算価値）$= \overline{F} + \varepsilon$　　X_i：取引量

②　予想取引コスト

$$E[(P_1^s - F)l + (P_2^s - F)l] = (\lambda_1^s + \lambda_{12}^s + \lambda_2^s)\sigma_i^2$$
$$E[(P_i^f - F)2l] = 4\lambda_i^f \sigma_i^2 \tag{8.20}$$

③　サーキット・ブレーカーを導入した取引コスト

$$\lambda_1^s \sigma_i^2 + (\lambda_2^s + \lambda_{12}^s)\sigma_i^2 [1 - \mathrm{Pr}(Halt)] + c\mathrm{Pr}(Halt) > 4\lambda_i^f \sigma_i^2 \tag{8.21}$$

$\mathrm{Pr}(Halt)$：サーキット・ブレーカーが起きる確率　　　σ^2：分散

200

c：サーキット・ブレーカー導入に伴うコスト ℓ：外生的取引需要

（8.21）から左辺は右辺より大きくなるので[22]，サーキット・ブレーカーの導入は取引コストを増加させることになる。

2.4 規則制定の経緯

1988年10月19日にニューヨーク証券取引所（NYSE）はシカゴ・マーカンタイル取引所（CME）と協議して，異常な株価ボラティリティの期間に，協調取引停止ができる規則80（B）を制定した。この規則によりダウ工業株平均（DJIA）が前日終値比250ポイントの上下したとき2時間，400ポイント以上のときは閉鎖し，同時にシカゴ・マーカンタイル取引所（CME）も取引停止をとることになった[23]。規則80（B）は1997年10月27日に初めて発動された。1998年4月以降，サーキット・ブレーカーの規則は，ダウ工業株平均（DJIA）が前日終値の下落率10％，20％，30％に対して，1時間から2時間の取引停止（ただし14時30分以降は20％以上の下落率の時は終日）等と，より柔軟な措置となった。株式市場はできる限りオープンにすべきであるとのグリーンスパン連邦準備制度理事会（FRB）議長の考え方と一致している。

賛否両論があったサーキット・ブレーカーの規則80（B）がなぜ制定されたのか。そこにはブラック・マンデーの再発防止に関係する規制当局の証券政策方針が大きく影響している。すなわち証券市場に限らず，一般に規制当局は極端なイベントが発生したとき，再発防止という観点から過剰反応を示すものである。こうした背景が取引停止規制を推し進めた。ブラック・マンデーにおいて，多くの人々は規制当局に将来のクラッシュの再防止の施策を期待した。これは規制当局者にその権限があるか否か，その施策が市場に追加的コストを負荷するか否かを問うものではない。規制当局者にとって多くの投資家に信任を得るための都合のよい機会であったので，その経済的な有効性について検証せず規制を実行することになった[24]。

反対論を唱えたミラー（1997）はサーキット・ブレーカーの制度について不承不承に認めることになる。

第Ⅲ部　原因究明からの課題と影響の分析

「すでにサーキット・ブレーカーの規則 80（B）は導入され，これを廃止することはできない。世界のだれも特にマスコミはサーキット・ブレーカーの導入は大成功であり，今後，悲惨なクラッシュの危険はないと考えている。こうしたクラッシュの再発防止によりプログラム取引という怪物にも打ち勝った。そう信じているのに，なぜ，われわれ研究者はそれを壊そうとするのだろうか。たとえ偽薬であっても標準医療となって，すでに医療手続きの一部となっている[25]。」

3　ボラティリティ・スマイル

ノイズ・モデルではブラック・マンデーの原因を投資家心理の影響であるとした。ブラック・マンデー後，クラッシュ後遺症といわれる投資心理が顕著に現実のオプション市場で現れた。これがボラティリティ・スマイルである。この現象を解明することは金融イノベーションを促進するためにも喫緊に解決すべき課題となった。代表的金融商品の基本理論であるブラック＆ショールズ（BS）オプション・モデルの信頼性が揺らぎ始めたからである。そこでボラティリティ・スマイルをインプライド・ボラティリティの分析とボラティリティ・スマイル現象に適合するヘストン確率的ボラティリティ・オプション・モデルから分析する。

以上から 3.1 ボラティリティ・スマイルとは，3.2 ボラティリティ・スマイルの原因，3.3 インプライド・ツリー法による分析，3.4 ヘストン確率的ボラティリティ・モデルによる分析に沿って展開する。

3.1　ボラティリティ・スマイルとは

ボラティリティ・スマイルとは

以前のオプションの実際の市場価値からブラック＆ショールズ（BS）オプション・モデルを逆算したインプライド・ボラティリティは権利行使価格との関係において一定であるので，2 つの関係をグラフにすると一定の直線であった。ブラック・マンデーを契機に，その関係はスマイル型の形状をとるようになった。具体的にはオプション市場で原資産価格が権利行使価格に

等しい状態であるアット・ザ・マネーから離れるほどインプライド・ボラティリティが大きくなる現象である。この形状をボラティリティ・スマイルという。

以下ブラック＆ショールズ（BS）オプション・モデルを用いて従来型とボラティリティ・スマイルが起きた原因を説明する。

ブラック＆ショールズ（BS）オプション・モデルによる説明

まずコール・オプションの価格を再掲する。

$$V_t^c = P_t \Phi(d_1) - Ke^{-r\tau}\Phi(d_2) \tag{8.22}$$

P_t：時刻 t の原資産価格（株価）　　K：権利権利行使価格　　$T-t=\tau$

r：無リスク金利　　　σ^2：分散　　　$\Phi(\cdot)$：標準正規分布関数

$$d_1 = \frac{\ln\left(\dfrac{P_t}{K}\right) + (r+0.5\sigma^2)\tau}{\sigma\sqrt{\tau}} \qquad d_2 = d_1 - \sigma\sqrt{\tau}$$

（8.22）において入力変数 (K, P, r, τ, σ) のなかで，ただ１つ直接計算できない変数であるボラティリティ σ は推定するしかない。この推定方法として，ヒストリカル・ボラティリティを利用する方法もあるが，オプションの実際の市場価値を用いてブラック＆ショールズ（BS）オプション・モデルを逆算したインプライド・ボラティリティを求めることができる。例えば配当のない株式に係るコール・オプションの価格が 2.502 ドルで他の変数 $P=31, K=30, r=0.1, \tau=0.25$ の場合，インプライド・ボラティリティはブラック＆ショールズ（BS）モデルに代入して $V^c=2.502$ となるような σ を求める。この数値解法をニュートン・ラフソン法[26]で計算すると，$\sigma=0.245$ である。インプライド・ボラティリティは 1970 年代初頭から取引が始まってから，ブラック・マンデーが起きる直前まで，ブラック＆ショールズ（BS）モデルにおける権利行使価格に対してほぼ一定であった。このことはブラック＆ショールズ（BS）オプション・モデルがボラティリティは一定であるとする前提と整合的であった[27]。

第Ⅲ部　原因究明からの課題と影響の分析

3.2　ボラティリティ・スマイルの原因

　ブラック・マンデー以降，インプライド・ボラティリティはアット・ザ・マネー（＝権利行使価格）から離れるほど大きくなる傾向が現れた。この現象を一般にボラティリティ・スマイルという。または図 8-3 で示すようにオプション市場では権利行使価格が高くなるに従って（インプライド）ボラティリティは減少することが観察された。この現象を特にボラティリティ・スキューという[28]。こうした現象（ボラティリティが一定ではない）の原因は以下の点が挙げられる。

① 　ルービンスタイン（Rubinstein）（1994b）の見解

　　ボラティリティ・スマイルはクラッシュ恐怖症に起因する。つまりブラック・マンデーの後遺症である。価格が高くなると，いつ株価暴落が起こるかわからない不安があるので，ボラティリティは高くなる。一方，価格が安くなると，さらに下落するとの不安からリスクが高くなり，ボラティリティを高くさせる原因になる[29]。

② 　モンティア（Montier）（2005）の見解

　　ボラティリティ・スマイルはプロスペクト理論から低い確率に対する過大評価の結果である[30]。

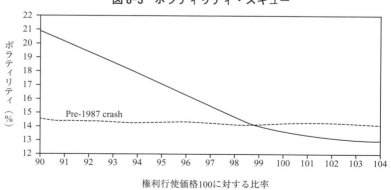

図 8-3　ボラティリティ・スキュー

資料：finmath.stanford.edu/seminars/documents/Sanford.Smile.Derman.pdf:3/ 30.

③　ハル（Hull）(2007) の見解

株式オプションのボラティリティ・スキューは株価の下落が企業の買収・合併の可能性のリスクが高くさせてボラティリィティを増加させる結果である[31]。

このなかで証券市場理論で説得力のある見解は①のクラッシュ恐怖症であり，しかもノイズ・モデルが提起したボラティリティ・スマイルの課題と整合性を持っている。標準モデルの理論家がオプションのなかに心理が含まれているとの指摘は非常に興味深い。

3.3　インプライド・ツリー法による分析

株価のボラティリティが太い尾の分布（尖度が3ではないすそ野が長い分布）（付録5.2）を形成すると，ブラック＆ショールズ（BS）オプション・モデルによるインプライド・ボラティリティにボラティリティ・スマイルの現象が現れる。この現象をノンパラメトリックの方法，すなわちオプション評価から直接にツリーを構築してボラティリティを算出するインプライド・ツリー法でシミュレーションした結果が図 8-4 と図 8-5 である[32]。これらの図では株価が太い尾の分布をする場合にボラティリティ・スマイルの現象が現れることがわかる。まさに平常時でも株価のなかに異常値が現れる可能

図 8-4　ボラティリティ・スマイルの分布

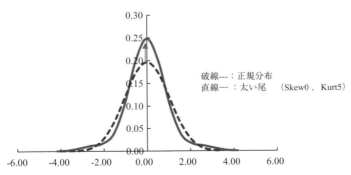

資料：著者作成。

第Ⅲ部　原因究明からの課題と影響の分析

図 8-5　ボラティリティ・スマイルの事例

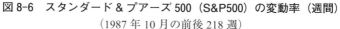

資料：著者作成。

図 8-6　スタンダード＆プアーズ 500（S&P500）の変動率（週間）
（1987 年 10 月の前後 218 週）

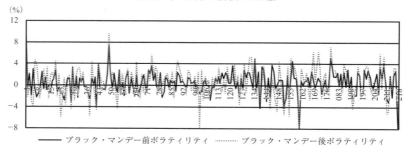

資料：S&P, Yahoo Finance U.S. より著者作成。

性がある。

　これを実際の相場で確認するために，スタンダード＆プアーズ 500（S&P500）の株価指数の変動率をブラック・マンデー前後で比較した。図 8-6 から異常値（±4%以上）を比較すると，ブラック・マンデー前 6 回，ブラック・マンデー後 13 回である。この期間に限っていえばブラック・マンデー後は異常値がよく出現する現象と整合的である[33]。株式市場でタレブ（Taleb）(2007) のブラック・スワン（稀にしか起きないイベント）が話題となるのも見当違いではなさそうである[34]。2014 年現在，米国オプション市場（指数）はボラティリティ・スマイルの現象はまだ続いている[35]。

206

このことは株式指数がまだ太い尾を形成しているので，この状況に合ったオプション・モデルが切望された。

3.4 ヘストン確率的ボラティリティ・モデルによる分析

ブラック＆ショールズ（BS）オプション・モデルでは，株価が幾何ブラウン運動をして正規分布に従う。ヘストン（Heston）（1993）はボラティリティ・スマイル現象をブラック＆ショールズ（BS）オプション・モデルに取り入れるため，行動ファイナンスで論じた平均回帰の概念（第6章2.2）を導入したモデルを開発した。これが（8.23）で示したヘストン確率的ボラティリティ（オプション）モデルである。このモデルのオプションのボラティリティ$d\nu$はコックス，インガーソル＆ロス（CIR：Cox, Ingersoll & Ross）（1985）モデルと同型となっている[36]。このモデルは相関係数ρを変化させることでスポット価格Pとの関係においてボラティリティ・スマイルが変化する[37]。

シミュレーションの結果を図 8-7 で示している[38]。しかしヘストン・モデルについては連続型のためパラメータの推定ができず，実証研究に直接利用することはできないとの指摘がなされている。

$$x_t = \ln P_t$$

$$dx_t = (r - \frac{1}{2}\nu_t)dt + \sqrt{\nu_t}dZ_{1t} \qquad d\nu_t = k^*(\theta - \nu_t)dt + \sigma\sqrt{\nu_t}dZ_{2t} \qquad (8.23)$$

図 8-7 ヘストン・モデルによるオプション・ボラティリティ

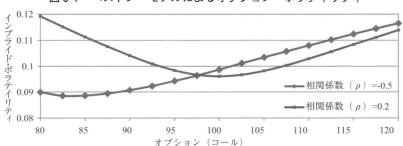

資料：著者作成。

第Ⅲ部　原因究明からの課題と影響の分析

$$\langle dZ_1 dZ_2 \rangle = \rho dt \qquad V_C = P\Phi_1(\cdot) - e^{-r(T-t)}k\Phi_2(\cdot)$$

θ：ボラティリティの平均　　σ：株式P_tのボラティリティ

Z_i：ウィーナー過程　　　ρ：相関係数　k：平均回帰速度係数

V_C：コール・オプションの価値　　　$\Phi(\cdot)$：標準正規分布関数

おわりに

　ブラック・マンデーの原因究明で派生した課題と影響，特に時間軸ではブラック・マンデー後，喫緊でかつ重要な課題と影響のなかで3つ売買取引について取り上げて検討した。

　まず取引情報の非対称性を是正するためにサンシャイン取引とサーキット・ブレーカー（取引停止）が売買取引システムの課題となった。標準モデルはサンシャイン取引については賛成するが，サーキット・ブレーカーには反対する。市場の効率性の観点からの見解である。マーケット・マイクロストラクチャー・モデルは2つの制度化に賛成する。結局，理論的対峙があるものの投資家の期待（不安の解消）の観点から2つ課題は実情に合わせて制度化された。

　ブラック・マンデー後，投資心理の影響はオプション市場で顕著に現れた。これがボラティリティ・スマイル現象であり，この原因はクラッシュ後遺症である。そこでオプション・モデルにノイズ（投資心理）を組み入れるという難しい問題が提起された。この課題に対応してヘストン確率的ボラティリティ・モデルが考案された。ただし実際数値を用いることができないので，実用的研究が盛んに行われた[39]。

　以上のことから，売買取取引の課題と影響はボラティリティに伴うリスクをいかに軽減して売買取引をするかという共通認識を持っていた。最近の高頻度取引下におけるこれらの課題と影響については次章で考察する。

第 8 章　売買取引の分析

注

1 ）　Harris（2003）p. 561.

2 ）　サンシャイン取引という用語の使用はオブライアン（O'Brian）が嚆矢とする。同様な名称として「オープン・パッケージ」または「公開前プログラム取引」がある。

3 ）　この事前公表制度を prearrangement trading という。

4 ）　Miller Report（CME）（1988b）p. 224.

5 ）　Miller（1991）pp. 136-137.

6 ）　解法として Hellwig（1980）や Admati（1985）の公式の利用が推奨されているが，別法として O'Hara（1995, p. 211）の標準型需要関数（第 5 章 1. 1）に準じた算出方法は理解しやすい。

7 ）　具体的な展開は以下の通りである。

$$\Delta = (C_A + C_N) - (C_A^* + C_N^*) = \frac{sa(s(a+n)+1)}{[(s^2+s)n+1][(s^2+s)(a+n)+1]} > 0$$

8 ）　Harris（2003）pp. 327-328（訳書 517-519 頁）。

9 ）　この制度を"RDRT"という。この制度は 1988 年 5 月から始まり，2009 年 7 月には 1 週間ごとのプログラム取引の統計を公表するように変更された。例えば News Releases（Program Trading Averaged 27.1 Percent of NYSE Volume during Apr. 29-May 3）で閲覧できる（2014 年末時点）。http://www1.nyse.com/press/1368094034291.html.

10）　ただし 1992 年，電子証券取引所のアリゾナ証券取引所（AZX）でサンシャイン取引が行われたが，その成果は芳しくなかった。

11）　Lindsey & Pecora は 1987 年 10 月クラッシュ後の 10 年間のマーケット・メカニズムに関する規制展開の総括の結論として，以下のように述べている。「改革は 1987 年のマーケット・ブレイク時，カバーしきれなかったシステムの弱点を中心におこなわれた。しかし技術や取引のイノベーションがあってもシステムのリスクは依然として残る。たとえリスクを取除くことができても，非常に高価になり，過重な負担を負うことになる。そのとき問題は規制が必要か否かである。対応するコストは規制の有効性の程度により異なる。」（Lindsey & Pecora（1998）p. 298）.

12）　例えば Harris の定義はさらに広義であり，取引税及び証拠金，建玉制限，ポジション制限等を含めている（Harris（2003）p. 572（訳書 906-907 頁））。

13）　このなかにはニューヨーク証券取引所（NYSE）の注文不均衡の取引中断も含まれる。

14）　当時，わが国ではすでに個別銘柄のストップ値段による取引停止があった。デリバティブ取引は 1985 年に債券先物取引（東証）が開始された。現在，日本取引所グループ（JPX）におけるデリバティブ市場の値幅制限とサーキット・ブレイカーについては次のサイトを参照。www.JPX.CO.JP/derivative/rules/price-linit-cb/（2012）.

15）　S&P500（現物）はブラック・マンデーの以前の高値は 336. 77 ポイント（1987 年 8 月 25 日）であり，ブラック・マンデー時，282. 7 から 225. 06 ポイントへと 20. 4%下落（DJIA は 2, 246 ドルから 1, 738 ドルへと 22. 6% 下落）を記録した。

16）　Miller Report（CME）は証券取引委員会（SEC）規則 10a-1 による空売りのアップ・ティック・ルールは指数先物市場と現物株式市場の関連性から効率性の抑圧に繋

209

第Ⅲ部　原因究明からの課題と影響の分析

がるとして，この規則の廃止も強く求めた。このアップ・ティック・ルールによる空売りについてはそれに先立つ直近の取引価格よりも高い価格のみで執行することが許される。したがって10月19日，20日のように価格が暴落しているとき，執行できなかったことをミラー報告書（CME）は規則10a-1を痛烈に批判した。なお2007年6月，70年続いたSEC規則10a-1の空売りのアップ・ティック・ルールが撤廃された。

17）　ただしファーマは個人投資家にはメリットがあることを認めている。

18）　Fama（1989）pp. 80-81.

19）　Greenwald & Stein（1991）モデルはGrossman & Miller（1988）モデルを拡張して第2期までショックが吸収できないケースを想定したものである。

20）　取引リスクは$E(P_2)$とsとの関係からの乖離でも算出できる。

21）　標準型需要関数（第5章1.1）を想起すればよい。

22）　$c\mathrm{Pr}(Halt)>\sigma_i^2[4\lambda_1^s-(\lambda_1^s+\lambda_2^s+\lambda_{12}^s)+\mathrm{Pr}(Halt)]$に変形できる。そこで$\lambda_1^s$，$\lambda_1^s$，$\lambda_2^s$，$\lambda_{12}^s$は大きな数値をとらない。また$\sigma_i^2$も分散で$c$に比べれば小さい。

23）　ブラック・マンデーの3カ月後，1988年2月9日，ニューヨーク証券取引所（NYSE）は規則80Aの採択を公表し，5月4日証券取引委員会（SEC）の同意のもとに試用6ヶ月間の実施に踏み切った。この規則は株価のボラティリティを減少させることを目的としたサーキット・ブレーカーに関する最初のものであった。主な内容はダウ工業株平均（DJIA）が前日終値比50ポイント基準でインデックス・アービトラージの目的のためニューヨーク証券取引所（NYSE）のスーパー・ドット・システム（小口注文または自動執行を対象）の使用の制限であった。これを50ポイント・カラーという。

　　その後，規則80Aは諸改正を経て（詳細は拙稿（2008b）参照），2007年11月にはカラーおよびアップ＆ダウン・ティック・ルール含む規則80（A）は廃止された。こうした背景には市場のコンピューターの高度化がある。

　　なおアップ＆ダウン・ティック・ルールの内容は証券取引委員会（SEC）の空売り規制10a-1と似ている（第1章2.2）。

24）　Harris（1997）p. 24.

25）　Miller（1997）p. 178（訳書27頁）。

26）　Newton – Raphson法の原理とはつぎの通り。任意の関数$f(x)$について$f(x)=0$となる点を求める場合には$f(x_{i+1})=x_i-\{f(x_i)/f'(x_i)\}$について順次，1番目から繰り返し適当な値（収束半径）を決めて，$|x_{i+1}-x_i|\leq\varepsilon$になったとき$x_{i+1}$を解とみなす方法である。実際はプログラム・ソフトで解く。

27）　しかしRubinstein（1985b）はすでに満期に近づくほど，このスマイル現象が顕著になることも析出した。これはボラティリティ期間構造と呼ばれている。

28）　日経平均のオプション取引の事例である。

29）　Rubinstein（1994b）p. 775.

30）　Montier（2005）pp. 20-21.

31）　Hull（2007）pp. 413-414.

32) このシミュレーションについては Jackson & Staunton（2003）の付属ソフトを利用した。オプションの変数は P=100, K=92.65, r=5%, T=0.5 σ=20% である。この手続きとしては 2 項ツリーから対数株価の標準正規分布，そしてエッジワース分布を作る。つぎに価格をリスク中立型のブラック–ショールズ（BS）モデル過程に修正して計算している（拙稿（2009a）参照）。

33) 表 N8-1 の基本統計量ではブラック・マンデー後のボラティリティの分散はより安定的になっており，このデータから太い尾は検証できない。逆に尖度が著しく低下している。理論と実証が相違しているのは統計（日々単位）や期間に問題であると考えられる。異常値の基準は標準偏差の 2 倍とした。

表 N8-1 スタンダード & プアーズ 500（S&P500）変動率（週間）の基本統計量

期　間	1983. 9. 6-1987. 10. 12	1987. 10. 26-1991. 12. 30 .
標本数	218	218
平均	0.305(0.144)	0.254(0.143)
中央値(メジアン)	0.493	0.406
標準偏差	2.196	2.104
分散	4.493	4.427
歪度	-0.260	-0.215
尖度	3.415	0.729
最大	9.205	5.881
最小	-9.12	-7.004
信頼区間(95.0%)	0.283	0.281

注：単位は%である。（　）は標準誤差を示す。

資料：S&P, Yahoo Finance U. S. に基づき Excel で計算（尖度は正規分布からの乖離の数値）。

34) ブラック・スワンは株価のジャンプ過程でも引用したが，これはむしろ投資心理に関係している。

35) 現代でも米国証券市場でボラティリティ・スマイル現象は続いていることが確認できる（CME Group（2014）Option Volatility Surface Report）。よってスタンダード & プアーズ 500（S&P500）指数は太い尾の分布となっている。

36) Vasicek（第 6 章（6.8））モデルと異なり，ドリフトは $\sqrt{\nu_t}$ に比例するので株価（金利）は非負となる。

37) （8.23）については伊藤の公式を満たすのでシミュレーションのため，以下のように変形する（Rouah & Vainberg（2007）p. 140）。

$$d\ln \nu_t = \frac{1}{\nu_t}(k(\theta-\nu_t)-\frac{1}{2}\sigma^2)dt + \sigma\frac{1}{\sqrt{\nu_t}}dZ_{2t}$$

$$\ln P_{t+\Delta t} = \ln P_t + (r-\frac{1}{2}\nu_t)\Delta t + \sqrt{\nu_t}\sqrt{\Delta t}\,\varepsilon_{P,t+1}$$

$$\ln \nu_{t+\Delta t} = \ln \nu_t + \frac{1}{\nu_t}\Big(k(\theta-\nu_t)-\frac{1}{2}\sigma^2\Big)\Delta t + \sigma\frac{1}{\sqrt{\nu_t}}\sqrt{\Delta t}\,\varepsilon_{\nu,t+1}$$

38) Rouah & Vainberg（2007）添付ソフト利用して作成した。変数は以下の通りであ

第Ⅲ部　原因究明からの課題と影響の分析

る。
　　$\nu=0.01$　　$k=2$　　$\theta=0.01$　　$\sigma=0.1$　　$P=100$　　$K=100$　　$r=0$　　$T-t=0.5$

39) ブラック＆ショールズ（BS）オプション・モデルのボラティリティが一定の前提を代えて，ボラティリティを時間と株価の関係からみた LV（ローカル・ボラティリティ）モデルの開発も盛んに行われた。例えば Derman & Kani(1994a, b)が有名である。LV モデルのグラフを LV サーフェスという。これを示すと下図のようになる。ただしブラック・ショールズ（BS）オプション・モデルでは平面となる。詳しくは Gatheral(2006)を参照。

図 N8-2　LV サーフェイス

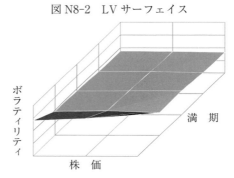

資料：著者作成。

第9章
高頻度取引（HFT）
の分析

はじめに

　1980 年代取引所の売買取引システムが進歩したにもかかわらず，コンピューターによるデリバティブ取引の大量発注は市場で対応できない売買取引システムのメルトダウンを引き起こした。グロスマン & ミラー（Grossman & Miller（1988）はブラック・マンデーの原因は流動性クラッシュであるとした。その後，さらなる売買イノベーションが行われた。この結果として高頻度取引（HFT）が実現した。それでは高頻度取引（HFT）下，流動性クラッシュは起きないであろうか。この課題を検討することが本章の目的である。本章は 1 高頻度取引（HFT）の意義，2 高頻度取引（HFT）の流動性，3 フラッシュ・クラッシュ，第 8 章で論じた売買取引についてはさらに 4 高頻度取引（HFT）下の売買取引の再検討を行う。

1　高頻度取引（HFT）の意義

　ここでは本章の目的である流動性クラッシュの再発の可能性を考察する高頻度取引（HFT）の意義について論じよう。その内容は 1.1 高頻度取引（HFT）に至った経緯，1.2 高頻度取引（HFT）の特徴からなる。

1.1　高頻度取引（HFT）に至った経緯

　売買取引システムにおける取引発注方式のコンピューター化は 1970 年代

213

のニューヨーク証券取引所（NYSE）における電子注文のドット・システム，そして1986年にはスーパー・ドット・システムにアップグレードされた。また当時，ティック・サイズ（価格変動幅の最小単位）は1/8ドルであった。こうした取引所の売買取引システムが進歩したにもかかわらず，コンピューターによるデリバティブ取引の大量発注は市場で対応できない大きな流動性イベントを惹起させた。グロスマン＆ミラー（1988）はこの流動性イベントによる売買取引システムのメルトダウンがブラック・マンデーの原因であるとした。ブラック・マンデーを契機に売買取引システムの効率化が証券市場の重要な課題となった。

この売買取引システムの効率化はコンピューター・イノベーションにより高頻度取引（HFT）システムを現実化した[1]。高頻度取引（HFT）は証券市場につぎのような変化をもたらせた。

ティック・サイズは1997年には従来の1/8から1/16ドルに変更になった。2001年には100分の1ドル単位（0.01ドル＝1セント）のデシマライゼーション（decimalization）に移行した。一方，機関投資家はコンピューター・プログラムのマイクロ（1/1000）秒単位の自動発注によるアルゴリズム取引（AT：Algorithm Trading）[2]を盛行させた。

1.2 高頻度取引（HFT）の特徴

一般的に高頻度取引（HFT）は取引をより効率的にして，スプレッドを縮小させて流動性を厚くする効果があるとされた。また機関投資家のマーケット・インパクトを回避するための注文小口化の傾向を強くした。以下，共同報告書（SEC&CFTC），フーコ（Faucault）とステイグリッツ（Stiglitz）の見解をそれぞれ紹介する。

共同報告書（SEC&CFTC）

証券取引委員会（SEC）と商品先物取引委員会（CFTC）の共同報告書（2010a, b）は高頻度取引（HFT）の特徴を以下のように整理している。

① 注文の発注，回送，執行するための超高速コンピューター・プログラムの使用

②　ネットワークの遅延の最小化

③　コロケーション（サーバーの設置）サービスの利用

④　注文と清算の短縮化

⑤　取引キャンセルの増大

⑥　日中の取引をフラット化

フーコの見解

　フーコ（2012）は高頻度取引（HFT）（アルゴリズム取引）が与える流動性への影響について実証研究のサーベイから以下のように整理・要約した。

①　流動性の改善

②　ボラティリティの緩和

③　価格発見を促進

　①から③を踏まえ，これまでの実証研究では高頻度取引（HFT）すなわちアルゴリズム取引が証券市場の効率性と流動性に有効であるとする。しかし，その見解には頑強性がないので，さらなる実証研究が必要であるとフーコは主張する 。

ステイグリッツの見解

　ステイグリッツ（2014）[3]は　高頻度取引（HFT）は投資家にとって，以下の理由から利便性を与えていないと主張する。

①　ネガテイブ・サムゲームの惹起

②　価格発見との無関連性

③　重要な情報発見のインセンテイブ低下

④　流動性に対する無関連性

2　高頻度取引（HFT）の流動性

　ここでは高頻度取引（HFT）が流動性にどのような変化をもたらしたかについて 2.1 カルテア & ペナルヴァ・モデルから考察する。つぎに 2.2 高頻

215

第Ⅲ部　原因究明からの課題と影響の分析

度取引（HFT）の適正運用プランについて紹介する。

2.1　カルテア & ペナルヴァ・モデル

カルテア & ペナルヴァ（Cartea & Penalva）（2012）モデルを用いて，高頻度取引（HFT）が流動性にどのように変化させてクラッシュの原因究明にどのように影響するかを分析する。カルテア & ペナルヴァはグロスマン & ミラーの流動性イベント・モデルに高頻度取引（HFT）を導入した。

前　提

A.1　グロスマン & ミラーの流動性イベント・モデルの取引タイム・ラインに高頻度取引（HFT）を加える。

A.2　市場参加者は流動性トレーダー（LT），専門トレーダー（＝マーケット・メーカー）（PT）と高頻度トレーダー（HFTT）である。

A.3　高頻度トレーダー（HFTT）は流動性トレーダーとマーケット・メーカー間のポジションについてスピードを持って利用する。このポジションを採る際に用いる価格はヘアーカット（hair cut）Δを利用する。ヘアーカットΔは微小なスプレッドである。

モデルの内容

グロスマン & ミラー・モデルとカルテア & ペナルヴァ（2012）モデルの取引タイム・ラインを比較しながら説明しよう。

いま 2 期間のグロスマン & ミラー（1988）モデル（第 5 章 5）を想起すれば，第 1 期に起きた売りの流動性イベント i（＝数量 x ×価格 P）については，その後，第 2 期で買いが入ることを仮定しているので，取引件数 2 回である。

　　　　売買高総額＝$(x_1 P_1 + x_2 P_2)$

　　　　価格インパクト＝$|P_2 - P_1|$

カルテア & ペナルヴァ（2012）モデルでは高頻度取引（HFT）を導入して，ヘアー・カット取引の買いと売りが入るので，取引件数は 4 回になる。

216

$$売買総額 = x_1(P_1 - \Delta) + x_1 P_1 + x_2 P_2 + x_2(P_2 + \Delta)$$
$$= 2(x_1 P_1 + x_2 P_2) - \Delta(x_2 + x_1) \tag{9.1}$$

このことから高頻度取引（HFT）者の導入は市場流動性のマーケット・インパクトを高くする（マイクロストラクチャー・ノイズ[4]は増加する），さらに取引量も増加させる。また流動性トレーダーからみれば少しの手数料でよりスピードを持って処理できる。

したがって高頻度取引（HFT）者の機能を第2のマーケット・メーカーと同じであるとして，マーケット・メーカー数nの増加とする見解がある。他方では高頻度取引（HFT）の機能は単なるアルゴリズム取引（アービトラージなど）の結果であり，クラッシュ時にマーケット・メーカー機能が期待できる根拠はないとする見解もある。高頻度取引（HFT）がクラッシュに対して有効か否かについての明確な回答は出ていない[5]。

2.2 高頻度取引（HFT）の適正運用プラン

ヘンダーセンシュット，ジョンズ & メンクヴェルド（Hendershott, Jones & Menkveld）（2011）は[6] 1987年ブラック・マンデーのようにマーケット・メーカーの市場退出により株価暴落に拍車をかけたが，今後，アルゴリズム取引者が流動性供給者機能を持つか否か重要な課題であるとする。その意味で高頻度取引（HFT）おける規制当局の有効な施策の必要性を主張する。

2014年，証券取引委員会（SEC）委員長による「高頻度取引（HFT）の改革の方向性に関する指針」が以下のように発表された[7]。

アルゴリズム取引を禁止することはテクノロジーの進展を逆行させることになるので，現在のコンピューター・ドリブンの取引環境が投資家利益に適合するように検討すべきである。例えば①プロップ（自己勘定取引）ファームに対する規制強化，②取引アルゴリズムのリスク管理監督の強化，③レイテンシー（遅延）格差を縮小するためのナショナル・マーケット・システム（NMS）プランの高速化，④ナショナル・マーケット・システム NMS プランを通じて配信される相場情報にタイム・スタンプの付与，⑤直結データ・サービスに関する取引所の情報開示，⑥個人投資家を保護するための他の投

第Ⅲ部 原因究明からの課題と影響の分析

資家の処理スピードの規制導入等である。

こうした高頻度取引（HFT）の分析と同時に市場規制について今後の動向を注視しなければならないであろう。

3 フラッシュ・クラッシュ

高頻度取引（HFT）が進展するなかで2010年5月6日，**図9-1**で示したように突然，午後2時40分頃ダウ工業株平均（DJIA）が5分間で573ドル（− 5.12%）暴落をして，午後2時47分頃から1分半で543ドル急騰した。これをフラッシュ・クラッシュ（Flash Crash）という。フラッシュ・クラッシュについてはいままでに経験したことのないイベントなので証券市場は大いに戸惑った[8]。この原因究明を情報の非対称性を前提に短期的インパクトの3.1情報取引確率（PIN：Probability of Informed trading）モデルと3.2情報取引売買確率（VPIN：Volume Synchronized Probability of informed Trading）モデルから行う。

3.1 情報取引確率（PIN）モデル

イズレイ，ヒヴィドカジェル & オハラ（Easley, Hvidkjaer & O'Hara）（2002）は私的情報に関する投資家間の非対称性が存在すると，私的情報イベントが発生したとき，売りと買いはそれぞれ μ だけ高い到着率になる。また1日の到着率（$\varepsilon_b, \varepsilon_s$）はポワソン分布に従うと仮定すると，私的情報の注文数の比率から計測する情報取引確率（PIN）モデルは（9.2）のように表現できる[9]。この情報取引確率（PIN）が大きいほど，投資家の私的情報の非対称性が大きくなる。このときは「情報リスク」が存在するので，これに対するプレミアム（収益性）すなわち資本コストが高くなって株価が上がる。これは短期的マーケット・インパクトである。

$$PIN = \frac{\alpha\mu}{\alpha\mu + \varepsilon_b + \varepsilon_s} \tag{9.2}$$

$\alpha\mu$：情報トレーダーの注文の到着率　ε_b：非情報トレーダーの買い注文の到着率

図 9-1 フラッシュ・クラッシュ前後の E-mini スタンダード＆プアーズ 500（S&P500）と VPIN の推移

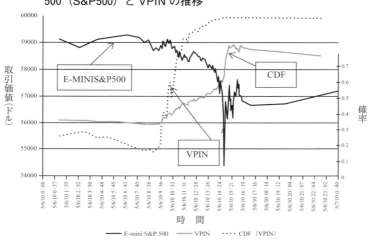

（注）CDF：VPIN の累積確率密度
資料：Easley, LóPez de Prado, & O'Hara（2011）exhibit5, p. 123.

ε_s：非情報トレーダーの売り注文の到着率

3.2 情報取引売買確率（VPIN）モデル

モデルの内容

　情報取引確率（PIN）モデルでは注文数が莫大で計算が煩雑となる。高頻度取引（HFT）におけるリアルタイムの細かな注文の把握が難しいという技術的な問題が生じた。こうした煩雑性を排除ためイズレイ，ロペス　デ　パラド & オハラ（ELPO：Easley, LóPez de Prado & O'Hara）（2011）は（9.3）で示した情報取引売買確率（VPIN）モデルを開発した。このモデルは過去の一定の売買の（累積的差額）注文不均衡を情報の非対称性として考えている。

$$PIN \approx VPIN = \frac{E(V_\tau^{Sell} - V_\tau^{Buy})}{E(V_\tau^{Sell} + V_\tau^{Buy})} = \frac{\sum_{\tau=1}^{n} OI}{n \times VBS} \quad (9.3)$$

OI：ある時点の売りと買いの注文不均衡（累積的差額）　VBS（volume bucket size）：ある区分されたバケットの売買高の合計

第Ⅲ部　原因究明からの課題と影響の分析

クラッシュの示唆

　イズレイ，ロペス　デ　パラド＆オハラ（ELPO）はスタンダード＆プ
アーズ 500（S&P500）先物ミニ市場をデータベースにして，情報取引売買
確率（VPIN）モデルから 2010 年 5 月 6 日に起きた米国のフラッシュ・ク
ラッシュについての実証を行った。その結果は**図 9-1** の破線が示すように，
情報取引売買確率（VPIN）はフラッシュ・クラッシュか起きる前に急速に
上昇している。この原因はフラッシュ・クラッシュの直前に情報の非対称性
による売買注文の不均衡が短期的インパクトを誘発したためである。情報の
非対称性が解消されると株価はリバウンドした。

　情報取引売買確率（VPIN）モデルはブラック・マンデーの原因究明のシ
ナリオ・モデルであるジェンノット＆リーランドの複数均衡モデル（第 5
章 3）とも共通している[10]。すなわち情報の非対称性が実際，売買注文の不
均衡（またはジャンプ）によってクラッシュが起きたとする[11]。この点を
より明確に売り買いの累積差額でモデル化できたことは情報取引売買確率
（VPIN）モデルの貢献である。ハン＆ワン・モデル（2009）の流動性固有
ショックも売りと買いの差額であるので基本的なアイディアは同じである。

　しかし 2 つの問題を指摘できる。クラッシュは当然，需給の差による流動
性が発生するので累積差額が大きくなるのは当然であること，また注文不均
衡の累積差額がすべて情報の非対称性に起因しているか因果関係が明らかで
ないことである。

4　売買取引の再検討

　証券理論モデルによる原因究明で派生した喫緊の課題または影響に関する
分析はサンシャイン（事前公開）取引，サーキット・ブレーカー（取引停
止）とボラティリティ・スマイルであった。これらの当時の課題の分析はす
でに第 8 章で終えている。

　しかし多くの課題は提起・検討された後，長い時間（20 年以上）が経過
している。分析された課題と影響が高頻度取引（HFT）下で，今日的にどの
ように位置付けられているか（2015 年末），という視点から再検討する。そ

の内容は4.1 サンシャイン取引の再検討，4.2 サーキット・ブレーカーの再検討，4.3 ボラティリティ・スマイルの再検討である。

4.1 サンシャイン取引の再検討

ポートフォリオ・インシュランスの取引情報の非対称性を少なくするためにサンシャイン取引の必要性が唱えられた。この根拠となるのがアドマティ＆プフライデラー（1988）モデルであった。

この課題はポートフォリオ・インシュランスが激減したことから余り議論されなくなった。しかし高頻度取引（HFT）下におけるフラッシュ・オーダー（flash order）およびダーク・プール（dark pool）取引が出現して，サンシャイン取引が俄かに脚光を浴びることになった。

フラッシュ（マイクロ秒単位）・オーダーとは取引所が一般に公開されている相場情報では取引が成立しなかった場合に，その前の1秒にも満たない時間（0.3秒）だけ取引所内の一部の投資家に対して注文情報を公開して取引をさせるシステムをいう。2009年9月，証券取引委員会（SEC）は一部の投資家に利便を与える取引であるとして，フラッシュ・オーダーの禁止を提案した。考えると，フラッシュ・オーダーは当時のサンシャイン取引（時間または日々単位）と取引の情報公開による効果は同じである。それゆえサンシャイン取引の視点からフラッシュ・オーダーを支持する見解が強く出された[12]。

つぎにダーク・プール取引である。デシマライゼーション（1セント単位）は急激なティック・サイズの縮小によってブック上の流動性が減少し，既存の取引所市場での大口注文の執行を難しくさせた。そしてマーケット・インパクトを回避するため，市場では匿名性で大口注文に特化したダーク・プール取引[13]が開始された。2007年10月の本格的なナショナル・マーケット・システム（NMS）の導入による市場間競争が激化するなかで各市場は流動性喚起のためにダーク・プールを利用した。さらにテイカー・フィーを回避する目的でダーク・プールの注文の小口化が進展して，取引所市場と同様な機能を持つようになった。こうしたダーク・プールを批判する根拠としてサンシャイン取引の理論が用いられた。サンシャイン取引の趣旨

第Ⅲ部　原因究明からの課題と影響の分析

からすると，ダーク・プールは理論的に許容できないのである[14]。

　またブルナーメイヤ＆ペダーセン（Brunnermeier & Pedersen）（2005）が指摘しているように，高頻度取引（HFT）下，他の投資家に不利になるような略奪的取引（predatory trading）が多くなることが懸念される。その対策として市場の透明性のためのサンシャイン取引の基本理念が重視されている。

4.2　サーキット・ブレーカーの再検討

　ブラック・マンデーの流動性の欠如に対する対策として，取引所のサーキット・ブレーカー（売買停止）規制が提案された。理論的にはこの規制に関する賛否両論があったが，監督官庁の強い要請で規制が実施された。その後，サーキット・ブレーカーの使い勝手の良さの観点から改正が行われた。リーマン・ショック時にはこの制度利用が頻発したので，株価が一定の変動率が生じたときに売買停止することが規則化された[15]。

　サブラハニヤム（Subrahmanyam）（1994）は以前，取引コスト面からサーキット・ブレーカーについて反対を唱えていたが，高頻度取引（HFT）下，サーキット・ブレーカーの有効性を認めるに至る[16]。その理由として取引コスト低下によるアルゴリズム取引（AT）が増加してボラティリティが高くなる危険性と[17]マーケット・マイクロストラクチャー・ノイズを挙げている。そのため彼は今後とも高頻度取引（HFT）の特徴に合わせたサーキット・ブレーカーの規制作りが必要であると主張する。このようにサーキット・ブレーカーは高頻度取引（HFT）制度の一部として完全に組み込まれており，この制度を批判する者はいないようである[18]。

4.3　ボラティリティ・スマイルの再検討

　ブラック・マンデー後，インプライド・ボラティリティが行使価格との関係では一定でなく，ボラティリティ・スマイルといわれる現象が現れたことはすでに紹介した。この現象は現在でも続いている。この現象のモデル化はヘストン（Heston）確率的ボラティリティ・モデル（1993）（第8章3.4）により行われた。

　しかしヘストン・モデルはシミュレーション解析が容易であるが，連続型

であり実証研究は不向きである。そこで時系列の統計的分析において自己回帰（AR）モデルで現在の分散を過去の分散に関係づけて説明をする自己回帰条件付分散不均一（アーチ（ARCH））モデルがエンゲル（Engle）（1982）により提案された。その後，アーチ（ARCH）モデルを一般化したガーチ（GARCH）モデルがボラースルヴ（Bollerslev）（1986）により提案された（付録5.4）。これらの統計モデルの分散は不均一なので正規分布とはならず，株価の形状はヘストン・モデルと同じような分布となる。こうして汎用性のあるガーチ（GARCH）モデルを中心としたボラティリティ変動統計モデルを通して，オプション価格のボラティリティの実証研究が盛んになった[19]。

　現在，統計的分析による実証研究は金融資産の変動ボラティリティ全般に及んでいる。研究結果からボラティリティに対するショックの持続性が非常に高いことが知られている。これはガーチ（GARCH）効果と呼ばれる。この効果は行動ファイナンスの投資様式が反映されている結果であるとの推測が可能であろう。また持続性はボラティリティの構造変化によって引き起こされている可能性もある。これがガーチ（GARCH）モデルの定式化にマルコフ過程に従う状態変数を含めたマルコフ・スイッチング・ガーチ（MS-GARCH）モデルである。このようにガーチ（GARCH）モデルによる金融資産の実証的研究はクラッシュについて興味ある特性を提供している[20]。

おわりに

　流動性イベントによる売買取引システムのメルトダウンがブラック・マンデーの原因であるとして証券市場は売買取引システムの効率化に努力した。この努力は高頻度取引（HFT）により実現する。ところが今度は高頻度取引（HFT）におけるアルゴリズム取引が流動性供給機能を持つか否かという重要な今日的課題が惹起した。この取引により再び大きなクラッシュが起きるか否かの問題提起はまだ同意された結論は出ていない。引き続き研究が行われるであろう。まずは適切な制度的確立が喫緊の課題である。

　またブラック・マンデー当時に喫緊な問題として提起された売買取引に関

第Ⅲ部　原因究明からの課題と影響の分析

する課題と影響（サンシャイン取引，サーキット・ブレーカーおよびボラ
ティリティ・スマイル）に関して今日的な位置付けを再検討した結果，遺憾
なく高頻度取引（HFT）の円滑なシステム構築に貢献していることが確認で
きた。

第9章　高頻度取引（HFT）の分析

注

1) 高頻度取引（HFT）が構築された経緯は以下の通りである。2007年施行の証券取引委員会（SEC）のレギュレーションNMS（National Market System）（SEC Release No. 34-51808により市場外取引のトレード・スルーの禁止の緩和等を背景に，各取引所は電子通信ネットワーク（ECN：Electronic Communication Net Work）に乗り出し，市場間競争を激化させた。このため各市場は高頻度取引（HFT）システムの高度化に注力した。

2) アルゴリズム取引（AT）とはある目的（例えば裁定取引）に沿って組み立てられたアルゴリズムにより自動化された取引をいう。その代表的な投資手法は以下の通りである。① TWAP（Time-Weighted Average Prices）② VWAP（Volume-Weighted Average Prices）③ アイスバーグ注文（1つの注文を分割して行う）。

　　なお，アルゴリズム取引と市場の質の関係については Hendershott, Jones & Menkveld（2011），ATと流動性については Hendershott & Moulton（2010）を参照。

3) http://blogs.reuters.com/felix-salmon/2014/04/15/the-problems-of-hft-joe--stiglitz -edition/（The problems of HFT, Joe Stiglitz edition（Atlanta Fed's 2014 Financial Markets Conference）by Felix Salmon, April 16, 2014）.

4) 取引価格とファンダメンタルズ価値との差である取引費用をいう。

5) 辰巳（2015）はモデルからアルゴリズム取引の流動性供給の可能性の余地を詳細に論じている。

6) Hendershott, Jones & Menkveld.（2011）p. 31.

7) Chair Mary Jo White"Enhancing Our Equity Market Structure"Sandler O'Neill & Partners, L.P. Global Exchange and Brokerage Conference New York, June 5, 2014.
http://www.sec.gov/News/Speech/Detail/Speech/1370542004312#.VRyQOZWJjIU

8) フラッシュ・クラッシュについては証券取引委員会（SEC）＆商品先物取引委員会（CFTC）（2010a, b）がこの実態調査に乗り出し，調査報告書が公表された。2011年11月に証券取引委員会（SEC）はこの調査結果に基づき，株式市場のマーケット・メーカーが市場実勢から著しく乖離する呼び値（注文価格），いわゆるスタブ・クオート（stub quote）を禁止する措置が講じられた。

9) 取引過程のツリーダイアグラムを作成すれば導出できる。

10) 別途，Gennotte & Leland（1990）の情報の非対称によるベイズの信念の更新の公式から求めることもできる。同様に情報取引確率（PIN）も求めることができる（Easley, LóPez de Prado & O'Hara（2012b）pp. 1462-1463）。

11) ただし情報取引売買確率（VPIN）モデルによる短期的インパクトは不均衡が解消すれば下落した価格はリバウンドするが，Gennotte & Leland の複数均衡モデルでは下位均衡点に移行してしまう。

12) フラッシュ・オーダーは取引公表することから①取引コストが安い，②逆選択コストを低減する，③市場の流動性と効率化が促進する，④取引公表はボラティリティを減少の評価がなされている（Skjeltorpx, Sojliy & Thamy（2010））。

13) ダークプールとは「証券会社が投資家から受託した注文を取引所市場に回送（発注）せずに，自己勘定注文または顧客注文同士で対当させて約定させる仕組み」と定

225

義される。主に大手投資銀行が執行サービス向上の一環として運営し，機関投資家に対してサービスを提供している私設取引システムである。気配情報は世間一般には公表されないので約定情報も事後的にしか把握できないため「Dark Pool（見えない流動性）」の呼び名が付いた。特に Lewis（2014）*Flash Boys : A Wall Street Revolt* の発売以降，ダークプールに対する批判も高まり，証券取引委員会（SEC）がダークプールへの規制強化に乗り出した（大墳（2014）等参照）。

14) 別の問題として Barclay & Warner（1993）が主張した「情報トレーダーは自分たちの情報を隠すために注文を小口化する」仮説（stealth trading hypothesis）が定着した。この仮説もサンシャイン取引の理論と対峙するが，高頻度取引は一般に取引小口化傾向から，この問題の理論的な取扱いが難しくなっている。

15) 個別銘柄のサーキット・ブレーカーについて 2010 年のフラッシュ・クラッシュの発生後，個別銘柄について証券取引委員会（SEC）は株価による一定の変動率が生じたときには売買停止することを規則化した（10% 変動のとき，5 分間取引停止）。
http://www.sec.gov/news/press/2010/2010-98.htm

16) Subrahmanyam（2013）の他，Ackert et al.（1999），Kirilenko et al.（2011）等も同じ見解である。

17) Faucault（2012）では逆にボラティリティを緩和させたとする。

18) 日本のサーキット・ブレーカーは先物とオプションにのみ適用され，現物株式（ただし値幅制限制度の採用）は対象外である（2017 年 3 月時点）。

19) 例えば三井（2004，2014）を参照。

20) ガーチ（GARCH）モデルを用いて金融資産の振る舞い（stylized facts）を検証する場合が多い。例えば① 太い尾の分布，② ボラティリティ・クラスターニング（volatility clustering）：ボラティリティが上昇（下落）した後には高い（低い）ボラティリティの期間が続くこと，③ レバレッジ効果（leverage effect）：期待収益率とボラティリティとの間には負の相関関係があること，④ 長期記憶性（long memory）：時系列データの自己相関の減少が遅く，長期的に影響を及ぼすこと等である。

第 10 章
金融商品の分析

はじめに

　本章では各証券理論モデルによる原因究明から派生されたポートフォリオ・インシュランスを端緒とする金融商品について分析する。

　まずポートフォリオ・インシュランスはブラック・マンデーにおいて「肝心なときに売れない」という不信感からブラック・マンデー後に激減した。このため代替のヘッジ金融商品を構築する必要があった。ブラック・マンデー後，これを補充する金融商品としてスーパーシェアーが考案された。スーパーシェアーはパレート最適の市場を達成できるアロー＆ドブリュー（AD）証券を基礎にして構築された金融商品であるが，複雑すぎて普及しなかった。この金融商品は完備市場を作り出すという御旗の下，金融イノベーションが積極的に続けられた。金融の国際化の進展と相俟って，自由度の高い店頭市場において機関投資家（銀行やヘッジファンドも含め）間で取引対象となる高度化された金融商品が考案された。これが住宅証券化の金融商品である。具体的には担保債務証券（CDO : Collateralized Debt Obligation）とクレジット・デフォルト・スワップ（CDS : Credit Default Sawp）である。これらの金融商品はブラック・マンデーのポートフォリオ・インシュランスの金融商品の失敗から出発点として，試行錯誤の上で考案された証券である。しかし，この金融商品の欠点が露呈してサブプライム問題が導火線となり2回目の金融工学型クラッシュであるリーマン・ショックが起きた。そこでクラッシュ再発の原因の対象としての高度化した金融商品を中心にブラック・

227

第Ⅲ部　原因究明からの課題と影響の分析

マンデーを視座に分析する。

　本章の構成は 1 スーパーシェア，2 高度化した金融商品，3 サブプライム問題からなる。

1　スーパーシェアー

　新金融商品としてスーパーシェアーについて 1.1 スーパーシェアーとは，1.2 スーパーシェアーの実例の順に分析する。

1.1　スーパーシェアーとは

ハンカンソン・モデル

　ハンカンソン（Hankansson）（1976）はスーパーシェアーという新しいヘッジの金融商品を考案した。以下，そのスーパーシェアーの基本的な仕組みを説明する。この仕組みはもし満期においてスーパーシェアーを発行するスーパー・ファンドの資産価値が一定の下限と上限の間にあれば，その資産価値に比例した一定の金額を支払うという条件からなっている。この条件が満たされていないときはスーパーシェアーの価値はゼロである。

　コール・オプションを用いたレベル K^1 と K^2，スーパーシェアーの満期日 T^* におけるペイオフは以下のように表すことができる。

$$T^* = \begin{cases} 0 & P^* < K^1 \\ P^* - K^1 & K^1 \le P^* < K^2 \\ 0 & K^2 \le P^* \end{cases} \tag{10.1}$$

　K^1, K^2：収益を支払う下限と上限の境界値　　P^*：満期日における資産価格

ロス・モデル

　この仕組みは条件付請求権の概念から構築された証券理論モデルでもある。状態 n に対して，状態 n が起きたときのみ 1 ドルを支払い，それ以外では価値がゼロという条件付き請求権の証券をアロー・ドブリュー（AD）証券という。（10.1）において K_1, K_2 を微小化すれば，好ましい取引の複製が可能なアロー & ドブリュー（AD）証券になることをロス（Ross）（1976）

228

第 10 章　金融商品の分析

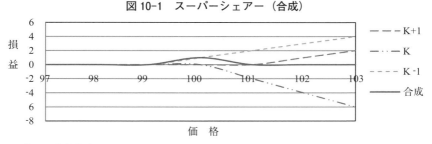

図 10-1　スーパーシェアー（合成）

資料：著者作成。

が厳密に証明した。この証券から完備市場（条件付き請求権の複製が可能な市場）へと導くことができる。それではスーパーシェアーをブラック＆ショールズ（BS）オプション・モデルを用いたアロー＆ドブリュー（AD）証券の評価から示すことにする。記号はオプション式（第 4 章 1.2）と同じである。

$$AD(K_\tau^1 K_\tau^2) = e^{-r\tau}\{\Phi[d_2(K_\tau^1)] - \Phi[d_2(K_\tau^2)]\} \qquad (10.2)$$

$$d_2(K_\tau^i) = \left[\ln\left(\frac{P}{K_\tau^i}\right) + \left(r - \frac{1}{2}\sigma^2\right)\tau\right]/\sigma\sqrt{\tau} \quad (i=1,2)$$

つぎにスーパーシェアーのペイオフについて簡単な事例を示す。$K=100$ のコール・オプション 2 枚を発行して $K^1=K-1=99$, $K^2=K+1=101$ のコール・オプションを買って合成すれば，図 10-1 のようにスーパーシェアーができあがる。このようにスーパーシェアーのペイオフは損失が出ないように構築されている。

またアロー＆ドブリュー（AD）証券を用いたスーパーシェアーはその後の金融イノベーションに大きな正当性を与えた。理論上，あらゆる条件付き請求権の複製が可能であるスーパーシェアーは完備市場へと接近させてパレート最適を実現できる金融商品であった。この理論的信念はその後の金融イノベーションの原動力ともなった。

1.2 スーパーシェアーの実例

体　系

　1992年，投資会社リーランド，オーブライエン＆ルービンスタイン（LOR）アソシエイツはハンカンソンのスーパーシェアーの概念を利用してスーパートラストを販売した[1]。それは交換取引型ミューチュアル・ファンド証券であり，シカゴ・オプション取引所（CBOE）に上場された。では図10-2で示したスーパートラストの具体的形態に沿って各証券の紹介をする[2]。

インデックス・ファンド
（期間3年，上限プライオリティ率を25％とする事例）
　① プライオリティ・スーパーシェアー
　　　3年間インデック・スーパーユニットの所有者に支払われる配当を受け取る。3年後にインデック・スーパーユニットの最終価値の値上がりの25％を上限として受け取る。
　② アプリケーション・スーパーシェアー
　　　3年後，インデック・スーパーユニットの25％超の値上がり益をすべて受け取る。それ以外は損益ゼロである。

図 10-2　スーパートラストの形態

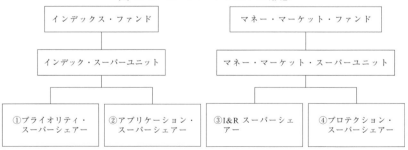

＊I&R: Income & Residual

　資料：Rubinstein（1990a）p. 14.

第 10 章　金融商品の分析

　いまインデックス・ファンドのペイオフを考えてみよう。

　当初のインデックス・スーパーユニットの価値を 100 ドルとして，P^*を
3 年後の価値とする。プライオリティ・スーパーシェアーに対するキャピタ
ル・ゲインは$\min(P^*, 125)$であるので，加えてインデックス・スーパーユ
ニットの所有者に支払われた配当を受け取る。アプリケーション・スーパー
シェアーは$\max(0, P^*-125)$であるので，インデックス・スーパーユニット
の合計は P^* となる。

マネー・マーケット・ファンド

(期間 3 年間，上限プロテクション率を 30％とする事例)

　③　I&R スーパーシェアー

　　マネー・マーケット・スーパーユニットの保有者が受ける 3 年間すべ
　　ての利子に，3 年後のプロテクション・スーパーシェアーの保有者に必
　　要な支払いをした後の残りのマネー・マーケット・スーパーユニットの
　　価値である。

　④　プロテクション・スーパーシェアー

　　インデックス・スーパーユニットの最大限 30％のキャピタル・ロス
　　の払い戻し，それ以外はインデックス・スーパーユニットのキャピタ
　　ル・ゲインが発生したとき，損益ゼロである。

　いまマネー・マーケット・ファンドのペイオフを考えてみよう。

　トラストにおけるマネー・マーケット・スーパーユニットの価値が 50 ド
ルとして，3 年後のインデックス・スーパーユニットの価値をP^*とすれば，
I&R スーパーシェアーのペイオフは$\max[20, 50+\min(0, P^*-P)]$であり，
また プロテクション・スーパーシェアーのペイオフは
$\min[30, \max(0, P-P^*)]$であるので，ペイオフは合計 50 ドルとなる[3]。さら
に I&R スーパーシェアーはマネー・マーケット・スーパーユニットに支払
われた利子をすべて受け取る。

231

第Ⅲ部　原因究明からの課題と影響の分析

普及しなかった理由

　スーパーシェアーは構成された各商品を組み合わせることにより，ポートフォリオ・インシュランスのヘッジよりもさらに拡張された代替投資戦略として活用できる可能性を持っていた。

　スーパーシェアーが売り出された当時，スーパーシェアーはポートフォリオ・インシュランスより優れているとの意見が多かった。ルービンスタイン（Rubinstein）（1990a）はスーパーシェアーを以下のように強く支持した。

　「スーパーシェアーは市場価格の安定性を促進する。スーパーシェアーは純資産価値と密接に関係しているので，インデックス先物ベースに追随して突然，大きな動きをするポートフォリオ・インシュランス取引と異なる。もしスーパーシェアーの流動市場が発達すれば，スーパーシェアーはインデックス先物市場のダイナミック・ヘッジの目的であるポートフォリオ・インシュランスに代わる可能性がある。さらに先物と対照的に，スーパーシェアーの需要は市場に対して長期的な取引に適している[4]。」

　しかしスーパーシェアーの取引は複雑であった。さらにそのパフォーマンスは国債より悪い状況であった。そのため投資会社 LOR は 1992 年，最初のスーパーシェアーの募集は 20 億ドルを計画したが，実際はその半分の 10 億ドルしか達成しなかった。それ以降の再募集もできなかった。スーパーシェアーはポートフォリオ・インシュランスのように普及するに至らなかった。

2　高度化した金融商品

　ブラック・マンデー以降の金融商品の金融イノベーションについて考察する。このため 2.1 金融イノベーション，2.2 債務担保証券（CDO）とクレジット・デフォルト・スワップ（CDS），2.3 1 ファクター・ガウス型コピュラ・モデルについて論じる。

2.1 金融イノベーション

アロー＆ドブリュー（AD）証券

アロー＆ドブリュー（AD）証券としてのスーパーシェアーはその後の金融イノベーションに大きな正当性を与えた。あらゆる条件付き請求権の複製が可能であるスーパーシェアーは完備市場へと接近させてパレート最適を実現できる金融商品であった[5]。この理論的信念はその後，金融イノベーションの原動力ともなった。ここにブラック・マンデー以降の金融工学型クラッシュ（サブプライム問題から始まるリーマン・ショック）の本源的な原因を求めることができる。以上のことをダフィー（Duffie）（1996）は命題をもって提示した[6]。

命題　市場が完備で $(\theta^1, ...\theta^m, q)$ が均衡であるならば，対応する均衡配分はパレート最適である。ただし，$(\theta^1, ...\theta^m, q)$ はポートフォリオと証券価格の組を示す。

こうした潮流に対して，トービン（Tobin）（1984）は厳しく批判した。「新たな市場と金融商品がこの10年間につぎからつぎへと登場して，より豊富になったメニューは多くの自然の状態をカバーするようになり，アロー＆ドブリュー（AD）の理想状態に近づいたと考えられるかもしれないが，たいして近づいてはいない。新しいオプションと先物の取引期間は伸びていないし，短期的な投機家と裁定取引者の損失を限定する手段を提供するため，大きな買収・合併の利用を可能にしただけである[7]。」

株式から債券へ

ポートフォリオの真髄は繰入れ銘柄が多ければ多いほどリスク・リターンから最適な投資戦略となることである。これが投資指標（例えばダウ平均株価（DJIA）やスタンダード＆プアーズ500（S&P500））であった。これに対応するヘッジがポートフォリオ・インシュランスであり，ブラック＆ショールズ（BS）オプション理論が重要な役割を担った。これは株式の標準モデルで論じた。ブラック・マンデー時のこの理論は2000年以降，今度は債券，特に証券化についても同様な考え方が援用された。すなわち債券の

第Ⅲ部　原因究明からの課題と影響の分析

種類を増やすことにより，個別事情の（デフォルト）リスクは少なくて済むことになる。こうした理論的な裏付けとして債務担保証券（CDO）が盛行した。この証券化は債券のポートフォリオを多くの銘柄からなる部分（トランシェ）に再構築される。今度は各トランシェがマクロ的な指標との関係性で評価される。この評価方法として同意を得たモデルが1ファクター・ガウス型コピュラ・モデル（one factor Gaussian Copula Model）である。また債務担保証券（CDO）の売買ヘッジとしてクレジット・デフォルト・スワップ（CDS）というデリバティブ商品が開発された。

　このとき倒産リスク（確率）の計測もブラック＆ショールズ（BS）オプション・モデルを用いて計測されることになる[8]。

店頭市場（OTC）デリバティブ

　連邦準備制度理事会（FRB）議長グリーンスパンは金融市場に対して自由主義的考え方を持っている。これはブラック・マンデー時のグリーンスパン・プット（第1章4.4）のように中央銀行はラースト・リゾート（Last Resort）の機能であるとの確信である。

　ところが21世紀に入ると店頭市場（OTC）のデリバティブの猛威がウォール街を震撼させることになる。グリーンスパンは「デリバティブなどの金融商品は機関投資家同士が市場外取引について商品取引所法を適用することは必要ないと考える。公共政策の目的は民間市場自身による自己規制で十分効率的かつ効果的に達成し得ると考えられる[9]。」として店頭市場（OTC）のデリバティブ取引規制に反対した。

　これに対して商品取引先物委員会（CFTC）の委員長 ボーン（Born, B.）は何回となく店頭市場（OTC）デリバティブ規制を提案した。しかしグリーンスパンは中央銀行の役割はそれをいかに危機のショックを吸収し緩和することであるとの信念は変わることがなかった[10]。

　ジョンソン＆クワック（Johnson & Kwak）（2010）はボーンの店頭市場（OTC）デリバティブの問題提起のための「コンセプション・ペーパー」作成にグリーンスパンが反対したことがサブプライム問題の契機となった。金融政策の失敗を強調する[11]。

2.2 債務担保証券（CDO）とクレジット・デフォルト・スワップ（CDS）

債務担保証券（CDO）

1980年後半に米国で誕生して2000年以降急速に普及した債務担保証券（CDO）は基本的には図10-3の基本スキームで示したように，ローンプールにはいろいろな債券（ABSやRMBS）を原資産として，特別目的事業体（SPV: Special Purpose Vehicle）が元利金支払いに対して優先劣後の構造（アタッチメント・ポイントとデアタッチメント・ポイント）を持つ複数のトランシェからなる債券を証券化したものである。このストラクチャーでは支払い優先の低いエクイティのトランシェから一定の損失まで優先して負担していくので，格付け水準ではエクイティは低格付け，シニア債は高格付けとなる。なお，個々のトランシェを債務担保証券（CDO）と呼ぶ場合がある。

こうした債務担保証券（CDO）取引を行う動機は如何なるものであるか。まずアビトラージのために行う債務担保証券（CDO）を購入することが考えられる。これをアビトラージ型債務担保証券（CDO）という。つぎにバランス・シート型債務担保証券（CDO）についてはオリジネーターの銀行が保有している原資産を特別目的事業体（SPV）に譲渡して，資金調達をす

図10-3 債務担保証券（CDO）の仕組み

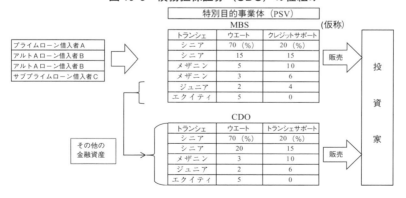

資料：みずほ総合研究所（2007）等を参考に著者作成。

る。特別目的事業体（SPV）はこれらの原資産をもとに債務担保証券（CDO）を組成する。これにより国際決済銀行（BIS：Bank for International Settlements）規制のリスク・エクスプロジャーに対応できる。

シンセティック債務担保証券（CDO）

シンセティック債務担保証券（CDO）の基本スキームは図10-4で示されている。特別目的事業体（SPV）の取引相手はバランス型ではオリジネーターである。またアービトラージ型ではスワップカウンター・パーティーである。ポートフォリオを参照資産としてクレジット・デフォルト・スワップ（CDS）の契約を結び，投資家には債務担保証券（CDO）を発行して，その代金を受領する。この代金で安全かつ流動性の高い債券，例えば国債を購入する。この債券から得た元利金とクレジット・デフォルト・スワップ（CDS）のプレミアム（スプレッドともいう）を原資として発行した債務担保証券（CDO）への元利金の支払いが行われる。このように参照資産の信

図10-4　シンセテック債務担保証券（CDO）の仕組み

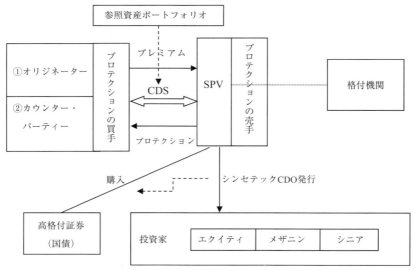

資料：著者作成。

用リスクとリターンをもとに作られた金融商品をシンセティック債務担保証券（CDO）という。

　もし参照資産にデフォルトが発生すれば，担保としていた債券を売却してクレジット・デフォルト・スワップ（CDS）のプロテクションの支払いに充当するので，その売却分は債務担保証券（CDO）の想定元本がトランシェの優先順序に従って減額される。

クレジット・デフォルト・スワップ（CDS）

　いま図 10-5 は通常のクレジット・デフォルト・スワップ（CDS）の形態を示している。この図においてプレミアム・レッグ（手数料としてプロテクションの買い手が定期的に売り手に支払うキャッシュ・フロー）からプロテクション・レッグ（デフォルトが発生した際にプロテクションの売り手が買い手へ支払う補償金のキャッシュ・フロー）の差がクレジット・デフォルト・スワップ（CDS）スプレッドである。これは効率的市場のリスク中立確率測度のもとでは当然，ゼロになる。実際はそこからフェアーなスプレッドを決めなければならない。

　また実務的には債務担保証券（CDO）を組成する担保資産としてのクレジット・デフォルト・スワップ（CDS）のポートフォリオについては独自設定するビスポーク（bespoke）タイプとクレジット・デフォルト・スワップ（CDS）の算出市場のインデックスに用いられるポートフォリオを利用するタイプがある。北米では 125 の銘柄からなる CDX. NA. IG により各 6 つのトランシェからなる。

図 10-5　クレジット・デフォルト・スワップ（CDS）の仕組み

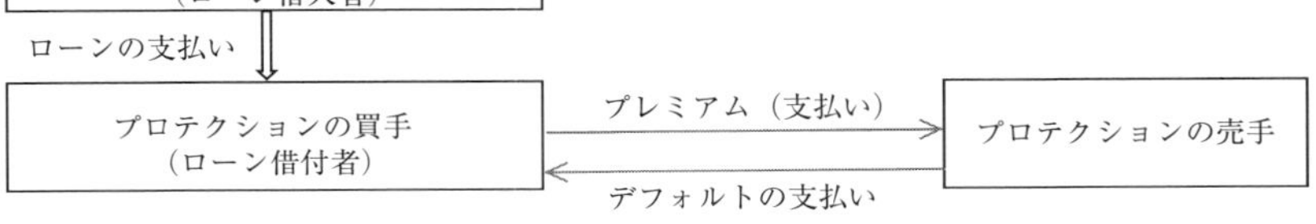

資料：著者作成。

第Ⅲ部　原因究明からの課題と影響の分析

2.3　1ファクター・ガウス型コピュラ・モデル

　金融商品（クレジット・デリバティブ）評価のうち，最も重要な債務担保証券（CDO）の理論モデルについて説明する。債務担保証券（CDO）はすでに説明したように多くのクレジットにポートフォリオをトランシェしたものである。よって以下のような問題があった。

① 各クレジットのデフォルト相関では相互に独立的で弾力性に欠ける。実際，グープ間のクレジットのデフォルト率は景気後退期になったときには高くなり，好景気のときは低くなるので相互依存性を持つ。この状態を同時デフォルト相関という。

② 各クレジットのデフォルト相関をとることは変数が多くなりすぎる。例えば n 個のクレジットのデフォルト相関数は $n(n-1)/2$ となる。

　これを解決するためにリー（Li）（2000）はコピュラを導入して1ファクターのガウス型コピュラ・モデルを発案した。その基本形が（10.3）である。また（10.3）に基づいて導出された金融資産のデフォルト確率が（10.4）である（付録6）。

$$V_i = \sqrt{\rho_i}\,Y + \sqrt{1-\rho_i}\,\varepsilon_i \quad (i=1,\ 2\cdots,\ n) \tag{10.3}$$

$$p(y) = \Phi[(K-\sqrt{\rho}\,Y)/\sqrt{1-\rho}] \qquad K=\Phi^{-1}(PD_i) \tag{10.4}$$

ρ：相関（コピュラ）　V_i：i の資産価値　Y：共通ファクター　ε_i：個別ファクター　$P(y)$：条件付き（$Y=y$）デフォルト率　PD：無条件デフォルト率　Φ：分布関数　Φ^{-1}：逆分布関数　K：デフォルトの閾値

　（10.4）において資産価値としての債務担保証券（CDO）のデフォルト・リスク率とそのポートフォリオのデフォルトの割合における関係は**図10-6**で示されている[12]。この図では債務担保証券（CDO）が共通ファクター Y との相関 ρ が低いときには安全性の高いシニア債はデフォルト・リスクがほとんどない。逆に債務担保証券（CDO）が共通ファクター Y との相関 ρ が高いときにはシニア債がデフォルトに及ぶ確率は高くなる傾向を持つことがわかる。特に不況時は共通ファクター Y がリスクとして相関 ρ に反映さ

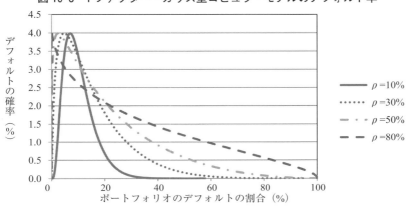

図 10-6　1ファクター・ガウス型コピュラ・モデルのデフォルト率

（注）例えば Dow Jones CDX に従えばポートフォリオの損失はトランシェ別に 0-3% はエクティ，3-9% はメザニン債，9% 超はシニア債がそれぞれ負担することになっている。

れやすい傾向を持つ。これは各トランシェのデフォルト相関が高くなることを意味する。

3　サブプライム問題

まず 3.1 サブプライム問題を説明する。つぎに金融商品（債務担保証券（CDO）とクレジット・デフォルト・スワップ（CDS））の問題として 3.2 サーモンの見解を紹介する。最後は 3.3 ブラック・マンデーとサブプライム問題との関連性である。

3.1　サブプライム問題

まず図 10-3 で示したように住宅ローンの対象者は所得層（支払い能力）の従いプライム，アルト，サブプライムに分かれる。米国における信用力が劣る消費者向けの住宅ローンと見做されるサブプライム・ローンは申請要件・基準が緩く，頭金が少額，はじめの数年の返済額が抑えられている。そ

第Ⅲ部　原因究明からの課題と影響の分析

の後，次第に返済額が増加するが担保住宅資産の価値が上昇すると，債務者の信用力が改善して，さらに新たな低金利住宅ローンへの借り換えが可能になる。2004 年以降にサブプライム・ローンが大幅増加した要因は当時の米国金融市場での過剰流動性に伴う低金利が，金融機関にこうした融資を可能にさせた。そして 2007 年末には 1.3 兆ドル，住宅ローン残高 10 兆ドルの12～14% を占めるまでに至った。金利が上昇し始めた 2007 年 7 月以降，米国のサブプライム・ローン問題が顕在化した。これにより債務担保証券（CDO）とクレジット・デフォルト・スワップ（CDS）の評価価格が下落して債務担保証券（CDO）の販売も難しくなった。

　2008 年 3 月に債務担保証券（CDO）を販売している米大手投資銀行ベアスターンズが倒産に追い込まれた。また同年 9 月 15 日大手投資銀行リーマン・ブラザーズが経営破綻し，ダウ工業株平均（DJIA）は 504.48 ドル（−4.82%）の大幅下落を記録してその後も続落した。このクラッシュをリーマン・ショックという。これを契機にして一連の世界的な金融危機へと繋がっていく[13]。

　何故，金融商品（債務担保証券（CDO）とクレジット・デフォルト・スワップ（CDS））のポートォリオのなかで，それほどその比率は大きくはないサブプライムの部分の価値の毀損が国際金融危機まで発展してしまったのであろうか[14]。

　金融商品の評価方法（1 要素正規コピュラ・モデル）に限定して，さらに検討を加えよう[15]。

3.2　サーモンの見解

　サーモン（Salmon）（2009）の論文「災難の処箋：ウォール街を殺した公式」は，2007-2009 年の金融危機に関してファイナンス（証券理論）モデルに原因があったとする。彼の見解を具体的に検討してみよう。

　住宅担保証券の証券化の理論的な評価の公式であるリーが考案したガウス・コピュラ関数の金融部門の利用こそが金融危機を招いた。リーのモデルに利用される大部分の基本的な前提はクレジット・デフォルト・スワップ（CDS）の価格が債務担保証券（CDO）の価格と相関してかつ予測ができる

240

第 10 章　金融商品の分析

ことから成立している。しかし実際はリーのコピュラ適用は前提から考えると，債務担保証券（CDO）をシステマテック・リスクの示す関数としてより大きな変動もたらすことになった[16]。

リーのコピュラ関数モデルでは 1% のリスクがあってもリスクは全然ないものと考えてしまう傾向がある。債務担保証券（CDO）のリスクをクレジット・デフォルト・スワップ（CDS）のデフォルト相関からみるので，当然，住宅価格が上昇している間はその相関は非常に低い。ひとたび抵当権ブームが崩壊すると一気にその相関は上昇する。さらに実務的にはこうした相関は変化するより一定であると仮定した。そこに問題があった。

サーモンがクラッシュの温床とするガウス・コピュラ関数すなわち，1 ファクター・ガウス型コピュラ・モデルについては図 10-6 のデフォルト率に基づいて検討を加えることにする。

ウォール街では利便性と債券ブームの下で，楽観的心理の反映からデフォルト相関をできる限り低く評価して債務担保証券（CDO）を売出した。この結果，高格付けのトランシェへの買付け希望が殺到した。しかし金利が引き上げられてサブプライム問題が起きると，トランシェ間のディフォルト相関や共通ファクターとの相関が高くなりシニア債でもデフォルトする危険性が生じるようになる評価構造である。すなわち潜在的リスクが大きい金融商品であった。

そこで多くの機関投資家によるノイズ（過剰反応）から債務担保証券（CDO）のノイズ（パニック売り）が発生した。このことが債務担保証券（CDO）とクレジット・デフォルト・スワップ（CDS）の価格を下落させ，リーマン・ショックに導いた[17]。売出された債務担保証券（CDO）は初めから大きな潜在的リスクを持っていた。

3.3　ブラック・マンデーとの関連性

住宅担保証券化商品はサブプライム・ローンでデフォルトが発生したとき，機関投資家自身どれくらい所有証券の価値が毀損したか正確に計測できず，ノイズ（心理的不安）が生じて価値が下落した。この下落より著しい流動性の欠如をきたした。このようにサブプライム問題から始まる債務担保証

241

第Ⅲ部　原因究明からの課題と影響の分析

券（CDO）の所有者のノイズ（心理的不安）によるパニック売りによる下落と流動性の悪化はブラック・マンデー時に盛行していた金融商品のポートフォリオ・インシュランスの売りに対するノイズ（追随売り）と共通しており，まさにサブプライム問題は金融工学型クラッシュの特性である潜在リスクに対する加剰ノイズを持っている[18]。取引の金融商品の対象が市場内の金融商品であるポートフォリオ・インシュランスから店頭市場（OTC）の金融商品に入れ替わっただけである。これはブラック・マンデー後の規制の産物でもあろう。金融商品は高リターンの代価として潜在的リスクが常に存在しているのである。

　またブラック・マンデー時に現物・先物の規制一元化の規制が不備であったように，店頭市場（OTC）デリバティブについてもセーフティーネットの規制が不備のままであった。これがサブプライム問題，ひいてはリーマン・ショックを惹起させた。後に厳しい規制をしても遅かったのである[19]。

おわりに

　ポートフォリオ・インシュランスのヘッジ金融商品のスーパーシェアーはあだ花に終わった。しかしこの商品はアロー・ドブリュー（AD）証券となり完備市場を構築できることを理論上示した。このことは金融イノベーションの促進する根拠となった。その結果，高度化した金融商品（債務担保証券（CDO）とクレジット・デフォルト・スワップ（CDS））が考案された。そしてサブプライム問題からこの金融商品が引き金になって2008年9月リーマン・ショックが起きる。2回目の大きな金融工学型クラッシュである。ブラック・マンデー時のポートフォリオ・インシュランスと同様に高度化した金融商品も潜在的リスクがあり，セーフティーネット（規制）も不備であった。少しのイベントに対して投資家が高度化した金融商品にノイズ（不安や不信）に掻き立てられて，価格が暴落さらに流動性が悪化したのであろうと推測できる[20]。

242

第 10 章　金融商品の分析

注

1 ）　分割可能なエクイティ・シェアーは 1980 年の半ばに行われたアメリカ・トラスト・ユニット（ATU）が嚆矢である。

2 ）　この説明内容は Rubinstein（1990a, 1994a）に依拠している。

3 ）　$P-P^* = 5$,　$P^*-P = -5$ のとき
　　max $[20, 50 + \min (0, P^*-P)]$ = 45 min $[30, \max (0, P-P^*)]$ =5
　　であるからマネー・マーケット・ファンドは合計で 50 ドルとなる。

4 ）　Rubinstein（1990a）p. 19.

5 ）　拙稿（2009b）参照。詳しい証明は（付録 1. 6）を参照されたい。

6 ）　Duffie（1996）p. 8（訳書 9-10 頁）。

7 ）　Tobin（1984）p. 290.

8 ）　例えばデフォルトの距離（DD：Distance to Default）をみてみよう。DD は $\log V_T - \log X$（企業の資産価値-社債価値）について，ボラティリティ$\sigma\sqrt{\tau}$で割って求められる。その意味はデフォルトまでのどれくらいの距離（余裕度）があるかという指標である。

$$\mathrm{DD}=\frac{\log(V_T e^{(r-\sigma^2/2)\tau})-\log X}{\sigma\sqrt{\tau}}=\frac{\log(V_T/X)+(r-\sigma^2/2)\tau}{\sigma\sqrt{\tau}}=d_2 \tag{N10.1}$$

　　よってデフォルトの距離 DD はブラック & ショールズ（BS）オプション・モデルの d_2（付録 A. 18）と同じになる。

9 ）　Alen Greenspan, Remarks by Chairman Alan Greenspan Government regulation and derivative contracts At the Financial Markets Conference of the Federal Reserve Bank of Atlanta, Coral Gables, Florida, February 21, 1997.

10）　Greenspan（2008）EPILOGUE, p. 532（訳書（特別版）40 頁）。

11）　Johnson & Kwak（2010）を参照。さらに同書は店頭デリバティブが銀行のリスク・エクスポージャーに対して過小計上であるとすることを強調する。

12）　図 10-6 は Dresdner Kleinwort（CDO Models September 2008）社の提供ソフトを利用して作成されている。

13）　拙稿（2010）を参照。逆に McKeon & Netter（2009）は 1987 年と 2008 年のクラッシュの相違を強調した論文である。

14）　リーマン・ショックの根底にあるサブプライム問題について包括的に原因を挙げておこう。
　　①　世界的余剰資金のウォールストリートへの集中
　　②　サブプライ層への過大の売り出し
　　③　金融機関とヘッジファンドの安易な購入
　　④　債務担保証券（CDO）の評価方法
　　⑤　格付けの杜撰さ
　　⑥　店頭市場の規制の不備
　　⑦　証券の非流動化

15）　金融商品を所有した機関投資家 BIS 規制に基づく自己資本のリスク・エクスプロ

243

第Ⅲ部　原因究明からの課題と影響の分析

ジャーの「規制からの逃避」(いわゆる regulatory arbitrage) に関心が集まった。そして金融機関ごとに行うミクロ・プルーデンス政策と違い，マクロ的視点から行うマクロ・プルーデンス政策の重要性が叫ばれるようになった。しかし本章はリーマン・ショックやそれに関係する国際危機の原因分析については割愛する。

16)　トランシェに分けるとトランシェの優先度合いにかかわらず元のプールよりもシステマティック・リスクへの感応度が高くなる。これは「クリフ効果」と呼ばれ損失率の急上昇がみられる。

17)　Salmon (2009) と同様に Mackenzie (2008) もこの説をとる。

18)　Shiller もサブプライム問題に端を発する国際金融危機は不動産バブルの心理が究極的な原因であるとしている (Shiller (2008) p. 4)。

19)　金融危機全般については金融危機委員会 (FCIC) (2011) の調査報告書が提出された。また 2011 年，イノベーションの高度化に対応する金融危機に広範囲なセーフティーネットを規則化した金融制改革法 (ドッド＆フランク法：Dodd-Frank Wall Street Reform and Consumer Protection Act) が成立した。しかし必ずしも円滑にこの法律は実施されていないようである。そこでオバマ大統領はこの改革法の実施を当局に促した (Wall Street Journal: 2013. 8. 20)。実施されていない重要な規制として銀行が金融商品を扱う制限をしているボルガー・ルールがある。最近，トランプ大統領は金融規制 (ドッド＆フランク法) を抜本的に見直すよう指示する大統領令 (2017 年 2 月 3 日時点) に署名した。

20)　Gennaioli, Shleifer & Vishny (2012) によると，リーマン・ショックは投資家が通常，軽視していたリスクに基づくフィナンシャル・イノベーションによる金融商品が構築されたことによる。この商品取引ではレバレッジが利用されており，かつ軽視されていたリスクに関するニュースが少しでも公になると局部的思考 (local thinking) により価格変動がすぐに大きくなる。これを金融脆弱性という。このように近代のクラッシュは軽視されたリスク，フィナンシャル・イノベーション，金融脆弱性の特徴を持つと主張する。

結章

本書の総括

はじめに

　問題意識は証券理論モデルによるブラック・マンデーの原因究明とそれに派生した課題や影響の分析である。原因究明に関する総括の核心は各証券理論モデルをうまく組み合わせると，体系的なブラック・マンデーの原因説明ができる可能性を提示することである。また課題と影響の分析に関する総括の核心はブラック・マンデーが近代証券市場に根源的なシステムのレガシーを提供したことを明示することである。

　本章では1証券理論モデルと問題意識に関する総括，2証券理論モデルによる原因究明に関する総括，3原因究明からの課題と影響の分析に関する総括，4問題意識に対する回答の順で展開する。

　特に1は新たにブラック・マンデーの原因究明のため証券理論モデルを理論家との関係性からの分析も加える。また2は新たに株価経路のグラフを加えて分析する。これにより前提をできる限り緩和化して，証券理論モデルの説明が現実に近づける試みをする。3はブラック・マンデーが提起した今日的視点に立脚した分析を総括する。4は問題意識に対する回答のまとめである。最後にクラッシュの原因を理論史から俯瞰する。

1　証券理論モデルと問題意識に関する総括

　第Ⅰ部の証券理論モデルと問題意識に関する総括は 1.1 ブラック・マン

245

デーの状況，1.2 アプローチとしての証券理論モデル，1.3 証券理論モデル
と理論家，および 1.4 問題意識による原因究明の類型化からなる。

1.1　ブラック・マンデーの状況

　ブラック・マンデーである 1987 年 10 月 19 日（月）はニューヨーク証券
取引所（NYSE）においてダウ工業株平均（DJIA）は 22.6% の大幅下落率
を記録し，1929 年の世界大恐慌以来の最大のクラッシュの日であった。こ
の日は新たに大きなマクロ的経済イベント（出来事）がないにもかかわら
ず，ポートフォリオ・インシュランス取引に係る先物市場と現物市場での機
械的な大量のプログラム売り急増が他の投資家の大量の売りを誘発した。こ
の大量の売り注文は流動性の欠如をもたらせ，売買取引システムをメルトダ
ウンさせて，決済（清算）と信用システムを危機的な状況に追い込んだ。連邦
準備制度理事会（FRB）が迅速に救済に乗り出したことで危機は回避され
た。このように，ブラック・マンデーは金融工学的システムに支えられた証
券市場において初めて起きた予期できないクラッシュであり，価格下落のス
ピードと膨大な取引量の 2 つの特徴を持っている。ブラック・マンデー後，
株価は 30%（クラッシュ後，1 週間の終値平均）のリバウンド（上昇）が
あったものの，株価低迷が続いて直ぐには回復基調とはならなかった。売買
高はブラック・マンデー前後では通常の 2-3 倍に膨らんだが，数日後には落
ち着きを取り戻した。

　この史上最大の新しい金融工学型クラッシュの理論的な原因究明は証券市
場において喫緊の重要課題となった。

1.2　アプローチとしての証券理論モデル

　理論的な原因究明として証券理論モデルを用いることは有力なアプローチ
（接近方法）の 1 つである。なぜなら価格変動は証券理論モデルにより測定
されるからである。この証券理論モデルとは証券に関する抽象的概念，仮説
を具体化した証券理論を意味するので，ブラック・マンデーの原因を具体的
に説明することができてかつ統計的実証の代わりに模擬実験も可能である。

　そこでブラック・マンデーの原因究明の視座から証券理論モデルの歴史を

辿った。1980年代には効率的市場（情報が効率的でかつ合理的な投資家で構成）を前提とした標準モデルが主流であった。また同年代には非効率的市場を前提としたマーケット・マイクロストラクチャー（市場のミクロ構造）モデルやノイズ・モデル（以下，代替モデル）も開発された。これらの代替モデルはブラック・マンデーまで，机上の理論に甘んじていた。

　当時，標準モデルは納得のいくブラック・マンデーの原因説明を提示できなかった。このため代替モデルによるブラック・マンデーの原因究明の試みがなされた。さらに高頻度取引（HFT）マーケット・マイクロストラクチャーを基礎にしたインパクト・モデルも開発され，新たな代替モデルに加わることになった。

　なおブラック・マンデーの原因説明についてはすでに4半世紀の経過したクラッシュ・イベントとして歴史的分析も兼ね備えている。

1.3　証券理論モデルと理論家

　証券理論モデルによるクラッシュの原因究明にあたって，多くの証券理論モデルが登場した。しかし**図結-1**でわかるように中核的なモデルとそれに携わった理論家はごく限られていることがわかる。また理論家は基本的理論に関して一貫性を持っているが，方法論として1つの証券構造に立脚しておらず，必要に応じて相互乗り入れや相互摂取していることもわかる。

　ブラック・マンデーの原因究明への熱意が一番高い理論家であったといえるマートン・ミラーは効率的仮説を支持するファンダメンタリストである。それはシカゴ・マーカンタイル取引所（CME）のブラック・マンデーの調査を主導したミラー・レポートからでもわかる。彼は標準モデルからいろいろなツールを用いてブラック・マンデーの原因究明を試みた。その原因説明は必ずしも説得力があるとはいえなかった。そこで彼はマーケット・マイクロストラクチャーの流動性イベント・モデルをグロスマンとともに構築した。そしてブラック・マンデーの原因は売買取引システムのメルトダウンであると主張する。さらに原因究明の課題における政策にも関与する。例えば売買情報の公開（サンシャイン取引）は賛成するが，サーキット・ブレーカー（売買停止）規制は反対する。こうしたマートン・ミラーの熱意の源泉

は効率的仮説の牙城を守ることであるが，原因究明のための理論的展開にはクロスオーバーの相克が見受けられる。

　ポートフォリオ・インシュランスを促進した一人であるリーランドはブラック・マンデー後，その情報の非対称性による潜在的危険性を指摘する。

　同様にグロスマンはブラック・マンデー前，ポートフォリオ・インシュランスの潜在的危険性を指摘した。さらにグロスマンはミラーやスティグリッツとともに情報の非対称性における価格決定モデルも構築した。このようにグロスマンはマーケット・マイクロストラクチャー・モデルからクラッシュの分析に大いに貢献した。しかし情報の非対称性の実証性が難しい。緻密であるが，厳しい前提ありきの理論展開は現実と乖離してしまう傾向があることがわかる。

　カイルはマーケット・マイクロストラクチャーの流動性モデルを構築した。さらにキャンベルとともに均衡モデルを基礎に（長期）ノイズ・モデルを作った。このなかでノイズ・トレーダーの平均回帰の概念が使われている。これは同様にカイルのベッツ（リスク移転）・インパクト・モデルにもノイズ・トレーダーとしてポートフォリオ・インシュラーを取り入れた。近時のマーケット・マイクロストラクチャー・モデルからクラッシュ分析（ベッツ・インパクト・モデル）のアプローチはめずらしくファイナンスの究極的な目的すなわちクラッシュの分析と符合している。このモデルの役割は本書のブラック・マンデーの原因究明にとって極めて大きい。

　行動ファイナンスの主導者であるシラーはもともと非効率市場の実証（ボラティリティ・テスト）もファンダメンタルズのゴードン・モデルから出発する。市場構造の概念からミラーとは非常に厳しく対立するが，行動ファイナンス・モデルもファンダメンタルズからの乖離の尺度モデルであるとの考えはポートフォリオ・インシュランスの金融イノベーションのバブル説，シラーの修正株価収益率（修正 PER）の提唱も整合的に理解できる。案外，2つの証券理論モデルは基本的な考え方は近いかもしれない。だからファーマ（効率的市場支持者）とシラー（行動ファイナンス支持者）が 2013 年に同時にノーベル経済学賞を受賞したことは何ら違和感はない。

　行動ファイナンス（ノイズ）とファンダメンタルズの関係の現状につい

て，フォックス（Fox）（2009）は以下のように言及する。

「行動経済学者など，効率的市場仮説に批判的な立場の者は，合理的市場の体系にあるさまざまな欠陥を発見してきたが，その体系を捨て去ろうとはしていない。アービング・フィッシャーが1世紀前に経済学に取り込んだ均衡の枠組みを取り払おうともしていない。例外的な事象やバイアスの研究に日々費やしているが，マートン・ミラーの言う『市場の力』がどこかで働いていて，価格は少なくとも全体としてあるべき方向に向かうとまだ信じている[1]。」

内容は事実かもしれないが，あえて行動経済学者は効率的市場仮説から離脱する必要はないと考えるので，フォックスの見解には与しない。

同様にノイズ・モデルは合理的とノイズとのトレーダーからなり，マーケット・マイクロストラクチャーも情報と非情報とのトレーダーからなる，いわゆるフレームワークが世代重複（OLG）モデルのベースと類似している。ただしマーケット・マイクロストラクチャーは従来，合理的トレーダー

図結-1　証券理論モデルと理論家

情報の効率性

効率的市場（標準モデル）
ミラー（ゴードン・モデル 資本コスト）
ファーマ（効率的市場仮説）
リーランド（PI）

投資家の合理性

非対称性市場（MM モデル）
グロスマン＆ミラー（流動性イベント）
グロスマン　　　（資金の流動性）
　　　　　　（情報の非対称性）
カイル　　（流動性モデル）
　　　（ベッツ・インパク・トモデル）
（課題と影響の分析）

非効率的市場（ノイズ・モデル）
キャンベル＆カイル（長期ノイズ・モデル）
ＤＳＳＷ＆シュライファー（短期ノイズ・モデル）
シラー（ボラテリティ・テスト）
　　　　（修正PER）
（ノイズ）

投資家の非合理性

PI：ポートフォリオ・インシュランス
MM：マーケット・マイクロストラクチャー

情報の非効率性

資料：著者作成。

のみであったが非情報トレーダーをノイズ・トレーダーに変えようとする動きが最近，富に強いので2つのモデルは近傍する傾向が強い。

結局，クラッシュの証券理論モデルによる原因究明において，多くの理論家は真理を求めて市場構造の各領域を行き来するのである。

1.4　問題意識による原因究明の類型化

証券市場ではITバブルやその崩壊を経て，高頻度取引（HFT）市場の下，アウトライヤーイベント（想定外のイベント）の近時クラッシュ，2008年のリーマン・ショックや2010年のフラッシュ・クラッシュが起きた。それらの原因究明の重要性が再認識されはじめた。特に金融工学型クラッシュの元祖であるブラック・マンデーについては理論上，説得力ある体系的な原因究明がなされていなかった。それゆえ証券理論モデルによるブラック・マンデーの原因究明の学問的な意義は大きいと考える。この問題意識では余りにも抽象的過ぎるので具体的にさらに3つに細分化する。

①　1987年当時の標準モデル（ポートフォリオ・インシュランスとファンダメンタルズ・モデル）からブラック・マンデーの原因究明をする。

②　現在に至るまでに，新たに開発された代替モデル（マーケット・マイクロストラクチャー・モデル，ノイズ・モデル，インパクト・モデル）からブラック・マンデーの原因究明をする。

③　ブラック・マンデーの原因究明から派生した証券市場の課題と影響を分析する。

2　証券理論モデルによる原因究明に関する総括

第Ⅱ部の証券理論モデルによる原因究明に関する総括をする。これは具体的な問題意識の①と②（本章1.4）に相当する内容である。まず2.1証券理論モデル体系の重要概念（ノイズと流動性）を再確認する。つぎに株価経路のグラフ化も加えて，各証券理論モデル（2.2標準モデル，2.3マーケット・マイクロストラクチャー・モデル，2.4ノイズ・モデル，2.5インパクト・モデル）が提示した原因究明とその検証・解析の結果について深化させ

結章　本書の総括

つつ要約する。

2.1　証券理論モデルの重要概念の再確認

　証券理論モデルによるブラック・マンデーの原因究明の上で流動性とノイズは非常に重要な概念であるので再確認する。

流動性

　流動性と流動性イベントの概念について再確認する。正確には市場流動性で，ミクロの流動性である。この流動性は需要と供給の即時性により決定される。市場取引のトレーダーの最適化に基づく需要取引とマーケット・メーカーの継続的な即時性を供給により需給は均衡化する。この考え方はグロスマン＆ミラー（Grossman & Miller）（1988）の流動性の考え方である（第5章5）。流動性イベントとは外部的な即時性の需要をいう。この大きな流動性イベントが起きると即時性の供給が対応できず需給が不均衡になる。

　さらにこの大量の取引需給は売買取引システムがメルトダウンする可能性がある。これは物理的な流動性の欠如である。こうした過程で流動性の欠如が生じて非同時（現物と先物），かつ即時でない価格による取引が生じて株価が下落し続ける。このため高頻度取引（HFT）が進展した。

　よって流動性は資金流動性を除いた2つの概念（需給による流動性と物理的な流動性）が重要であるが，表裏一体の関係である。高頻度取引（HFT）市場では取引コストも安く，売買取引システムの物理的なメルトダウンが考えにくい。しかし売買需給の不均衡による流動性イベントが発生する可能性は否定できない。

ノイズ

　ノイズの概念について再確認する。ノイズ取引とはブラック（Black）（1986）に従えば「市場において情報が何もない状況のなかで，あたかも情報があったように取引をする[2]」と定義する。要するにノイズ取引は情報ではなく投資心理に基づく取引である。この取引は一見するとパニック売りや追随売りにみえるが，その根底にあるのは多様な市場局面の投資心理の反映

251

である。例えば強気（投機的），群集心理（パニック），過剰反応，悲観的推測，高値警戒感そして平均回帰などである。またノイズ（投資心理）に依拠する投資行動を行動ファイナンスと呼ぶ。

　行動ファイナンスはファンダメンタルズの情報に依拠しないで取引をする意味から非合理的行動（取引）といわれるが，認知科学では理解可能な投資行動である。ノイズ・トレーダーのみからなるモデルを行動ファイナンス・モデルと呼ぶ。また市場において合理的（期待）トレーダーとノイズ・トレーダーからなるモデルをノイズ・モデルという。

　ノイズはさらに短期と長期に区分できる。短期ノイズは日々，機械的な売買をするポートフォリオ・インシュラーやそれを内部情報として監視してすぐに反応（追随）するノイズ・トレーダーの取引が入る。長期ノイズは長期的市場動向から判断して，あるイベントを契機に平均回帰志向に転換するノイズでリバウンドはしない。

2.2　標準モデルによる原因究明

　ゴードン・モデルによるブラック・マンデーの株価経路の説明は**図結-2**である。これはクルーグマン（Krugman）（1987）のアイディアにも似ている。この図において株価は予想配当を配当割引率で除した増加関数である。ところがファンダメンタルズの悪化で配当や配当割引率の予想が急激に悪化すると，株価関数は L1 から L2 に移行する。すなわち，ファンダメンタルズの将来への調整過程である。ブラック・マンデー当時，新たなファンダメンタルズに関する情報はなかった。唯一，異常なイベントは観察可能なポートフォリオ・インシュランスの売り急増のみである。大きなイベントがなければ効率的市場では E1 から E3 へと徐々に下落するのでクラッシュは起きない[3]。もし不連続的な（ジャンプ過程の）E2 から E3 へと大きな下落であるとしたら，売買割合が比較的少ない比率のポートフォリオ・インシュランスの売りを契機（すなわち，引き金的な役割）に，それに群衆心理に基づく追随した売りを加えて起きる。これはサンスポットの考えに近い。標準モデルではポートフォリオ・インシュランスは一時的に需給の不均衡を作り出してもアービトラージにより必ず均衡化する。均衡化ができない原因として標

結章　本書の総括

図結-2　標準モデルによるブラック・マンデーの株価経路

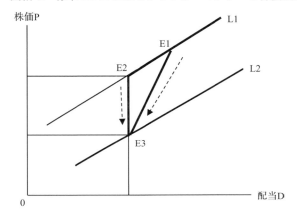

資料：著者作成。

準モデルでは売買取引システム・メルトダウンや，合理的バブルやフラクタルを挙げるが説得性に欠ける。

このように効率的市場を前提とした標準モデル（ポートフォリオ・インシュランスとファンダメンタルズ）では原因究明は難しい。それゆえ代替モデル（マーケット・マイクロストラクチャー・モデル，ノイズ・モデル，インパクト・モデル）による原因究明が注目を浴びた。

2.3　マーケット・マイクロストラクチャー・モデルによる原因究明

マーケット・マイクロストラクチャー・モデルでは合理的期待のトレーダーの需要と供給の総集計が原則として，均衡化するにもかかわらず，不均衡が生じてブラック・マンデーが起きたとする。この不均衡の主な原因を情報格差と流動性イベントによるシナリオ・モデルから提示する。

情報の非対称性

情報の非対称性（情報投資家と非情報投資家）を前提にした2つのシナリオ・モデル（ジェンノット＆リーランドの複数均衡モデルとジャクリン，

253

クライドン & プフラインデラー（JKP）の情報誤認モデル）から説明をする。

　まずポートフォリオ・インシュランスの情報の観察可能か否かについて区分した株価経路が**図結-3**である。このグラフには株価関数が3つある。L1はポートフォリオ・インシュランスの情報が市場に行き渡っている価格関数であり、ポートフォリオ・インシュランスの売りが急増（Q2-Q1）しても株価はそれほど下がらない。L2は情報がそれほど行き渡っていない価格関数であり、売り急増により株価は若干下落する。L1とL2では情報により注文数量の価格に対する弾力性が異なる。L3は想定しているポートフォリオ・インシュランス情報の非対称性のケースである。このとき逆S字型需要関数となる。この理由としてポートフォリオ・インシュランスの売り急増に対して投資家が大量に追随したからであろう。このようにジェンノット & リーランドの複数均衡モデルは非情報投資家による下位均衡へ移行誘導でありサンスポット（言い換えればノイズ）の色彩が強いといえよう。ジャクリン、クライドン & プフラインデラー（JKP）は機械的なポートフォリオ・インシュランスの売りをファンダメンタルズの悪化の誤認からの修正の結果として捉える。

　しかしブラック・マンデー時には豊富な情報を持つ多くの機関投資家が参加しており、また先物市場からもポートフォリオ・インシュランスの情報が得られたはずである。当時のファンド・マネージャーもこの状況に同意する。よってポートフォリオ・インシュランスについてはその情報の非対称性は顕著ではなく、取引比率も余り大きな比率ではないので前提が現実に適合しているか疑問の余地がある。

　これらの2つのシナリオ・モデルはクラッシュの瞬間的分析（情報の非対称性）のみを対象にしており、また均衡点に移行についてリバウンドはなく低位安定となることを想定している。ポートフォリオ・インシュランスを含めたクラッシュ以前の株価についてジェンノット & リーランド・モデルでは均衡水準、ジャクリン、クライドン & プフラインデラー（JKP）モデルではバブルによる株価形成があったことを暗示する。この点についてはどちらのシナリオ・モデルも明確な説明は難しい。

254

図結-3 情報の非対称性モデルによるブラック・マンデーの株価経路

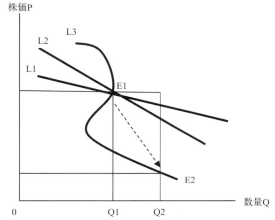

資料：Gennotte & Leland（1990）p. 1012, Figure 4 を修正。

流動性イベント

　グロスマン & ミラーの流動性イベント・モデル（売買取引システムのメルトダウンによる流動性の欠如）によるブラック・マンデーの株価経路の説明は**図結-4**で示している。流動性イベント・モデルでは（ポートフォリオ・インシュランスとそれに追随した）大量の売りである流動性イベントを議論の対象としているので、ポートフォリオ・インシュランス情報の観察性は重要ではない。

　いまグラフには株価関数が2つ用意されている。L1は流動性に厚み（カイルのλの数値が低い）がある、すなわちマーケット・メーカーが多い場合の価格関数である。L2は流動性が薄い（カイルのλの数値が高い）すなわちマーケット・メーカーが少ない場合の価格関数である。情報に関係して価格関数は変わることがないが、売りが急速に増加すなわち大きな流動性イベント（Q2-Q1）が起きると**図結-4**のように価格関数（L1とL2）によって株価は大きく変化する。価格関数L1はマーケット・メーカーの値付けが難しい状況に直面すると価格関数L2へ移行して、株価はE1からE2に変化し

図結-4 流動性イベント・モデルによるブラック・マンデーの株価経路

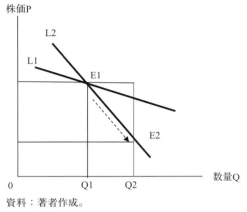

資料：著者作成。

てクラッシュが起きる。これは需給の不均衡による流動性の問題である。

同時にブラック・マンデーでは売買取引システムのメルトダウンによる流動性の欠如が非同時取引，即時でない価格取引等からスパイラルに下落したことも指摘されている。

この2つの流動性（需給による流動性と物理的な流動性）の関係性は曖昧であるが流動性がクラッシュに関与していることは間違いない。

そこで流動性イベントは市場で解消すれば理論的には株価がリバウンドしなければならない。実際，ブラック・マンデーでは30%程度しか株価はリバウンドしていない。この部分の一部が流動性イベントの原因によるものと推測できる。

2.4 ノイズ・モデルによる原因究明

2つのノイズ・モデルは融合モデルとして1つのモデルとして扱うことができる。このモデルは標準モデル（ファンダメンタルズ）を基礎にノイズを入れて構築されている。

このモデルは熟年層の合理的投資と若年層の非合理的投資家（ノイズ・トレーダー）が共存して比率が変わるので経済理論上，世代重複（OGL）モデルである。

結章　本書の総括

図結-5　ノイズ・モデルによるブラック・マンデーの株価経路

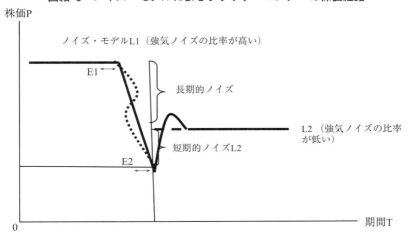

資料：著者作成。

　デロング，シュライファー，サマーズ＆ワルドマン（DSSW）モデルはリスク中立型の短期的ノイズである。アービトラージが入る余地がない。
　キャンベル＆カイル・モデルはリスク回避型の長期ノイズを想定している。もし株価が上昇局面になると投資家の富の効果によりリスク資産の比率を高める，言い換えれば投機的傾向（リスク回避度が小さくなる傾向）を強くすると仮定する。
　以下，ブラック・マンデーの原因について2つのノイズ・モデルを統合してさらにノイズを短期と長期に分けて説明する。
　図結-5はグラフ**図6-3**と**図6-4**およびサンスポットとしてのジェンノット＆リーランド・モデルの**図5-4**を組み合わせて作成された株価経路のグラフである。ノイズ・モデルによるポートフォリオ・インシュランス情報は観察可能であるとする。
　ある価格ゾーン以下に突入して，日々，ランダムで機械的なポートフォリオ・インシュランスの売りが急増する。これにローマの追加的な内部情報による追随売りと定義した短期的ノイズが加わる。同時に長期的に投機的警戒

257

感を醸成される相場の下，ポートフォリオ・インシュランスの売り情報から短期的な追随売りが急増により多くの長期的強気のノイズ・トレーダーの追随売り（平均回帰へ反転）を誘発した。

　短期と長期が同時に起きた。この結果，**図結-5** の均衡価格 E1 から E2 へ下方にジャンプした。このようにノイズ・モデルによる理論的説明はブレディ報告書の状況説明と符合する部分が多い。しかしノイズ・モデルではシミュレーション（強気ノイズ・トレーダーの減少）が可能であるが，実証的または具体的予測値が算出できない難点がある。

2.5　インパクト・モデルによる原因究明

　高頻度取引（HFT）マーケット・マイクロストラクチャー理論とベッツ（機関投資家のリスク移転）取引をするノイズ・トレーダーから導いたインパクト・モデルはブラック・マンデーの原因をマーケット・インパクト（短期と長期）として捉える。このモデルは過去の取引状況から一定のパターン（不変量）を構築してマーケット・インパクトの予測値が計算する実証型の証券理論モデルである。この予測計算では実際（実績）値と大きく乖離があった。

　このモデルが定義したノイズ・トレーダーとしてのポートフォリオ・インシュラーに追随売りのトレーダーも加えて再計算すると実績値に近づくことが確認できる。このことはブラック・マンデーの原因がノイズ・トレーダーの投資（売買）行動に起因するとのノイズ・モデルの主張に実証的な妥当性を付与する。よって**図結-5** のノイズ・モデルと**図結-6** のインパクト・モデルの株価下落経路はよく似ている。

　ハン＆ワンの流動性インパクト・モデルはグロスマン＆ミラーの流動性イベントをより売買注文の不均衡の短期的インパクトとして捉えて高頻度取引（HFT）においても起きる可能性を示唆した。

　図結-6 で示したようにマーケット・インパクトは機械的な取引（例えば，ポートフォリオ・インシュランス）とその取引に追随する売りによる短期的マーケット・インパクト，ファンダメンタルズの影響または長期的な平均回帰志向に基づくノイズ取引による長期的マーケット・インパクトである。短

結章　本書の総括

図結-6　インパクト・モデルによるブラック・マンデーの株価経路

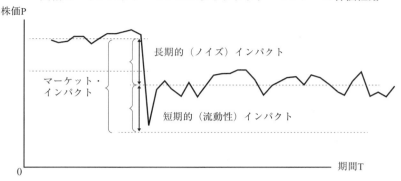

資料：著者作成。

期的マーケット・インパクトによる下落した株価はリバウンドする。

3　原因究明からの課題と影響の分析に関する総括

　第Ⅲ部の原因究明からの課題と影響の分析に関する総括は3.1売買取引の分析，3.2高頻度取引（HFT）の分析，3.3金融商品分析である。これは具体的な問題意識の③（本章1.4）に相当する内容である。

　まず売買取引の分析では①サンシャイン取引，②サーキット・ブレーカー，③ボラティリティ・スマイルを対象にした。さらに今日的（2015年末時点）視点から売買取引に関する課題と影響の再検討した。つぎにクラッシュ回避策としての売買取引のキャパシティ増大の必要性が高頻度取引（HFT）を実現させた。このシステムが流動性クラッシュの再発防止策に成り得るかどうかの視点で分析をした。最後は金融商品の分析である。特に高度化した金融商品（債務担保証書（CDO）とクレジット・デフォルト・スワップ（CDS））はブラック・マンデー以降の金融イノベーションの成果であった。この金融商品がブラック・マンデーに続く2番目の金融工学型クラッシュ（サブプライム問題を契機としたリーマン・ショック）を誘発させたとする。この視点から金融商品について分析を行った。これらの分析に

よってブラック・マンデーの原因究明の研究はさらに奥行きと広がりをもたらすであろう。例えばブラック・マンデーが近代証券市場の根源的なシステムのレガシーを提供したことからでも理解できる。

3.1 売買取引の分析

サンシャイン取引

　ポートフォリオ・インシュランス取引情報の非対称性を少なくするためにサンシャイン取引の必要性が唱えられた。その後，高頻度取引（HFT）市場におけるフラッシュ・オーダーおよびダークプールさらには略奪的取引等の問題から売買取引開示のサンシャイン取引の考え方が市場の透明性の観点から重要性が増してきている。

サーキット・ブレーカー

　サーキット・ブレーカーの制定時は賛否両論があった。しかし高頻度取引（HFT）の下，サーキット・ブレーカーの有効性を認めている。その理由として取引コスト低下によりアルゴリズム取引が増加してボラティリティが高くなる危険性とマーケット・マイクロストラクチャー・ノイズの増加が挙げられる。今後とも高頻度取引（HFT）の特徴に合わせたサーキット・ブレーカーの規制作りが必要である。

ボラティリティ・スマイル

　ブラック・マンデー後，インプライド・ボラティリティが行使価格との関係では一定でなく，ボラティリティ・スマイルといわれる現象が現れた。この現象はまだ続いている。現在，ヘストン確率的ボラティリティ（SV）モデルやガーチ（GARCH）モデルなど変動ボラティリティ分析手法の進歩が著しい。

3.2 高頻度取引（HFT）の分析

　2010年のフラッシュ・クラッシュについては，今までに経験したことのないイベントなので証券市場は大いに戸惑った。フーコ（Faucault）（2012）

によれば，これまでの実証研究では高頻度取引（HFT）によるアルゴリズム取引は証券市場の効率性と流動性に有効であるとする。その根拠には頑強性がないので研究の深耕が必要である。まずはクラッシュの再発防止のために高頻度取引（HFT）に関する規制当局の有効な諸施策が不可欠である。

3.3 金融商品の分析

アロー・ドブリュー（AD）証券から派生される構築された金融商品は補完市場の形成を促進する意味で金融イノベーションが積極的に行われた。その成果が高度化された金融商品（担保債務証券（CDO）とクレジット・デフォルト・スワップ（CDS））であった。これらの金融商品は店頭市場（OTC）において機関投資家間で行われたので，規制は緩やかであった。これはグリーンスパンの考え方が大きく反映されている。この店頭市場（OTC）において，これら高度化された金融商品を対象に2007年サブプライム問題が引き金になって株式市場では2008年9月リーマン・ショックを迎える。2回目の金融工学型クラッシュが惹起した。

4 問題意識に対する回答

理論的なブラック・マンデーの原因究明が基本的な問題意識であり，さらに3つの具体的な問題意識（本章1.4）を準備した。4.1原因究明に関する問題意識と4.2課題と影響の分析に関する問題意識の回答を整理して以下，提示する。

4.1 原因究明に関する問題意識

まず証券理論モデルによるブラック・マンデーの原因究明についての回答から始める。ブラック・マンデーの状況を観察すると，少しの株価下落による機械的なヘッジのポートフォリオ・インシュランスの売りの急増は市場の大量の追随売りを誘発して，クラッシュ（ダウ工業株平均（DJIA）は22.6%下落）を引き起こした。これがブラック・マンデーの特徴である下落のスピードと膨大な取引量をもたらし，その後，1週間で30%程度の株

価のリバウンドとなって現れた。以下，証券理論モデルを標準モデルと代替モデル（マーケット・マイクロストラクチャー・モデル，ノイズ・トレーダー，インパクト・モデル）に分けて回答する。

① 標準モデルによる原因究明 − 2つに分けて説明する。まずポートフォリオ・インシュランス主犯説は多くのファンダメンタズ支持者から否定されている。なぜなら効率的市場仮説ではポートフォリオ・インシュランスはアービトラージにより円滑に売買されるとの前提であること，ポートフォリオ・インシュランスの取引比率が余り大きくないこと，他国へのクラッシュの伝播等からクラッシュの引き金の役割であった。

つぎにファンダメンタルズ（例えばゴードン・モデル）説ではブラック・マンデー当時，新たなファンダメンタルズに関する情報はなかった。どうして19日に大きな暴落が起きたかについて納得のいく説明ができない。物理的な原因または一時的な需給の不均衡であるとの理由を挙げられるが，これが回復すればリバウンドしなければならない。このようにファンダメンタルズによるクラッシュの原因説明は難しい。

② 代替モデルによる原因究明 − ブラック・マンデーにおいてはポートフォリオ・インシュランス取引の情報が観察不可能な状況ではなかったことから，マーケット・マイクロストラクチャー・モデルの情報の非対称性を前提とした原因説明は説得性に欠ける。またクラッシュ前後の株価水準の妥当性についても明確ではない。

よってノイズ・モデルからノイズ・トレーダー（機械的なヘッジ売りのポートフォリオ・インシュラーとその追随売りトレーダー）の売り急増による逆S字型需要が生じて株価を暴落させたノイズ（サンスポット）が妥当な説明である。しかも実証型インパクト・モデルもノイズ・モデルの主張について妥当性を付与する。同時にノイズ・トレーダーの売り急増はマーケット・マイクロストラクチャーの流動性イベントを引き起こして株価をさらに下落させた。これら複合的な原因でクラッシュを一層大きくさせた。

さらにブラック・マンデーのクラッシュをマーケット・インパクトとして捉え，短期と長期に区分しよう。短期的インパクトとして流動性イ

結章　本書の総括

ベントが挙げられる。これは 2 つの流動性（需給による流動性と物理的
な流動性）の欠如が解消すると株価はリバウンドする。このリバウンド
のなかには短期的ノイズのポートフォリオ・インシュランスの売り急増
とそれに伴う短期的な追随売りも含まれる。長期的インパクトは短期的
ノイズに誘発されたノイズ・トレーダーの平均回帰志向に起因する。

　以上のことを現実に照らせばブラック・マンデー後，株価は 1 週間
（終値平均）で 30% 程度リバウンドしている。よってブラック・マン
デーのマーケット・インパクト（-22.6%）では，流動性イベントと
ポートフォリオ・インシュランスの急増による短期的インパクトが
30%，長期的インパクトが 70% にそれぞれ分解できる。

このように各証券理論モデルによるブラック・マンデーの原因説明は頑強
性があるが，非常に限定されているので，**図結-7** で示したように多くの代
替モデルを組み合わせにより初めて可能となる。

これまでブラック・マンデーの原因については個別にしかも断片的に①
ポートフォリオ・インシュランス，②情報の非対称性，③流動性の問題，④
投資心理，等が挙げられるのみであった。しかも体系的な原因説明の検証は
いままではほとんど行われなかった。

本書の意義は体系的に証券理論モデルの組み合わせによるブラック・マン
デークの体系的な原因説明の試みである。

4.2　課題と影響の分析に関する問題意識

③　課題と影響の分析－まず，売買取引を中心として，クラッシュ再発の防
　止策のための幾つかの課題と影響が提示された。この課題と影響について
　分析をした。つぎに原因究明のなかで，市場の流動性の観点から売買取引
　の効率化が求められた。そのソリューションが高頻度取引（HFT）である。
　しかし高頻度取引（HFT）が流動性クラッシュの再発に有効か否かはまだ
　結論が出ていない。

　ここでは売買取引システムと高頻度取引（HFT）の今日的関係性から総括
する。高頻度取引（HFT）の下，取引コストが安くなるので太い尾の分布

263

figure 結-7　代替モデルによるブラック・マンデーの原因究明

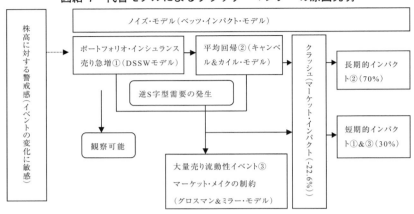

資料：著者作成。

（予期しないクラッシュが起きる可能性）を回避するためにサンシャイン取引（取引の公開）とサーキット・ブレーカー（売買停止）を積極的に導入して、透明性のある市場を確立すべきであるとの見解が支配的となっている。

　さらにブラック・マンデーにおいてポートフォリオ・インシュランスは金融商品としての欠陥が指摘された。その後の金融イノベーションにより、高度化した金融商品（債務担保証書（CDO）やクレジット・デフォルト・スワップ（CDS））が誕生した。また高度化した金融商品も欠陥が露呈して2回目の金融工学型クラッシュであるサブプライム問題を契機としたリーマン・ショックを誘発した。このクラッシュの原因はブラック・マンデーと同様に金融商品の潜在的なリスク（または欠陥）とセーフティ・ネット（規制）の不備によりノイズを引き起こしたことによる。すなわちブラック・マンデーと同質的原因である。

　以上の分析からブラック・マンデーは近年証券市場に根源的なシステムのレガシーをもたらした。このようにブラック・マンデーの原因究明は近時証券市場に大きな影響を及ぼしている意味で現代的意義を持ちかつ金融工学型クラッシュ研究に欠くことのできない重要な研究テーマであるといえる。

結章　本書の総括

おわりに

　本書はブラック・マンデーの原因究明を一義的な目的にしているが，純粋に証券理論の歴史的視点からクラッシュのみを議論することはブラック・マンデーの位置付けを明確にするために重要である。証券理論モデルによるブラック・マンデーの原因究明の上で流動性とノイズ（投資心理）は非常に重要な概念である（本章2.1）。そこで2つの証券の基本概念に基づいてクラッシュを証券理論から考察しよう。

　流動性において高頻度取引（HFT）という概念は理論的には必ずしも問題がないわけではない。シュライファー（Shleifer）（1990）は「流動性に対する議論は，より根拠の薄弱なものである。人々は取引を選好するというブラックの観察を除けば，流動性が望ましいものだという論拠は少ないが，市場における流動性では大きな長所とみなされている。流動性にはどんなコストをも補う利益があるとしても，それに猛進するのは行き過ぎのように思われる[4]。」と述べている。

　同様な趣旨の見解をケインズ（Keynes）（1936）も記している。「これはいわゆる『流動性』に主眼をおいて組織された不可避な結果である。確かに，正統派的金融の格率のなかで，流動性の崇拝，すなわち『流動的な』有価証券の所有に資産を集中することが投資機関の積極的な正しい美徳とみなす教義ほど反社会的なものはない。それは，社会全体にとっては投資の流動性というものは存在しないということを忘れてはならない[5]。」

　そしてケインズは過度の流動性を回避させるための「移転税」を提案した。同様に外国為替取引についてはトービン税の考え方がある。

　こうした見解は高頻度取引（HFT）の研究でも常に心しておくべき本質的な考え方である。

　つぎに不確実性に対する市場のフィードバックしたノイズ（不安・不信）の概念である。ブラック・マンデーの原因について核心的な原因は短期と長期のノイズ（投資心理，例えば不安や平均回帰）である。畢竟，この見解は19世紀からの伝統的なクラッシュの原因説明とほとんど変わらないことに

265

なる。なぜならこのテーマは主体たる投資者（人間）を対象としている限り，社会科学の人間の精神性の進化論は適用できないためであると考えられる。歴史的に経済学者はクラッシュの原因を「投機」に求めた。この投機は多くの事象が複合的に結合しているので，1つの理論モデルでは無理である。結局，多くの理論モデル（マーケット・マイクロストラクチャーの流動性イベント・モデル，インパクト・モデル，ファンダメンタルズを基礎にしたノイズ・モデル）による原因説明である。

ブラック・マンデーは確かに「金融工学型」クラッシュであり，価格下落のスピードと膨大な取引量の特徴を持っているが，まさに伝統的な投機の諸力の問題のなかに包接されることができる。長い証券史ではブラック・マンデーも1つのクラッシュの断層に過ぎないのかもしれない。そこでクラッシュ（証券市場に限らず）についての原因を投機という立場から学派とは関係なく（「すべてを理解するにはすべてを寛恕する（許す）」[6] 立場から），紹介しよう[7]。歴史的な経済学者の見識が現代でもビビット（vivid）に感じられる。

J.S. ミル
「価格の騰貴は，最初は若干の合理的根拠があったのであるが，多くの場合は単なる投機的な購買によってすすめられ，ついには最初の根拠が正当とする点をはるかに超えるようになる。間もなくこのことがわかりはじめる。価格は上昇をやめ，商品をかかえている人は，利得を得ようとして，しきりに売ろうとする。そうすると価格が下落し始める……

投機が旺盛な時期において，すべての商人は賭博熱の発作にとらわれ，単に帳簿信用による購買の拡張のみで一切の物価ははなはだしく騰貴する。しばらくして売りたいと思うようになり，物価は崩壊する。これが商業恐慌である。……

このように，商品が利得を得る力を持っているとき，民衆の心理がある種の状態となっていると，このような財産の急速な増加のいくつかの実例は，数多くの模倣者を発生させ，投機はひとり当初存在した価格騰貴を期待する根拠からみて，正当である限度をはるかに超えて前進するばかりでなく，決

してこのような根拠が存在しなかった物品にまで広がっていく[8]。」

マーシャル

「組織的市場の取引は無法な人々によって悪用されがちであり，それはさらに事情に疎い投機家たちの愚かさによってしばしば助長されがちである[9]。」

「株式取引所はさらに無知な投資家が，より情報に通じた人々が少ないことを知っている債券や株式に対して，高い価格を支払う危険をも大幅に減少させている[10]。」

ヴェブレン

「株式会社資本を代表するいろいろな銘柄が市場で上場され，市場変動の影響を受ける。……資本価額の市場変動は，投資家の側における信頼の変化，支配的地位に立つ企業者がとろうとする政策や戦術に関する現行の信念，季節変動，政治家の同職組合の戦術に関する予測，公衆の気分や見方の不確実で，概して本能的な変わりやすい動きなどにもとづいておこなわれる。それゆえに，現代の条件のもとでは企業資本の大きさと，その日々の変動は，大きな程度で，物質的事実というよりも，むしろ大衆心理の問題である[11]。」

さらに資本価額（さらに突き詰めればのれん）に基づく市場での資本取引は「投機的」取引である。この取引の動機こそが資産価格を不安定にして，結局，金融的パニックへ追い込むことになる。

ケインズ

「投機という言葉を市場の心理を予測する活動にあてるとすれば……，投資市場の組織が改善されるにつれて，投機が優位を占める危険は事実増大する[12]。」

「投機に基づく不安定性がない場合にも，われわれの積極的な活動の大部分は，数学的期待値－道徳的，快楽的，経済的を問わず－に依存するよりむしろ，自生的な楽観に依存しているという人間本性の特徴に基づく不安定性

が存在する。……これはアニマルスピリット（血気）の結果であり，数量的確率ではない[13]。」

また資本主義経済の原動力は（人間の）「貨幣愛（金銭愛）」という病気だが，同時に豊かさをもたらす手段であり，エンジンでもある[14]。

シュンペーター

「後退は先立つ革新の結果を収穫する時期であるとともに，またその間接の成果を収穫する時期でもある。新方法は模倣され，改良されつつある。新方法または新商品の衝撃への適応は部分的には『誘発された発明』からなっている。……したがって，好況のよりも不況中に『事業にはヨリ多くの知恵がある』という諺には多くの真理がある[15]。」

キンドルバーガー

「熱狂と饗応は，時折，不合理の円満あるいは群衆心理と結びつくものであることを，私は強調したい。個人の合理性と不合理との関係はもっと複雑である。

つまり行動開始時には合理的であるが，そのうちにゆっくりと，その後はより急速に現実と結びつきを失っていく。……そこには投機家集団も加わり，合成の誤謬が誰もが陥る。……

群衆心理あるいは異常な興奮は合理的な行動からの偶発的乖離として始まる。その要因は多くの経済モデルの中にみられる[16]。」

「不確実性とダイナミックにとらえ，（合理性から乖離した）モデルとして，「太陽黒点」（sunspot）がある。しいてこれを理解しようとすれば（筆者加筆），カオス理論に関連性があるように思える。カオス理論では，ある状況において関係する変数が余りにも多いので，何が起こるのかを予想するのが不可能である[17]。」

ガルブレイス

「しかし，こうした例外を別にすれば，市場は本質的に完全なものである。しかし，上昇が上昇を呼ぶ投機のエピソードが市場自体に内在していること

は明らかである。上昇の頂点で暴落が起きることについても，同じことがいえる。ところが，このような考えは神学的に受け入れがたいものであるから，外部的な影響を見つけ出すことが必要となる。ここで外部的な影響とは，近年の例でいうと，1929年夏に起きた景気下降，1980年代の赤字財政，1987年の暴落をもたらせた「市場のいくつかの仕組み」といったものがある[18]。」

「しかし投機の傾向および過程それ自体をより良く認識する，ということ以上にはあまりなさそうである。金融上いかがわしいことまたは大衆的な陶酔的熱病を，規制によってなくしてしまうことは実際上できるはずがない。……現実には唯一の矯正策は高度の懐疑主義である[19]。」

グリーンスパン

「しかし景気循環と金融を扱うモデルはいまだに，人間の本来の反応を十分にと捉えることができていない。陶酔感や恐怖感の間に変化する心理を何世代の間にもとらえおらず，過去の教訓にも学んでいない。ケインズが「アニマル・スプリット」と呼んだ反応は非合理的でだけでは済まされない。モデルのなかでこうした人間の反応という重要な「説明変数」が欠けている。ただ「アド・ファクター」により微調整するだけである。……[20]」

注

1) Fox（2009）p. 301（訳書 387 頁）。

2) Black（1986）p. 531.

3) Krugman（1987）によると E2 から E3 のクラッシュは情報の不完全性に起因する。

4) Shleifer（1990）pp. 15-16.

5) Keynes（1936）p. 155（訳書 153 頁）。

6) "Tout comprendre, c'est tout pardoner=Alles verstehen heißt alles verzeihen". Schumpter
（1908）が処女作の序文の書出しで引用したフランスの格言である。

7) 新古典派の投機の考え方は短期的な概念であり，クラッシュとの関係は均衡理論
のゆえに希薄である。

　Friedman

　「投機は一般的に不安定化をもたらすものであると主張する人びとは，その主張が
投機業者は損をするものだという主張とほぼ等しいことをほとんど認識していな
い。」（Friedman（1953）p. 175（訳書 176 頁））。

　「ヌルクセの分析では，双方が安定を損なう取引が同時に起きて，どうしても勘定
が合わない。こうした彼の分析が投機は安定を損なうという信念の"定評ある"根拠
ないし"証明"として，たいそうしばしば引用されているということは，一般に抱か
れている経済的信念に科学的な基礎が必ずしもないことを遺憾ながら示すものであ
る。」（Friedman（1953）p. 176（訳書 177 頁））。

　Stigler

　「投機家はそれぞれ，将来のある時点における需要と供給のさまざまな条件につい
ての確率を推定する人であるといえよう。」（Stigler（1966）. pp. 99-100（訳書 108
頁））。

　「大衆…は，常に投機家に敵意を抱いており，誰かが将来を予測したり，予測の誤
りによる危険を負担したりする必要があるという経済学者の議論を聞き入れない」
（Stigler（1966）pp. 101-102（訳書 111 頁））。

8) Mill（1848）pp. 54-55（訳書（3）178-179 頁）。

9) Marshall（1919）p. 262（訳書（Ⅱ）108 頁）。

10) Marshall（1923）p. 95（訳書（Ⅰ）128 頁）。

11) Veblen（1919）pp. 148-149（訳書 118-119 頁）。

12) Keynes（1936）p. 158（訳書 156-157 頁）。

13) Keynes（1936）p. 162（訳書 161-162 頁）。

14) Keynes（1930）pp. 321-332（訳書 393-400 頁）。

15) Schumpter（1939）p. 143（訳書 209-210 頁）。

16) Kindelberger（1978）p. 26（訳書 37 頁）。

17) Kindelberger（1978）p. 219（訳書 331 頁）。

18) Galbraith（1990）p. 107（訳書 151-152 頁）。

19) Galbraith（1990）pp. 108-109（訳書 154 頁）。

20) Greenspan（2008）p. 522.（訳書（特別版）38-39 頁）。

付録

テクニカル・ツール

　この付録のテクニカル・ツールは各章で展開される証券価格モデルの導出方法を簡潔にまとめたものである[1]。

　なお各章のモデルで使用される記号表記は原則，テクニカル・ツールに準拠しているが，一部に重複して記号が用いられる場合にはその都度，明示している。

1　効率的市場

1.1　効率的市場の定義

　効率的市場仮説について，ファーマ（Fama）（1970）は「価格が常に利用可能な情報を完全に反映している市場のことを効率的である。[2]」と定義した。

$$E(\xi_{t+1}|I_t)=0 \qquad \forall（過去の情報）\in I_t \qquad (A.1)$$

　上記式はあらゆる($\forall$)過去の情報を含む（$\in I_t$）から超過期待収益ξは生じないことを意味する。よって株価は一定の期待（割引）金利以外に収益が期待できない意味でマルチンゲールとなる。このとき株価はランダム・ウォークになる。さらにファーマ（1970）によると，効率的市場仮説とは情報の効率化と投資家の合理的期待との複合仮説であるとした。

　よって効率的市場は①情報で超過収益を得ることができない情報の効率性，②投資家が合理的または合理的期待であるの2要件からなる市場構造を有している。この市場構造の相違は証券価格モデルにも影響を与える。

271

付録　テクニカル・ツール

1.2　ランダム・ウォーク

　ファーマの定義は期待（割引）金利のみに依拠しており，リスクは欠落している。そこで時系列株価（確率変数）$\{P_t\}$を以下のように定義した上で，リスクを含んだ概念からランダム・ウォークを細分化する。（A.2）において価格変動は正規分布$N(\cdot)$することを示している。

$$P_t = \mu + P_{t-1} + \varepsilon_t \quad \varepsilon_t \sim i.i.d.N(0, \sigma^2) \tag{A.2}$$

　μ：期待価格の変化（リスク中立型としてドリフトすなわち金利を想定すればよい）

　ε_t：ホワイトノイズ　$i.i.d.$：独立でかつ同一の分布　σ^2：の分散

① 　単純対称ランダム・ウォーク（$\mu = 0$）

　このケースは2項過程と整合的である。

$$E(P_t|P_0) = P_0$$
$$Var(P_t|P_0) = \sigma^2$$

② 　正規強ランダム・ウォーク（μが正規$i.i.d.$過程）

　この場合には後ろ向きに過去のP_tを繰り返すと

$$E(P_t|P_0) = P_0 + \mu t$$
$$Var(P_t|P_0) = \sigma^2 t$$

を得る。この条件はブラウン運動の確率過程と整合的である。

③ 　強ランダム・ウォーク（μが$i.i.d.$過程）

　この収益率の正規分布をはずしたので多くは太い尾（ファット・テイル）の分布になる[3]。この現象はボラティリティ・スマイルで出現する。

1.3　ブラウン運動

　ある確率変数$\{B_t\}$について，微小の時間の変化を$\Delta t(>0)$に対するB_tの増加分を

$$\Delta B_t = B_{t+\Delta t} - B_t$$

と定義する。

付録　テクニカル・ツール

確率変数$\{B_t\}$が一定の条件を満たすと標準ブラウン運動になる[4]。

そのときB_tを持った確率変数である株価$\{P_t\}$について，確率微分方程式（SDE）で表す。

$$dP_t = \mu dt + \sigma dB_t \qquad P_t = P_0 + \mu t + \sigma B_t \tag{A.3}$$

よって　　　　　　$|P_t - P_0| \sim N(\mu t, \sigma^2 t)$

上記式の株価（確率変数）P_tは算術ブラウン運動するという。

さらにドリフト項μと拡散項σも株価P_tに依存していると仮定すれば株価P_tは幾何ブラウン運動となる。

$$dP_t = \mu P_t dt + \sigma P_t dB_t \qquad P_t = P_0 \exp\left[(\mu - \frac{1}{2}\sigma^2)t + \sigma B_t\right] \tag{A.4}$$

よって　　　　$\log \frac{P_t}{P_0} \sim N\left[(\mu - \frac{\sigma^2}{2})\Delta t, \sigma^2 \Delta t\right]$

と表すことができる。（A.4）はブラック＆ショールズ・オプション（BS）モデルにも利用されている。ブラウン運動B_tはウィーナー過程W_tとも呼ばれている[5]。

1.4　ゴードン・モデル

以下の株価（確率変数）$\{P_t\}$を充足するとき，マルチンゲールであるという。情報空間I_tを持つので厳密にはP_tは確率測度と呼ばれ，別に同値のマルチンゲール測度が存在する。

$$E(P_{t+1}|I_t) = P_t \qquad\qquad E(P_{t+1} - P_t|I_t) = 0 \qquad\text{（離散型）}$$
$$\tag{A.5}$$
$$P_{t+u} - P_t = \int_t^{t+u} \sigma_s dB_s \qquad\qquad\text{（連続型）}$$

期待収益率を以下のように定義する。

$$E_t(\mu_{t+1}) = \frac{E_t(P_{t+1}) - P_t + E_t(D_{t+1})}{P_t} = r$$

D_{t+1}：1株当たり配当　　r：利子率　　　$E(D_{t+1}|I_t) \equiv E_t(D_{t+1})$

$$P_t = \delta E_t(P_{t+1} + D_{t+1}) \qquad\text{ただし}\quad \delta = \frac{1}{1+r}$$

上記式に反復期待値の法則を適用すると

273

付録　テクニカル・ツール

$$P_t = E_t[\delta D_{t+1} + \delta^2 D_{t+2} + \delta^3 D_{t+3} + \cdots + \delta^j(P_{t+j} + D_{t+j})]$$

を得る。

いま$j \to \infty$とすれば$\delta^j(P_{t+j}) \to 0$であるので

$$P_t = E_t \sum_{j=1}^{\infty} \delta^j D_{t+j} \tag{A.6}$$

になる。上記式を配当割引モデル（DDM）という。

つぎに，配当Dが一定率（$g = b\varphi$：配当成長率＝内部留保率×資本利益率）で成長する定率成長モデルを考えると以下のようになる。

$$P_t = \sum_{i=1}^{\infty} \delta^i (1+g)^{i-1} D$$

$$P_t = \frac{1}{r-g} D \tag{A.7}$$

（A.7）をゴードン・モデルという[6]。このモデルはファンダメンタルズの基本モデルである。rは割引率$\rho = r + \gamma$（リスク・プレミアム）に入れ替えてもよい。

1.5　アービトラージ（裁定）取引

リスク中立を前提にしたとき効率的市場とは無裁定条件を充足することである。そこで先物市場における無裁定条件は

$$P_0^{f*} = P_0 e^{(r-d)T}$$

P_0^f：0期の先物価格　　P_0^{f*}：0期の先物理論価格　　　P_0：0期の現物価格
r：長期金利　　　d：配当利回り　　　T：満期日

であるが，満期日には$P_T = P_T^{f*} = P_T^f$となる。もしベーシス・リスク（$P_0^f \neq P_0^{f*}$）が生じると裁定取引（＝さや取引）が起きる。

いま$P_0^f < P_0^{f*}$の事例を考える。0時点で現物を借りてP_0で売り，同時に先物買いP_0^fを行えば，満期日Tの損益Rは以下の通りになる。ただし短期貸借利率＝0である。

$$R = [(P_T^f - P_0^f) + (P_0 e^{(r-d)T} - P_T)]$$

満期期日Tでは$P_T = P_T^f$であるから上記式は以下のように書き換えることができる。

274

$$R = -P_0^f + P_0 e^{(r-d)T} = -P_0^f + P_0^{f*} > 0 \qquad (A.8)$$

この事例を売り裁定という。

この売り（買い）裁定は現物価格の下落（上昇），先物価格の上昇（下落）により無裁定条件に基づく均衡価格に導くので，効率的市場を実現させる機能を持っている。こうした理論を基礎として投資をするトレーダーをアービトラージャーまたはインデックス・アービトラージャーという。ブレディ報告書やミラー（Miller, M. H.）がよく引用する取引形態である。

1.6　完備市場

いま t 期において種類の証券の総数であり，P（N 行 1 列）は各証券の価格のベクトル P_t からなる。さらに K は市場の状態の総数として，ペイオフ行列を D（N 行 K 列）する。また，状態 Ψ（K 行 1 列）とする。

① 裁定機会が存在していたことは以下の Ψ_i（> 0）が存在することである。

$$P = D\Psi \qquad (A.9)$$

よって任意の i について Ψ_i は一意的となるのは $K = \text{rank}$（D）が $N \geq K$ のときである[7]。

② 特定の状態（s）が起きるときのみペイオフが 1 で，その他の状態のときは 0 のである証券である純粋証券（pure security）またはアロー＆ドゥブュルー（AD）証券を導入すれば，そのような資産の将来ペイオフの列ベクトル

$$\mathbf{Z}_{(s) \atop K \times 1} = \begin{bmatrix} 0 \\ 0 \\ 1 \\ 0 \\ 0 \end{bmatrix} = \iota_s \qquad (A.10)$$

である。ι_s は k の状態のときのみ 1（その他の状態のときは 0）である。すべての状態に対する純粋証券を 1 枚持っていれば，最悪でも必ず 1 ペイオフをもたらすことになる[8]。

③ 上記①と②を充足すれば完備市場となり，あるペイオフの証券を複製

付録　テクニカル・ツール

（replicate）することが可能である。

2　ポートフォリオ選択の標準問題

2.1　ポートフォリオの前提

　ポートフォリオ理論は効率的市場（投資家が合理的でかつ情報が効率的である市場）としている。その前提条件は以下の通りである。
①　投資家（ファンド・マネジャー）は期待効用の極大化
②　期待効用はリスク回避型
③　すべての資産は無限に分割可能
④　株式は空売りの不可
⑤　市場には無摩擦（税金・取引コスト，情報の非対称性）
⑥　1期間

　いま，富を構成するすべての投資財は危険資産の株式銘柄で保有していると仮定する。危険資産は平均 – 分散（M-V）アプローチを用いれば，危険資産はリターン（期待収益率：$\mu_i = E(\mu_i)$）とリスク（標準偏差：σ_i 分散：σ_i^2）で表わすことができる。そこで，各証券の投資比率を $x_i(\geq 0)$ ポートフォリオにおける各（要求）収益率 μ_p，分散 σ_p^2，V は共分散行列[9] である。ただし $x_i \geq 0$ である。

2.2　ポートフォリオ最適解

　効用関数 $E[U(W)] = U(\mu, \sigma)$ の極大化を充足するための W（富＝資産）のポートフォリオを求める場合，以下のような最適化問題となる。

$$max\, U(\mu_p, \sigma_p^2)$$

s.t.　（以下を制約条件として）

$$\mathbf{x}^{\mathrm{T}}\mathbf{1} = 1 (x_i \geq 0) \qquad (\mathbf{x}^{\mathrm{T}} : \mathbf{x} \text{ の転置行列}) \tag{A.11}$$

ただし　$\mathbf{x}^{\mathrm{T}}\boldsymbol{\mu} = \mu_p$，$\mathbf{x}^{\mathrm{T}}\mathbf{V}_\mathbf{x} = \sigma_p^2$

付録　テクニカル・ツール

現実問題として効用関数$E[U(W)]=U(\mu_p, \sigma_p^2)$が明示できない場合は，リスク回避型期待効用は$\frac{\partial U}{\partial \mu}>0, \frac{\partial U}{\partial \sigma}<0$の仮定のみに依存する。よって，ポートフォリオにおける各（要求）収益率μ_pは最小分散σ_p^2とするポートフォリオ選択の標準問題（第4章1.1）[10]であり，数理計画として最適解が存在する条件付最小化問題である[11]。

3　オプション・モデル

3.1　コックス，ロス＆ルービンスタイン（CRR）オプション・モデル

オプションの満期まで権利行使はできないヨーロピアン・コール・オプションの満期日（T）の価値（またはペイオフ）V_cは

$$V_c=(P_T-K)^+=\max(P_T-K, 0) \tag{A.12}$$

　　　P_T：時刻T（満期）の原資産価格（株価）　K：行使価格

と表わすことができる。

同様にヨーロピアン・プット・オプションの満期日の価値（またはペイオフ）V_pは

$$V_p=(K-P_T)^+=\max(K-P_T, 0) \tag{A.13}$$

である。

もし，2項ツリーで上昇率u，下落率dとして，0〜T期までに上昇する回数をnとすれば，そのコール・オプションの価値は

$$\max(u^n d^{T-n}P-K, 0) \tag{A.14}$$

になる。

その価値の確率を次式で示す。

$$B(n|T, p)={}_TC_n p^n q^{(T-n)}=\frac{T!}{T!(T-n)!}p^n(1-p)^{(T-n)} \tag{A.15}$$

　　　$B(\cdot)$：2項分布関数　　p：上昇率uの確率　　q：下落率dの確率

（A.14）と（A.15）を統合して，金利rで割り引けば，（A.16）を得る。

$$V_c=\left[\sum_{n=0}^{T}\left(\frac{T!}{n!(T-n)!}\right)p^n(1-p)^{T-n}\max(u^n d^{T-n}P-K, 0)\right]/(1+r)^T \tag{A.16}$$

付録　テクニカル・ツール

いま上記式で T 期後にコール・オプションが　イン・ザ・マネー（株価が行使価格より高い状況）になるために，株価が T 期間中に上昇する必要のある回数の最小値を a とする。すなわち a は $u^a d^{T-a} P > K$ となる最小の非負整数と定義できるから，a は $\log (K/Pd^T)/\log (u/d)$ より大きい最小の非負整数である。さらに（A. 16）を展開すると，コックス，ロス & ルービンスタイン（CRR：Cox, Ross & Rubinstein）型ヨーロピアン・コール・オプション価格となり，その価値は以下の通りになる。

$$V_C = P \cdot B(T \ge a \,|\, T, \,p') - K(1+r)^{-T} \cdot B(T \ge a \,|\, T, \,p) \qquad (\text{A. 17})$$

ただし

$$p = \frac{(1+r)-d}{u-d} \quad p' = \left(\frac{u}{1+r}\right)p \quad a \equiv \frac{\log (K/Pd^T)}{\log (u/d)} \text{より大きい非負の最}$$

小整数値

3.2　ブラック & ショールズ（BS）オプション・モデル

コックス，ロス & ルービンスタイン（CRR）オプション価格モデルで n 期後の株価 P^* とすれば

$$P^* = u^j d^{n-j} P (j = 0, 1, 2, \cdots n)$$

であるので，対数をとると

$$\log \left(\frac{P^*}{P}\right) = j \log \left(\frac{u}{d}\right) + n \log d$$

となる。そこで $E\left[\log \left(\frac{P^*}{P}\right)\right]$，$Var\left[\log \left(\frac{P^*}{P}\right)\right] = \sigma^2$ について n を微小にして

$$u = e^{\sigma \sqrt{n/T}} \quad d = e^{-\sigma \sqrt{n/T}}$$

の関係があれば，$\log \left(\frac{P^*}{P}\right) = \left[\left(\log_e \frac{P^*}{P}\right) = \ln \frac{P^*}{P}\right]$ はブラウン運動をすることが証明できる。

よって（A. 17）を利用して，2 項分布（$\frac{P^*}{P}$ を $\frac{P}{K}$ に置き換えて）から

$$B(n \ge a \,|\, T, \,p') \to \Phi(d_1) \qquad B(n \ge a \,|\, T, \,p) \to \Phi(d_2) \qquad (\text{A. 18})$$

$\Phi(\cdot)$：標準正規分布関数

278

$$d_1 = \frac{\ln\left(\frac{P}{K}\right) + (r + 0.5\sigma^2)T}{\sigma\sqrt{T}} \qquad d_2 = d_1 - \sigma\sqrt{T}$$

を導くことができる[12]。

（A. 17）の究極なコックス，ロス＆ルービンスタイン（CRR）コール・オプションは以下のブラック＆ショールズ（BS）コール・オプションの価値 V_t^C（ただし $t \in (0, T]$, $T - t = \tau$）と同一になる[13]。

$$V_t^C = P_t \Phi(d_1) - Ke^{-r\tau}\Phi(d_2) \tag{A. 19}$$

（A. 19）の $\Phi(d_1)$ は株価が権利行使価格より高くなるとき P，それ以外はゼロの確率を示す。$\Phi(d_2)$ は権利行価格で支払われる確率を示している[14]。なお記号はすべて従前と同じである。

つぎにプット・オプションの価値 V_t^P は裁定取引の余地のない市場で同じ行使価格と満期日であるならば，以下のようなコール・プット・パリティの関係を有する。

$$V_t^C + Ke^{-r\tau} = V_t^P + P_t \tag{A. 20}$$

いま $1 - \Phi(d_i) = \Phi(-d_i)$ $(i = 1, 2)$ であることに留意すると下記式を得る。

$$V_t^P = -P_t \Phi(-d_1) + Ke^{-r\tau}\Phi(-d_2) \tag{A. 21}$$

4 条件付き期待均衡

4.1 合理的期待均衡

いま，不完全情報（市場に情報が行き渡っていない）において，合理的期待とは経済主体のモデルの変数について，主観的な確率的期待がその変数の客観的分布に等しいとする考え方である。一般的には期待形成は経済主体の情報集合に依存することになり，合理的期待均衡（REE）はこの情報集合に対しての最適期待である。この仮説の具体的なモデルはミュース（Muth）（1961）により孤島市場について提示された。

$$\forall i \quad S_i^* \in \max_{s_i} u_i(S_i^*, S_{-i}^*) \tag{A. 22}$$

付録　テクニカル・ツール

　もしプレーヤーiが事前に予測するプレーヤー戦略S_i^*は他のプレーヤーが均衡で実際にプレーする戦略をS_{-i}^*とすれば，以下のように表現できる。

$$S_i^* = S_{-i}^* \tag{A.23}$$

　その後，マクロ経済のモデルとしてルーカス（Lucas）（1972，1973）が合理的期待均衡を明示した。証券市場において不完全情報のなかで情報の非対称性（情報の格差があり，情報を知っている情報トレーダーと情報を知らない非情報トレーダーが存在する）に限定したモデル化はグロスマン（Grossman）（1976）およびグロスマン＆スティグリッツ（Grossman & Stiglitz）（1980）が嚆矢である。戦略をシグナルに変えて，情報シグナリングsを持つ情報トレーダーIとその株価Pから推測する非情報トレーダーUの2人エコノミーから株価Pについて合理的期待均衡を求める。それを可能にするのは株価と変数（情報や取引量）と線型関係にあり，ルーカスと同様に超過需要（$X_I + X_U = X$）がゼロであることを前提とする。その合理的期待均衡のフレームワークは以下の通りである。$U(W_i)$は富（資産）の効用である。

$$\max E[U(W)|X_i] \qquad \text{s. t.} \tag{A.24}$$

$$X_I + X_U = X \qquad X_I = X(s, P), \ X_U = X(\tilde{P}, P)$$

　$\tilde{P}$：チルダは予想期待値を示す。

　ある株価に多数のトレーダーを想定したヘルウィグ（Hellwig）（1980）モデルは以下の通りである。

$$\max E[U(W_i)|X_i] \qquad \text{s. t.} \quad X = \sum_{i=1}^{n} X_i(s_i, P) \tag{A.25}$$

　そこで合理的期待均衡を求めるために，3つの重要なテクニカル・ツールが必要となる。それらは第1に単変量正規分布$N(\cdot)$を前提にトレーダーの学習はベイズの定理を用いること，第2に複数のトレーダーが存在する場合，多変量正規分布の公式を利用すること，第3に効用極大化を前提にすること，である。以下，それらの公式を紹介する。

付録　テクニカル・ツール

4.2　ベイズの定理

ベイズの定理（離散型）

事象＝A株式が上がる事象を H_1, 余事象＝A株式が下がる事象を H_2, とすると無条件確率で,

上る確率 $\mathrm{Pr}(H_1)$, 下がる確率 $|\mathrm{Pr}|(H_2)$ と表現できる。

いま上がる（予測）データを D と定義する。

いま事後確率（条件付き確率）$\mathrm{Pr}(H_1/D)$ は

$$\mathrm{Pr}(H_1/D)=[\mathrm{Pr}(H_1)\times\mathrm{Pr}(D/H_1)]\div$$
$$[\mathrm{Pr}(H_1)\times\mathrm{Pr}(D/H_1)+\mathrm{Pr}(H_2)\times\mathrm{Pr}(D/H_2)] \tag{A.26}$$

（A.26）をベイズの定理（ベイズの変更）という。

ベイズの定理（単変量正規分布）

いま事前分布で変数 μ について正規分布の確率分密度関数 $g(\mu)\sim N(m,\sigma_\mu^2)$,

条件付正規分の確率密度関数 $f(x|\mu)\sim N(\mu,\sigma_x^2)$ で与えられたとしよう。

$$g(\mu)=\frac{1}{\sqrt{2\pi\sigma_\mu^2}}\exp\left[-\frac{1}{2\sigma_\mu^2}(\mu-m)^2\right]$$

$$f(x|\mu)=\frac{1}{\sqrt{2\pi\sigma_x^2}}\exp\left[-\frac{1}{2\sigma_\mu^2}(x-\mu)^2\right]$$

このときベイズの定理による事後分布 $g(\mu|x)$ は以下のように求めることができる。

$$g(\mu|x)=\frac{g(\mu)f(x|\mu)}{\int f(x|\mu)g(\mu)d\mu} \tag{A.27}$$

実際の計算（離散型）では各々の精度（分散の逆数）で加重平均すればよい。

$$N\left[\left(\frac{m}{\sigma_\mu^2}+\frac{x}{\sigma_x^2}\right)\left(\frac{1}{\sigma_\mu^2}+\frac{1}{\sigma_x^2}\right)^{-1},\left(\frac{1}{\sigma_\mu^2}+\frac{1}{\sigma_x^2}\right)^{-1}\right] \tag{A.28}$$

（A.28）はグロスマン＆スティグリッツ・モデルにおいて利用される。

281

付録　テクニカル・ツール

ベイズの定理（多変量正規分布）

　一般に多数のトレーダーのエコノミーは以下のように多量正規分布が適用されている。

　n次列ベクトル$\boldsymbol{y}$が平均μ，共分散Σで正規分布するとし，$\boldsymbol{y}$，μ，Σを以下のように定める。

$$\boldsymbol{y}=\begin{bmatrix}\boldsymbol{y}_1\\\boldsymbol{y}_2\end{bmatrix}\quad\mu=\begin{bmatrix}\mu_1\\\mu_2\end{bmatrix}\quad\Sigma=\begin{bmatrix}\Sigma_{11}&\Sigma_{12}\\\Sigma_{21}&\Sigma_{22}\end{bmatrix}\tag{A.29}$$

　いま，$\boldsymbol{y}_1$，μ_1はr次列ベクトル，Σ_{11}は$r\times r$行列のように分割できる場合，$\boldsymbol{y}_2$を与えたときの$\boldsymbol{y}_1$の条件付分布$f(\boldsymbol{y}_1|\boldsymbol{y}_2)$は，以下の多変量正規分布となる。

$$\begin{cases}平均=\mu_1+\Sigma_{12}\Sigma_{22}{}^{-1}(\boldsymbol{y}_2-\mu_2)\\分散=\Sigma_{11}-\Sigma_{12}\Sigma_{22}{}^{-1}\Sigma_{21}\end{cases}\tag{A.30}$$

　これらの公式はマーケット・マイクロストラクチャーのカイル・モデルの展開で利用される。

ナッシュ・ベイジアン均衡

　情報の非対称性を情報完備ゲームの最適反応の均衡に変えてナッシュの解を求める。このときプレーヤーiの戦略S_i^*が他のプレーヤーのとる戦略S_{-i}^*への最適応答となっている戦略プロフィール$(S_1^*,\cdots,S_n^*)$である[15]。

$$\forall i\quad S_i^*\in\arg\max_{s_i}u_i(S_i^*,S_{-i}^*)\tag{A.31}$$

　このナッシュの解とベイジアン均衡を結合させたナッシュ・ベイジアン均衡（NBE）は以下の通りである。

　プレーヤーiは有限集合の要素であるタイプθ_iで，その効用は$u_i(S_1\cdots,S_n,\theta_i)$であり，選択する戦略は彼のタイプに依存する。タイプは結合分布$p(\theta_1\cdots,\theta_n)$から導かれプレーヤー$i$の事前信念は条件付き分布$p_i(\theta_{-i}|\theta_i)$である。ただし$\theta_{-i}=(\theta_1\cdots\theta_{i-1}\cdot,\theta_{i+1}\cdots,\theta_n)$である。このとき，すべてのプレーヤーの期待最適応答として

$$S_i^*\in\arg\max_{s_i}\sum_{\theta_{-1}}p_i(\theta_{-i}|\theta_i)u_i[S_i^*,S_{-i}^*(\theta_{-i}),\theta_i]\quad\forall\theta\quad\forall i\tag{A.32}$$

282

付録 テクニカル・ツール

を選択すれば，タイプに依存した戦略プロフィール$[S_1^*(\theta_1),\cdots S_n^*(\theta_n)]$は
ナッシュ・ベイジアン均衡（NBE）である[16]。マーケット・マイクロスト
クチャーのカイル・モデルもこの考え方に準拠して展開している。

4.3 期待効用の極大化

効用の対象を資産Wとしよう。アロー＆プラット（AD）の発意である絶
対的危険回避度（ARA）（$=A(W)=-[U''(W)/U'(W)]$）がWに対して線形
関係にあり効用関数が双曲線の形状をしている場合，双曲型絶対的危険回避
（HARA）の効用関数という。そのなかで$A'(W)=0$の場合が絶対的危険回避
度一定（CARA）の効用関数である。

トレーダーの期待効用$U(W)$のCARA型効用関数は以下のようになる。

$$U(W)=-e^{-aW}=-\exp(-aW) \tag{A.33}$$

ただし　$a=ARA,\ \dfrac{1}{a}=ART$（絶対的危険許容度）>0

一般に富Wが増えるとリスクの保有比率が増大する富の効果が認められ
るが，この効用曲線は絶対的危険回避度aで一定である場合，富Wが増えて
もリスクの保有率は一定である[17]。

いま富は収益の関数として表現できるから

$$U(W)\Rightarrow E[U(\mu)]=-e^{-a\mu}=-\exp(-a\mu) \qquad \mu\sim N(\mu,\sigma_\mu^2) \tag{A.34}$$

　μ：期待収益率　　σ_μ^2：分散

と書き換えられる。

そこで期待値＝平均$E(\mu)=\bar{\mu}$　分散$E(\mu-\bar{\mu})^2=\sigma_\mu^2=Var$とする。もし効用
関数があらゆる階数で微分可能であれば$E(\mu)=\bar{\mu}$の周りでテイラー展開して
第3次の微分以下を無視すれば，以下の通りである。

$$E[U(\mu)]=U(\bar{\mu})+U'(\mu-\bar{\mu})+\frac{1}{2}U''(\bar{\mu})Var\cdots$$

$$E[U(\mu)]=U(\bar{\mu})+\frac{1}{2}U''(\bar{\mu})Var\cdot\cdot(\cdots(\mu-\bar{\mu})=0)$$

μが$N(\bar{\mu},Var=\sigma_\mu^2)$の正規分布関数に従えば，CARA型効用関数は

$$E[U(\mu)]=-e^{-a\mu}=-\exp(-a\mu)=-\exp[-a\cdot\mu N(m,\sigma_\mu^2)]$$

$$=-\int-\exp(a\bar{\mu})\cdot\frac{1}{\sqrt{2\pi\sigma_\mu^2}}\cdot\exp\left[-\frac{(\mu-\bar{\mu})^2}{2\sigma_\mu^2}\right]d\mu$$

付録　テクニカル・ツール

である[18]。

ここで，上記式を展開すると $E[U(\mu)] = -\exp\left(-a\overline{\mu} + \frac{1}{2}a^2 Var\right)$ となり，

$E[U(\mu)]$ の極大化するには $\left(\overline{\mu} - \frac{1}{2}a Var\right)$ を以下のように極大化すればよい。

$$\max\left(\overline{\mu} - \frac{\text{ARA}(=a)}{2} Var\right) \tag{A.35}$$

同様に $E[U(\mu)|s]$ の極大化も同じで，条件付期待値 $E(\mu|s)$ とその分散 $Var(\mu|s)$ とすれば，その展開は以下の通りである。

$$\begin{aligned}
E[U(\mu)|s] &= -\exp\left[-aE(\mu|s) + \frac{1}{2}a^2 Var(\mu|s)\right] \\
&= -\exp\left[-a\left(E(\mu|s) - \frac{1}{2}a Var(\mu|s)\right)\right]
\end{aligned} \tag{A.36}$$

マーケット・マイクロストラクチャー・モデルの投資家は CARA 型の効用関数を前提とするので，効用極大化は（A.36）が適用される。

5　特殊分布と時系列モデル

5.1　非心カイ2乗分布の積率母数関数

カイ2乗分布

確率変数 X が標準正規分布 $N(0,1)$ に従うとき，$X = X_1^2 + X_2^2 + \cdots + X_n^2$（互いに独立）は自由度 n のカイ2乗分布に従う（$\chi^2 = \sum_{i=1}^{n} x_i^2 \sim \chi_n^2$ 分布）。

自由度 n のカイ2乗分布の確率密度関数は以下の通りである。

$$f_n(x) = \frac{1}{2^{\frac{n}{2}} \Gamma\left(\frac{n}{2}\right)} x^{\frac{n}{2}-1} e^{-\frac{x}{2}} \quad (x > 0) \tag{A.37}$$

$\Gamma\left(\frac{n}{2}\right)$ はガンマ関数（階乗の一般化）

自由度1の χ^2 分布（$\chi^2 = X_1^2$）は $y = x^2$ とすれば

$$f_1(y) = \frac{1}{2^{\frac{1}{2}} \sqrt{\pi}} y^{-\frac{1}{2}} e^{-\frac{y}{2}} \quad (y > 0) \qquad \Gamma\left(\frac{1}{2}\right) = \sqrt{\pi} \tag{A.38}$$

付録　テクニカル・ツール

非心カイ 2 乗分布

いま $X = X_1^2 + X_2^2 + \cdots + X_n^2$ において X_j が正規分布 $N(\mu_j, 1)$ に従うとして，$Z = \sum_{j=1}^{n} X_j^2$ とおくと Z を自由度 n の非心カイ 2 乗分布という。

よって $X_1, X_2, \cdots, X_n$ が相互に独立で $X_j \sim N(\mu_j, \sigma_j^2)$ のとき，$Z = \sum_{j=1}^{n} (X_j/\sigma_j)^2$ とすれば $Z \sim \chi_n^2(\delta)$（ただし $\delta = \sum_{j=1}^{n} (\mu_j/\sigma_j)^2$）も自由度の n 非心カイ 2 乗分布 $Z \sim \chi_n^2(\delta)$ に従う。

積率母数関数

1 つの関数から各自の積率（モーメント）を生成する関数を積率母数関数という。

$$m_X(t) = E(e^{tX}) = \left\{ \begin{array}{l} \sum_{i}^{n} e^{x_i} p_i (離散型) \\ \int_{-\infty}^{\infty} e^{xt} f(x) dx (連続型) \end{array} \right\} \tag{A. 39}$$

非心カイ 2 乗分布の積率母数関数

いま確率変数 $X \sim N(\mu_1, \sigma_1^2)$ のとき $Z = (X_1/\sigma_1)^2$ は自由度 1 の非心カイ 2 乗分布に従う。これを積率母数関数（連続型）によって，以下のように展開できる[19]。

$$E(e^{tZ}) = \frac{1}{\sqrt{1-2t}} \exp\left(\frac{t}{1-2t} \frac{\mu^2}{\sigma^2}\right) \tag{A. 40}$$

この公式はグロスマン & スティグリッツ（1980）モデルとグロスマン & ミラー（Grossman & Miller）（1988）モデルにおける均衡理論の展開で用いられる。

5.2　太い尾（ファット・テイル）

株式市場を含む実際経済の市場価格は正規分布に比べ急尖的で太い尾（以下，太い尾（ファット・テイル））の傾向があると，マンデルブローは主張した[20]。これに触発されたファーマの緻密な実証研究はマンデルブローが展開した分布を支持するものであった。株式市場の株価が太い尾の分布を持

285

付録　テクニカル・ツール

図付-1　分布の形状

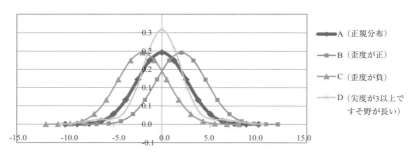

資料：著者作成。

つことは極端な収益率が存在している，すなわち予想以上に暴騰，暴落が起きる可能性を示唆している。分布を表すにはモーメント（確率変数にその期待値の差）でいえば，正規分布は1次のモーメントの平均と2次のモーメント（モーメントの2乗）の分散により正規分布の特性を示すことができる。さらに非対称性を示す平均からのズレの3次のモーメントの歪度（skewness）＝$E[(x-\mu)^3]/\sigma^3$と分布の尖り（太い尾）を示す4次のモーメントの尖度（kurtosis）＝$E[(x-\mu)^4]/\sigma^4$がある。

こうしたツールはハン＆ワン・モデル（第7章3）では歪度，オプションのボラティリティ・スマイル現象の分析（第8章3）では尖度の概念が使用されている。そこで**図付-1**で正規分布を含めて歪度と尖度の形状を例示する。

分布関数をさらに一般化したものがレビの安定分布と呼ばれる。この分布関数を紹介する[21]。

$$\log f(t)=i\delta t-\gamma|t|^{\alpha}[1+i\beta(t/|t|)\tan(\alpha\pi/2)] \tag{A.41}$$

δ：位置の変数（平均）　　γ：規模の変数（分散）　　β：歪度の変数

α：太い尾の変数（尖度）

なお，$\alpha=2$　$\beta=0$　$\gamma=\delta=1$のとき正規分布となる。

いま，（A.41）の安定分布の関数ではαが重要な変数である。その変数について区分化すると以下のようになる。

付録　テクニカル・ツール

$1 \leq \alpha < 2$　分散は無限大（安定した平均を持つ）

　$\alpha = 2$　　分散は有限で安定的

$0 < \alpha \leq 1$　平均は不安定的

$1 < \alpha \leq 2$　安定した平均を持つ，非整数の α は長期の相関と統計的自己
相似性のフラクタル

5.3　線形定常モデルとフラクタル

金融データで広く利用される定常過程モデルとは，時系列の確率変数 $\{x_t\}$ のうち $\{x_t^2\}$ が存在して，以下の条件を充足しているときである。

$E(x_t) = \mu$ （t に関係なく一定）

$Var(x_t) = \gamma_0$ （t に関係なく一定）

$Cov(x_t, x_{t+h}) = \gamma_h$ （自己共分散が一定）

以上のことから定常過程を推計するため，自己回帰（AR）モデルと移動平均（MA）モデルとの結合した自己回帰移動平均（ARAM）モデルを具体的に示す。ただし u_t は誤差項である。

$$\text{AR}\ (p)：x_t = \mu + \sum_{i=1}^{p} \alpha_i x_{t-i} + u_t = u + \alpha_1 x_{t-1} + \alpha_2 x_{t-2} + \cdots + \alpha_p x_{t-p} + u_t \tag{A.42}$$

$$\text{MA}\ (q)：x_t = \mu + u_t - \sum_{j=1}^{q} b_j u_{t-j} = u + u_t - b_1 u_{t-1} - b_2 u_{t-2} - \cdots - b_q u_{t-q} \tag{A.43}$$

$$\text{ARMA}\ (p, q)：x_t = \mu + \sum_{i=1}^{p} a_i x_{t-i} + u_t - \sum_{j=1}^{q} b_j u_{t-j} \tag{A.44}$$

上記式は AR（p）と MA（q）を結合させた ARMA（p, q）について，いま ARMA（1，1）を示せば以下の通りである。

$$x_t = \mu + a_1 x_{t-1} + \mu_t - b_1 u_{t-1} \tag{A.45}$$

いま P_t を確率変数として，行動ファイナンスの自己回帰 AR（1）モデルは $m = 1$ であるから（A.44）を利用すれば

$$P_t = \mu + a_1 P_{t-1} + \varepsilon_t \tag{A.46}$$

となる。

なお $a_1 = 1$ のとき，$P_t = \mu + P_{t-1} + \varepsilon_t$（A.2）はランダム・ウォークである。

さらに（A.45）についてモデルの性格は以下の条件に従う。

①　定常過程　　　$|a_1| < 1$

287

付録　テクニカル・ツール

図付-2　自己相関タイムラグ

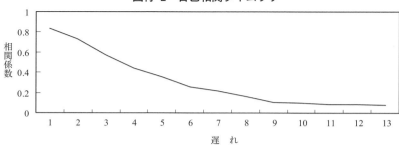

資料：著者作成。

② 　反転可能性の条件　　　$|b_1|<1$
③ 　h次の自己相関 ρ_h

$$\rho_h = \frac{Cov(x_t, x_{t+h})}{\sqrt{Var(x_t)}\sqrt{Var(x_{t+h})}} = \frac{\gamma_h}{Var(x_{t+h})} = \frac{\gamma_h}{\gamma_0}$$

いま定常過程のh次の自己相関（$\rho_h=\gamma_h/\gamma_0$）のタイムラグ（遅れ）の推移については図付-2で示した[22]。この図からタイムラグ（遅れ）が大きくなるに従って，初期値μとの関係が希薄となることがわかる。これは定常過程では$\rho_h=(a_1^{h-1}\rho_1)$がゼロに収束することを示している。この現象は「短期依存」の特性であり，株価の時系列を利用する際，短期依存モデルの限界性を示すものである。このことからブラック・マンデーの暴落が過去の長期的な累積的な株価の反映であるとすれば，長期依存モデルの必要性を示唆している。長期記憶性$\rho_h=(a_1^{h-1}\rho_1)=\infty$として一般的に長期記憶性の充足条件は$\rho_h \sim h^{-\alpha}(h\to\infty, 0<\alpha<1)$である。

この事例としてフラクタルがあり，マンデルブロー（1977）はそれを以下のように定義した[23]。

$$\langle B_{(H)at} \rangle = a^H \langle B_{(H)t} \rangle \tag{A.47}$$

$B_{(H)t}$は単位時間間隔ごとの変位（displacement：分子の移動距離という物理学上の用語）の列で非整数ブラウン運動ともいう。（A.47）は時間の間隔をa倍にしたとき時系列$B_{(H)at}$の分布型は大きさがa^H倍になり，その他はも

との時系列 $B_{(H)t}$ の分布型と全く同じである。この性質を自己相似（または自己アフィン）ともいう。この考え方は標準モデルによる原因究明におけるミラーの見解で利用されている。

5.4　分散不均一モデル

いま金融資産の収益率x_t（定常）について　$x_t=\mu+u_t$　$\mu=E(x_t)$　のとき，u_tは平均株価収益率の乖離幅であり，確率変数である。このu_tを以下のように標準偏差（ボラティリティ）σ_tと確率変数$\varepsilon_t(i.i.d.)$の積過程に分解する。すなわち$u_t=\sigma_t\varepsilon_t$とする。このとき標準偏差（ボラティリティ）$\sigma_t$について自己回帰（AR：Autoregressive）過程の時系列で過去の分散に影響を受ける場合のモデル化が自己回帰条件付分散不均一（ARCH：autoregressive conditional heteroscedasticity）モデルである。いまアーチ（ARCH(p)）を示す。

$$\sigma_t^2=\varphi+a_1u_{t-1}^2+\cdots+a_pu_{t-p}^2=\varphi+\sum_{i=1}^{p}a_iu_{t-i}^2 \tag{A.48}$$

同様にσ_t^2が自己回帰移動平均（ARMA：Autoregressive moving average）過程と同じような時系列で過去の分散に影響を受ける場合をモデル化したものを一般自己回帰条件付分散不均一（Generalized ARCH）モデルという。ガーチ（GARCH）(p,q）を示す。

$$\sigma_t^2=\varphi+a_1u_{t-1}^2+\cdots+a_pu_{t-p}^2+b_1\sigma_{t-1}^2+\cdots+b_q\sigma_{t-q}^2$$
$$=\varphi+\sum_{i=1}^{p}a_iu_{t-i}^2+\sum_{j=1}^{q}b_j\sigma_{t-j}^2 \tag{A.49}$$

この公式はボラティリティ・スマイル現象のボラティリティの推定方法として紹介されている。

6　コピュラ・モデル

6.1　1ファクターのガウス型コピュラ・モデル

コピュラとは

$U_1,U_2\cdots U_m$ を一様確率変数, ρ を相関パラメーターとする。

付録　テクニカル・ツール

$C(u_1, u_2 \cdots u_m, \rho)$ を結合分布関数で C をコピュラ関数と呼び，各周辺分布が $[0.1]$ の一様分布の同時（結合）分布関数であり，以下のように定義される。

$$C(u_1, u_2 \cdots u_n, \rho) = P(U_1 \leq u_1, U_2 \leq u_2 \cdots U_n \leq u_n)$$

$$C(u_1, \cdots u_n) = F[F_1^{-1}(u_1), \cdots F_1^{-1}(u_n)] \tag{A.50}$$

$$F_1^{-1}(u_1), \cdots F_1^{-1}(u_n) : F_1^{-1}(u_1), \cdots F_n(u_n) \text{の逆分布関数}$$

1 ファクター・モデル

ある企業 i の T 期の（借入れ）資産価値 V_T^i は以下のように測定できる。

1 ファクター・（対数収益率）モデルを以下のような条件の下で定義する。

すべての企業にとって共通なファクター Y と Y では説明できない企業特有の個別ファクター ε_i とすると

$$\mu_i = \beta_i Y + \varepsilon_i \tag{A.51}$$

μ_i : ln (V_T / V_0)，Y : 共通ファクター　ε_i : 個別企業の確率項

β_i : 相関係数

そこで $\mu \sim N(0,1)$　$Y \sim N(0,1)$　$\varepsilon \sim N(0, \sigma_\varepsilon)$，$Cov(Y, \varepsilon_i) = 0$ とすれば

$$\beta = \frac{Cov(\mu_i, Y)}{Var Y} = Cov(\mu_i, Y) \quad R_i^2 \text{（決定係数）} = \frac{Cov(\mu_i, Y_i)^2}{\sigma_{\mu_i}^2 \sigma_{Y_i}^2} = Cov(\mu_i, Y_i)^2$$

$$1 - R_i^2 = \sigma_\varepsilon^2$$

が成立する。いま $R_i^2 = \rho_i$ とすれば（A.51）は

$$\mu_i = \sqrt{\rho_i}\, Y + \sqrt{1 - \rho_i}\, \varepsilon_i \tag{A.52}$$

である。（A.52）を 1 ファクター（対数収益率）モデルという。

以上のことは資産価値 V_T^i についても同様に 1 ファクター・モデルが成立する。

$$V_i = \sqrt{\rho_i}\, Y + \sqrt{1 - \rho_i}\, \varepsilon_i \tag{A.53}$$

1 ファクターのガウス型コピュラ・モデル

いま，ε_i も標準正規分布 $\varepsilon \sim N(0,1)$ に従うとする。また $i \neq j$，$Cov(\varepsilon_i, \varepsilon_j) = 0$ とすると（A.53）が成立する（A.52）のモデルを 1 ファクターのガウス型

コピュラ・モデル（One-Factor Gaussian Copula model）という。

$$Cov(\mu_i,\mu_j)=Cov(\sqrt{\rho_i}\,Y+\sqrt{1-\rho_i}\,\varepsilon_i,\ \sqrt{\rho_j}\,Y+\sqrt{1-\rho_j}\,\varepsilon_j)=Cov(\sqrt{\rho_i}\,Y,\sqrt{\rho_j}\,Y)$$
$$=\sqrt{\rho_i}\sqrt{\rho_j}=\rho\ （相関係数）$$

よって資産の収益間の相関係数は共通・ファクターの係数の積である。（A.51）の相関係数は 1 個の数値であるのに対して（A.52）または（A.53）の相関係数は 2 つの関数であることから確率変数の間のきわめて多様な依存関係を示すことができる。

6.2 デフォルト確率

いま資産価値 V_t^i におけるデフォルトとは閾値 K を下回るときである。（A.53）において無条件デフォルト確率は $PD_i=P_r(V_t^i<K)$ である。そこで共通ファクター Y が一定 y の下，条件付きデフォルトの確率 $P(y)$ は

$$p(y)=\Pr[V_t<K|Y=y]=\Pr[\sqrt{\rho}\,Y+\sqrt{1-\rho}\,\varepsilon_i<K|Y=y]$$

$$=\Pr\left[\varepsilon_i<\frac{K-\sqrt{\rho}\,Y}{\sqrt{1-\rho}}\,\middle|\,Y=y\right]=\Phi\left(\frac{K-\sqrt{\rho}\,Y}{\sqrt{1-\rho}}\right) \tag{A.54}$$

Φ：標準分布の分布関数

となる。さらに

$$K>\Phi^{-1}(PD_i) \qquad \Phi^{-1}：逆分布関数 \tag{A.55}$$

であるので

$$\Pr(V_i<K|Y=y)=\Phi_i\left[\frac{\Phi^{-1}(PD_i)-\sqrt{\rho}\,Y}{\sqrt{1-\rho}}\right] \tag{A.56}$$

を得る。

上記式による債務担保証券（CDO）のデフォルト率のシミュレーションは**図 10-6** で利用されている。

なお 1 ファクターのガウス型コピュラ・モデルであれば，同時デフォルト率も容易に算出できる。またある資産価値（満期 T）のデフォルト時刻 τ の分布関数を $F_i=\Pr(\tau\leq T)$ として一様確率変数 U を与えれば，$\tau_i=F^{-1}(U_i)$ を利用してデフォルト率が算出できる。

付録　テクニカル・ツール

注

1） よって，厳密な数学的展開よりも簡潔性や相互関連性を重視して記述した。

2） Fama（1970）p. 383.

3） Friedman & Laibson（1989）はこの分布から証券市場の価格変動の異常性を明らかにした。

4） その条件は以下の通りである。

　① $B_0 = 0$ から出発する。

　② B_tは定常な独立増分を持つ。（$t \leq s$）

　　　ΔB_t と ΔB_sは互いに独立であり，同じ確率分布であることを意味する。

　③ B_tは時間$t(0,\ t]$に関して連続である。

　④ 増分ΔB_tは$N(0,\ \Delta t)$である。

5） より厳密にはブラウン運動は正規分布を前提にしているが，ウィーナー過程はマルチンゲールを想定している。

6） Cuthbertson & Nitzsche （2004）は合理的価値公式と呼ぶ。

7） 階数（rank）とは行列の1次独立な列ベクトルの最大数をいう。

8） 列ベクトルが他の状態のペイオフの行ベクトルから1次独立であることが条件である。

9） ここでは$x_i \geq 0$は信用取引を認めない場合で，かつνは正則（n行n列）で各銘柄の分散は正であるから正定値行列である。

10） この最適値はラグランジェ未定乗数法で解くことができる。

11） EXCEL の分析ツール（ソルバー）機能を使用する。

12） 詳しい展開は Cox & Rubinstein（1985）pp. 196-208（訳書 199-210 頁）を参照。

13） ブラック＆ショールズ（BS）オプション・モデルは無裁定条件と補完市場を前提として，ギルザノフの定理を用いたマルチンゲール変換からも解が得られる。この展開は拙著（2008a）（134-140 頁）において簡潔にまとめられている。

14） 多項近似を適用すると$N(d_1) + N(d_2) = 1$として考えるとイメージしやすい。

15） $\arg \max f(x)$ は$f(x)$という関数のxを最大にすることを意味する。

16） NBE の説明は Salanié（1997）（付録）に準拠した。

17） これを数式で表現すれば以下の通りである。

$$U(W) = -e^{-aW} = -\exp(-aW)$$
$$U'(W) = ae^{-aW}, \qquad U''(W) = -a^2 e^{-aW}$$
$$A(W) = \frac{U''(W)}{U'(W)} = a, \qquad A'(W) = 0$$

18） 下記式の右辺の第2項の積分部分は$N(\bar{\mu} - a\sigma_\mu^2, \sigma_\mu^2)$の確率密度関数で1になる。

$$E[U(\mu)] = -\int -\exp(a\bar{\mu}) \cdot \frac{1}{\sqrt{2\pi\sigma_\mu^2}} \cdot \exp\left[-\frac{(\mu - \bar{\mu})^2}{2\sigma_\mu^2}\right] d\mu$$
$$= \exp\left(-a\bar{\mu} + \frac{1}{2}a\sigma_\mu^2\right) \int \frac{1}{\sqrt{2\pi\sigma_\mu^2}} \exp\left[-\frac{1}{2}\sigma_\mu^2\left(\mu - (\bar{\mu} - a\sigma_\mu^2)\right)^2\right] d\mu$$

19） $E(e^{tz}) = \int_{-\infty}^{+\infty} e^{tz} f_z(Z) dz$　$f_z(Z) = \frac{1}{\sqrt{2\pi}} \exp\left(-\frac{Z}{2}\right)$を展開する。

付録　テクニカル・ツール

20)　Mandelbrot（1963，1966）の羊毛価格変動の調査による。また証券市場では裾野が長い（厚い）または急尖的な（leptokurtic）の用語よりも「太い尾（fat tail）」が一般的に用いられている。

21)　この要約解説として岩田（1989）85-92 頁を参照。

22)　$P_t=1+0.8P_{t-1}+\varepsilon_t$　（ただし$\varepsilon_t(i.i.d.)\sim N(0,0.5^2)$, $P_0=2$）でε_tを正規ランダム数 100 個でシミュレートした。

23)　まずブラウン運動ではホワイト・ノイズの加法過程として表現され，スケール不変を前提にその分散は増分ΔB_t（$=B_{t+\Delta t}-B_t$）$\sim N(0,\Delta t)$である。

$$E(|B_{t_2}-B_{t_1}|^2)\sim|t_2-t_1|=|\Delta t|^2$$

ブラウン運動はさらに

$$E(|B_{(H)t_2}-B_{(H)t_1}|^2)\sim|t_2-t_1|^{2H}$$

が成立する。ある$H(0<H<1)$が存在するとき，フラクショナル・ブラウン運動ともいう。

　この共分散$Cov(B_{(H)t_2},B_{(H)t_1})=\langle B_{(H)t_2},B_{(H)t_1}\rangle$を展開すると自己相関は以下のように表現できる。

$$Corr(-B_{(H)t},B_{(H)t})=\langle -B_{(H)t},B_{(H)t}\rangle/\langle B_{(H)t^2}\rangle \qquad \rho_{(H)t}=2(2^{2H-1}-1)$$

　上記式は自己相関$\rho_{(H)t}$から$H=0.5$のときはランダムである。すなわち過去の変位と未来の変位とは何ら関係を持たない。$H>0.5$のときは過去の変位と未来の変位とが正の相関にある。このとき持続性があるという。$H<0.5$のときは過去の変位と未来の変位とに負の相関があり，反持続性があるという。ここで持続性とは長期記憶を意味する。この運動のなかで（A.47）はフラクタルが成立する。

293

参考文献

Abergel, F., Bouchaud, J. P., Foucault, t., Lehalle, C. A., Rosenbaum, M.(2012) *Market Microstructure*, John Wiley & Sons, West Sussex, UK.

Acharya, V. V., Cooley, T. F., Richardson, M. P., Walter, I.(2011) *Regulation Wall Street-The Dodd-Frank Act and The New Architecture of Global Finance*, John Wiley & Sons, N.J.

Ackert, L. F., Church, B.K., Jayaraman, N.(1999) "An Experimental Study of Circuit Breakers : The Effects of Mandated Market Closures and Temporary Halt on Market Behavior," *Federal Reserve Bank of Atlanta, Working Paper* 99-1(March),1-43.

Admati, A. R.(1985) "A Noisy Rational Expectations Equilibrium for Multi-Asset Securities Market," *Econometrica* 53(3),629-657.

Admati, A. R., Pfleiderer, P.(1989) "A Theory of Intraday Patterns : Volume and Price Variability," *Review of Financial Studies* 1(1), 3-40.

Admati, A. R., Pfleiderer, P.(1991) "Sunshine Trading and Financial Market Equilibrium," *Review of Financial Studies* 4(3),443-481.

Aglietta, M.(1976) *Régulation et Crise du Capitalisme － L' expérience des Etats-Unis*, Calmann-Lévy, Paris. (若森章孝, 山田鋭夫, 太田一廣, 海老塚明訳(2000)『資本主義のレギュラシオン理論』大村書店)。

Aglietta, M.(2008) *La crise: Pourquoi en est-on arrivé là ? Comment en sortir ?* Michalon, Paris.

Aglietta, M., Rigot, S.(2009) *Crise et rénovation de la finance*, Odile Jacob, Paris.

Akerloff, Q.(1970) "The Market for Lemon: Qualitative Uncertainty and the Market Mechanism," *Quarterly Journal of Economics* 89(3), 488-500.

Alexander, C.(1996) *Risk Management and Analysis*, John Wiley & Sons, N.J.

Allen, F.L.(1931) *Only Yesterday*, (1957 ed.) Harpercollins, N.Y. (藤久ミネ訳(1986)『オンリー・イエスタデイ─1920年代・アメリカ』筑摩書房)。

Almgren, R., Chriss, N.(2001) "Optimal Execution of Portfolio Transactions," *Journal of Risk* 5(3), 5-39.

Amihud, Y., Mendelson, H.(1987) "Trading Mechanisms and Stock Return; An Empirical Investigation,"*Journal of Finance* 42(3),533-553.

Amihud, Y., Mendelson, H., Wood, R. A.(1990) "Liquidity and the 1987 Stock Market Crash," *Journal of Portfolio Management* 16(3),65-69.

Andersen., T.G., Bondarenko., O.(2014) "VPIN and the Flash Crash" *Journal of Financial Markets* 17, 1-46,(1st version : February 2011).

Arbel, A., Carvell, S., Postnieks, E.(1988)"The Smart Crash of October19th,"*Harvard Business Review* 66(3),124-38.

Arnott, R., Fabozzi, F.J .(1990) *Asset Allocation*, Probus Publishing Company, Chicago (大石圭太, 加藤左千夫訳(1991)『アセット・アロケーション』東洋経済新報社)。

295

参考文献

Arrow,K.(1953)"Le Rôle des Valeurs Boursières Pour la Repartition la Meilleure des Risques," *Econometrie*, Centre National de la Recherche 40, 41-47, in *Review of Economics Studies* 31 (1964), 91-96.

Arrow, K., Debreu, G. (1954)"Existence of an Equilibrium for a Competitive Economy," *Econometrica* 22, 265-290.

Arrow, K. J. Hahn,F.H. (1971) *General Competitive Analysis*, Holden-Day, San Francisco.（福岡正夫，川又邦雄訳(1976)『一般均衡分析』岩波書店）。

Attali, J. (2006) *Brève histoire de l'avenir*, Fayard, Paris（林昌宏訳(2008)『21世紀の歴史—未来の人類から見た世界』作品社）。

Attali, J. (2008) *La crise, et après ?, Fayard*, Paris.（林昌宏訳(2009)『金融危機後の世界』作品社）。

Bachelier,L. (1900) Théorie de la Spéculation in Etheridge (2006) 15-79.

Baigent, G. C., Massaro, V. G.(2009)"The 1987 Market Crash: 20 years Later," *Review of Accounting and Finance* 8(2),123-137.

Barberis, N., Shleifer, A., Vishny, R.(1998) "A Model of Investor Sentiment," *Journal of Financial Economics* 49(3),307-343.

Barberis, N., Thaler, R.(2003) "A Survey of Behavioral Finance," in Constantinides et al. (eds.) (2003) 1054-117.

Barlay,J. M.,Warner,B.(1993),"Stealth Trading and Volatility," *Journal of Financial Economics* 34, 281-306.

Barlevy, G. Veronesi. P.(2003)"Rational Panics and Stock Market Crashes," *Journal of Economics Theory* 110, 234-263.

Barro,R.J. (1989) "The Stock Market and the Macroeconomy: Implications of the October 1987 Crash,"in Barro et al.(eds.) (1989)83-94.

Barro, R. J., Fama, E. F., Fishel, D. R., Meltzer, A., Roll, R., Telser, L. G.(eds.)(1989)*Black Monday and the Future of Financial Markets*, Public Policy Research and Dow Jones- Irwin, Homewood, Illinois.

Batra,R.(1987)*The Great Depression of 1990*, Simon & Schuster, N.Y.（佐藤隆三訳(1987)『1990年の大恐慌』勁草書房）。

Becketti, S., Roberts, D. (1990) "Will Increased Regulation of Index Futures Reduce Stock Market Volatility ?" *Federal Reserve Bank of Kansas City Economic Review* Nov/ Dec, 33-46.

Benninga,S.(2000) *Financial Modeling* (2nd. ed.), MIT Press, Massachusetts.（フィナンシャル モデルリング研究会訳(2005)『フィナンシャル モデルリング』（第2版）清文社）。

Bera, A. K., Lvliev, S., Lillo., F. (2015)*Financial Econometrics and Empirical Market Micro-structure*, Springer Verlag, N.Y.

Bernstein,P.L.(1992) *Capital Ideas*, The Free Press, N.Y.（青山護，山口勝業訳(1993)『証券投資の思想革命』東洋経済新報社）。

Bernstein,P.L.(2007)*Capital Ideas Evolving*, John Wiley & Sons, N.J.

Bhargava, V., Konku, D.(2010) "Impact of Elimination of Uptick Rule on Stock Market Volatility," *Journal of Finance & Accountancy* 3(2010)1-12.

Binswanger,M.(1999)*Stock Markets, Speculative Bubbles and Economics Growth*, Edward Elgar, Cheteham, UK.

Black,F.(1971) "Towards a Fully Automated Exchange Part I," *Financial Analysts Journal* 27(1), 29-34.

Black,F.(1986) "Noise,"*Journal of Finance* 41(3),529-543.

Black,F.(1988) "An Equilibrium Model of the Crash," in Fischer (ed.)(1988), 269-275.

Black,F.(1990) "Reversion and Consumption Smoothing," *Review of Financial Studies* 3(1), 107-114.

Black,F.(1992) "Insider Continuous Times," *Review of Financial Studies* 5(3),387-410.

Black,F.,Jones,R.(1987) "Simplifying Portfolio Insurance," *Journal of Portfolio Management* 14 (1),48-51.

Black,F.,Perold,A.F.(1992) "Theory of Constant Proportion Portfolio Insurance," *Journal of Economic Dynamics and Control* 16(3/4),403-426.

Black, F., Scholes, M.(1972) "The Valuation of Options Contracts and a Test of Market Efficiency," *Journal of Finance* 27(2),399-417.

Black, F., Scholes, M.(1973) "The Pricing of Options and Corporate Liabilities," *Journal of Political Economy* 81(3),637-654.

Blanchard,O.J.(1979) "Speculative Bubbles, Crashes and Rational Expectations," *Economic Letters* 3,387-389.

Blanchard,O.J.,Fischer,S.(1989) *Lecture on Macroeconomics*, MIT Press, Massachusetts.（高田聖治訳(1999)『マクロ経済学講義』多賀出版）。

Blanchard,O.J.,Watson,M.W.(1982) "Bubbles, Rational Expectations and Financial Market," in Wachtel.(ed.)(1982) 295-315.

Bloomfield,R.,O'Hara,M.,Saar,G.(2009)"How Noise Trading Affects Markets: An Experimental Analysis"*Review of Finance Studies* 22(6),2275-2302.

Blume,M.E.,MacKinlay,C.A.,Terker,B.(1989) "Order Imbalances and Stock Price Movements on October 19 and 20, 1987," *Journal of Finance* 44(4),827-848.

Blume,L.,Easley,D.,O'Hara,M.(1994) "Market Statistics and Technical Analysis: The Role of Volume," *Journal of Finance* 49(1),153-181.

Board of Governors of the Federal Reserve (2007) *FEDS Paper* 2007-13,1-25. Board of Governors of the Federal Reserve, Washington, D.C.

Bollerslev, T. (1986) "Generalized Autoregressive Conditional Heteroskedasticity," *Journal of Econometrics* 31 (3), 307-327.

Bollerslev, T. (2011) "Arch and Garch Models," *Advanced Information on the Bank of Sweden Prize in Economic Sciences to Robert F. Engle in Memory of Alfred Nobel*, October 8, 2003. Economics 350 Spring 2011.public.econ.duke.edu/~boller/Econ.../talk_garch_11.p.

Bollerslev, T.,Engle, R.F.,Nelson,D.B.(1994) "Arch Models" in Engle, R.F.,McFadden,D. (eds.) 2959-3038.

Bollerslev, T., Mikkelsen,H.O.(1996) "Modeling and Pricing Log Memory in Stock Market Volatility," *Journal of Econometrics* 73 (1), 151-184.

参考文献

Bookstaber, R. (2007) *A Demon of Our Own Design*, John Wiley & Sons, N.J. (遠藤真美訳 (2007)『市場リスク─暴落は必然か』日経 BP)。

Bookstaber, R., Langsam, J. A. (2000) "Portfolio Trading Rules," *Journal of Futures Markets* 20(1), 41-57.

Bose, M. (1988) *The Crash*, Bloomsbury Publishing, N.Y. (原淳雄, 土屋安衛訳 (1988)『ブラックマンデーの衝撃』東洋経済新報社)。

Boyer, R. (1986) *La Théorie de la Régultion: Une Analyse Critique*, la Découverte, Pairs (山田鋭夫訳 (1990)『新版：レギュラシオンの理論─危機に挑む経済学』藤原書店)。

Brady, N. (1988) *Report of the Presidential Task Force on Market Mechanisms*, (Brady Commission) Government Printing Office, Washington D. C., in Ream (compl.) (1988) Volume Ⅰ Document No.6.

Breeden, D., Litzenberger, R. (1978) "Prices of State: Contingent Claims Implicit in Option Prices," *Journal of Business* 51(4), 621-651.

Brennan, M. J., Schwartz, E. S. (1989) "Portfolio Insurance and Financial Market Equilibrium," *Journal of business* 62(4), 455-476.

Brockwell, R, J., Davis, R. A. (1996) *Introduction to Time Series and Forecasting* (2nd. ed.), Springer-Verlag, N. Y. (逸見功, 田中稔, 宇佐美嘉弘, 渡辺則生訳 (2004)『系列解析と予測』シーエーピー出版)。

Brown, D.P., Jennings, R.H. (1989) "On Technical Analysis," *Review of Financial Studies* 2(4), 527-552.

Brunnermeier, M.K. (2001) *Asset Pricing under Asymmetric Information*, Oxford University Press, N.Y.

Brunnermeier, M.K., Pedersen, L. H. (2005) "Predatory Trading," *Journal of Finance* 60(4), 1825-1863.

Brunnermeier, M. K., Pedersen, L. H. (2009) "Market Liquidity and Funding Liquidity," *Financial Studies* 22(6), 2201-2238.

Campbell, J.Y., Kyle, A. (1993) "Smart Money, Noise Trading and Stock Price Behavior," *Review of Economic Studies* 60(1), 1-34.

Campbell, J. Y., Lo, A. W., Mackinlay, A. C. (1997) *The Econometrics of Financial Markets*, Princeton University Press, N. J. (祝迫得失, 大橋和彦, 中村信弘, 本多俊毅, 和田賢治訳 (2003)『ファイナンスのための計量分析』共立出版)。

Campbell, J. Y., Shiller, R. J. (1987) "Cointegration and Tests of Present Value Models," *Journal of Finance* 95(5), 1062-1088.

Campbell, J. Y., Shiller, R. J. (1988a) "The Dividend-Price Ratio and Expectations of Future Dividends and Discount Factor," *Review of Financial Studies* 1(3), 195-228.

Campbell, J. Y., Shiller, R. J. (1988b) "Stock Prices, Earnings, and Expected Dividends," *Journal of Finance* 43(3), 661-676.

Carlson, M. (2007) "A Brief History of the 1987 Stock Market Crash with Discussion of the Federal Reserve Response," *Finance and Economics Discussion Series* 2007(13), 1-24.

Carr, P. P., Jarrow, R. A. (1990) "The Stop-Loss Start-Gain Paradox and Option Valuation: A

298

New Decomposition into Intrinsic and Times Value," *Review of Financial Studies* 3(3), 469-492.

Cartea, A., Penalva, J. (2012) "Where is the value in High Frequency Trading?" *Quarterly Journal of Finance* 2 (3), 1-46.

Chakravarty, S. (2001) "Stealth-trading: Which traders' trades move stock prices?" *Journal of Financial Economics* 61(2). 289-307.

Chamberlain, E. H. (1948) "An Experimental Imperfect Market," *Journal of Political Economy*, 56(2), 95-108.

Chen, N. Roll, R., Ross, S. A. (1986) "Economic Forces and Stock Market," *Journal of Business* 59(3), 383-403.

Chicago Mercantile Exchange (CME) (1988a) Preliminary Report of the Committee of Inquiry appointed by the Chicago Mercantile Exchange to Examine the Events Surrounding October 19,1987. *CME (Miller Report)*, Chicago, in Barro et al. (eds.) (1989) 245-266.

Chicago Mercantile Exchange (CME) (1988b) Final Report of the Committee of Inquiry appointed by the Chicago Mercantile Exchange to Examine the Events Surrounding October 19, 1987, *CME (Miller Report)*, Chicago, in Barro et al. (eds.) (1989) 205-244.

Committee on Banking, Housing, and Urban Affairs United States Senate (1988) *Hearing*: before the "Black Monday, The Stock Market Crash of October 19,1987. U. S," U. S. Government Printing Office, Washington, D.C.

Commodity Future Trading Commission (CFTC) (1987) *The Final Report on Stock Index Futures and Cash Market Activity During October*1987, in Ream (compl.) (1988) Volume I Document No.5.

Constantinides, G. M., Harris, M., Stulz, R. (eds.) (2003) *Handbook of the Economics of Finance*, Elsevier B. V., Amsterdam. (加藤英明監訳(2006)『金融経済学ハンドブック』丸善)。

Copeland, T., Galai, D. (1983) "Information Effects and the Bid-Ask Spread," *Journal of Finance* 38(5), 1457-1469.

Cox, J. C., Ross, S. A., Rubinstein, M. (1979) "Option Pricing: A Simplified Approach," *Journal of Financial Economics* 7(3),229-263.

Cox, J. C., Ingersoll, J. E., Ross, S. A. (1985) "A Theory of the Term Structure of Interest Rates," *Econometrica* 53(2), 385-407.

Cox, J. C., Rubinstein, M. (1985) *Options Markets*, Prentice-Hall, Boston. (仁科一彦監訳, 谷川寧彦, 高橋洋一, 吉田康訳(1991)『オプションマーケット』HBJ 出版局)。

Crouhy, M., Galai, D., Mark, R. (2001) *Risk Management*, McGraw-Hill, N.Y. (三浦良造訳者代表(2004)『リスクマネジメント』共立出版)。

Cuthbertson, K., Nitzsche, D. (2004) *Quantitative Financial Economics*, John Wiley & Sons, West Sussex, UK.

Cutler, D. M., Poterba, J. M., Summers, L. H. (1989) "What Moves Stock Prices?" *Journal of Portfolio Management* 15(3),537-557.

Damodaran, A. (1990) "Index Futures and Stock Market Volatility," *Review of Futures Markets* 9 (2), 443-57.

参考文献

Danthine, J. P., Donaldson, J. B. (2005) *Intermediate Financial Theory* (2nd ed.), Elsevier, Boston. (祝迫得夫監訳 (2007)『現代ファイナンス分析―資産価格理論』ときわ総合サービス)。

De Bondt, W. F. M., Thaler, R. H. (1986) "Does the Stock Market Overreact?" *Journal of Finance* 40(3), 793-807.

Debreu, G. (1954) *Theory of Value,* Yale University Press, N. Y. (丸山徹訳(1977)『価値の理論―経済均衡の公理的分析』東洋経済新報社)。

De Jong, F., Rindi, B. (2009) *The Microstructure of Financial Markets*, Cambridge University Press, N. Y.

De Long, B. (2005) "Financial Markets, Noise Traders and Fundamental Risk: Background Memo," *U. C. Berkeley and NBER* (*National Bureau of Economic Research*) *Working Papper*, 1-27.

De Long, B., Shleifer, A., Summers, L., Waldmann, R. (1990) "Noise Trader Risk in Financial Markets" *Journal of Political Economy* 98(4), 703-728.

Demange, G. (2009) "Information revelation in a Security Market: the Impact of Uncertain Participation" WORKING PAPER No. 2009-43, Paris School Economics. 1-29.

Demsetz, H. (1968) "The Cost of Transacting," *Quarterly Journal of Economics* 82 (1), 33-53. www.cmat.uy/~mordecki/hk/derman-kani.pdf.

Derman, E., Kani, I. (1994a) "The Volatility Smile and its Implied Tree," *Quantitative Strategies Research Notes*, Goldman-Sacks, 1-20. www.cmat.uy/~mordecki/hk/derman-kani.pdf.

Derman, E., Kani, I. (1994b) "Riding on a simle," *Risk*, 7(2), 32-39.

Diamond, D. W., Verrecchia, R. E. (1981) "Information Aggregation in a Rational Expectations Economy," *Journal of Financial Economics* 9(3), 221-235.

Diba, B. T., Grossman, H. L. (1988) "The Theory of Rational Bubbles in Stock Prices," *Economic Journal* 98(No.392),746-754.

Dodd, D., Graham, B. (1934) *Security Analysis*, McGraw-Hill, N.Y. (関本博英, 増沢和美訳 (2002)『証券分析』(1934年版) パンローリング)。

Donaldson, G., Uhlig, H. (1993) "The Impact of Large Portfolio Insurers on Asset Prices," *Journal of Finance* 48(5), 1943-1955.

Duffie, D. (1988) *Security Markets Stochastic Models*, Academic Press, San Diego.

Duffie, D. (1989) *Future Markets*, Prentice Hall, Boston. (農林中金総合研究所訳(2006) 『フューチャーズ・マーケット』きんざい)。

Duffie, D. (1996) *Dynamic Asset Pricing Theory* (2nd. ed.), Princeton University Press, N. J. (山崎昭, 桑名陽一, 大橋和彦, 本多俊毅訳(1998)『資産価格の理論』創文社)。

Duffie, G. R., Kupiec, P. H., White, A. P. (1992) "A Primer on Program Trading and Stock Price Volatility: A Survey of the Issues and the Evidence," *Research in Financial Services* 4(1), 21-49.

Dunn, R. J., Morris, J. (1988) *The Crash Put Simple, October* 1987, Praeger, N.Y.

Easley, D., Hvidkjaer, S., O'Hara, M. (2002) "Is Information Risk a Determinant of Asset Return?" *Journal of Finance* 57(5), 2185-2221.

Easley, D., Kieffer., N. M., O'Hara, M., Paperman, J. B. (1996) "Liquidity, Information, and Infrequently Traded Stock," *Journal of Finance* 51(4), 1405-1437.

Easley, D., LóPez de Prado, M., O'Hara, M. (2011) "The Microstructure of the 'Flash Crash: Flow Toxicity, Liquidity Crashes, and the Probability of Informed Trading," *Journal of Portfolio Management* 37(2),118-128.

Easley, D., LóPez de Prado, M., O'Hara, M. (2012a) "VPIN and the Flash Crash: A Comment Unpublished Working paper, *SSRN* (*Social Science Research Network*) *Working Paper.* http://ssrn.com /abstract 2062450.

Easley, D., LóPez de Prado, M., O'Hara, M. (2012b) "Flow Toxicity, Liquidity in High Frequency World," *Journal Review of Financial Studies* 25(5), 1457-1493.

Easley, D., O'Hara, M. (1987) "Price, Trade Size, and Information in Securities Markets," *Journal of Financial Economics* 19(1), 69-90.

Easley, D., O'Hara, M. (1991) "Order From and Information in Securities Markets," *Journal of Finance* 46(3), 905-927.

Easley, D., O'Hara, M. (1995) "Market Microstructure (Chap. 12)," in Jarrow et al.(eds.) (1997) 357-383.（大橋和彦訳（1997)「マーケットマイクロストラクチャー」『ファイナンス』（第 12 章）348-374)。

Easley, D., O'Hara, M. (2003) "Microstructure and Asset Pricing," in Constantinides et al. (eds.) (2003) 1021-1051.

Edward, F. R. (1988a) "Does Future Trading Increase Stock Market Volatility?" *Financial Analysts Journal* 44(1), 60-73.

Edwards, F. R. (1988b) "Studies of the 1987 Stock Market Crash: Review and Appraisal," *Journal of Financial Services Research* 1(3), 231-252.

Engle, R. F. (1982) "Autoregressive Conditional Heteroscedasticity with Estimates of the Variance of United Kingdom Inflation," *Econometrica* 50 (4), 987-1007. http://www.jstor.org/stable/1912773.

Engle, R. F., McFadden, D. (eds.) (1982) *Handbook of Econometrics*, Vol. 4, North-Holland, Amsterdam.

Etheridge, D. (2006) *Louis Bachelier's Theory of Speculation,* Princeton University Press, N. J.

Evans, G. W. (1991) "Pitfalls in Testing for Explosive Bubbles in Asset Prices," *American Economic Review* 81(4), 922-930.

Fabozzi, F. J., Kipnis, G. M. (1989) *The Handbook of Stock Index Future and Options*, Irwin, Chicago.（大和證券開発商品本部訳（1991)『株式の先物・オプション基礎と戦略』東洋経済新報社)。

Fama, E. F. (1963) "Mandelbrot and Stable Paretian Hypothesis," *Journal of Business* 36(4), 420-429.

Fama, E. F. (1965) "The Behavior of Stock-Market Prices," *Journal of Business* 38(1), 34-105.

Fama, E. F. (1970) "Efficient Capital Markets," *Journal of Finance* 25(2), 383-417.

Fama, E. F. (1976) *Foundation of Finance*, Basic Books, N. Y.

Fama, E. F. (1989) "Perspective on October 1987, or What Did We Learn from the Crash?" in

Barro et al.（eds.）（1989）71-82.

Fama, E. F.（1991）"Efficient Capital Markets Ⅱ," *Journal of Finance* 46(5), 1575-1617.

Fama, E. F., French, K. R.（1988a）"Dividend Yields and Expected Stock Returns," *Journal of Financial Economic* 22(1), 3-25.

Fama, E. F., French, K. R.（1988b）"Permanent and Temporary Components of Stock Prices," *Journal of Political Economy* 96(2), 246-273.

Fama, E. F., French, K. R.（1993）"Common Risk Factors in the Returns in the Stocks and Bonds," *Journal of Financial Economics* 33(1), 3-56.

Fama, E. F., French, K. R.（1996）"Multifactor Explanations of Asset Pricing Anomalies," *Journal of Finance* 51(1), 55-84.

Fama, E. F., Miller, M. H.（1972）*The Theory of Finance*, Holt, Rinehart & Winston, N. Y.

Faucault, T.（2012）"Algorithmic Trading: Issue and Preliminary Evidence," in Abergel et al.（2012）3-40.

Faucault, T., Pagano, M., Röell, A.（2013）*Market Liquidity*, Oxford University Press, N. Y.

Ferguson, R.（1989）"On Crashes," *Financial Analysts Journal* March-April, 42-52.

Financial Crisis Inquiry Commission（FCIC）（2011）*The Financial Crisis Inquiry Report: Final Report of the National Commission on the Causes of the Financial and Economic Crisis in the United States*, Official Government Edition, US Independent Agencies and Commissions, Washington, D.C.

Fischel, R. F.（1989）"Should One Agency Regulate Financial Market? Was the October Crash Caused by Regulatory Failure?" in Barro et al.（eds.）（1989）113-120.

Fischer, S.（ed.）（1988）*Macroeconomics Annual 1988*, NBER, Cambridge, Massachusetts.

Fisher, I.（1930）*The Theory of Interest*,（Reprint. 1986）Macmillan, London.（気賀勘重，気賀健三訳(1984)『利子論』日本経済評論社)。

Foresight, Government Office for Science（2012）"Stock Market Circuit Breakers," *Economic Impact Assessment* EIA4, 1-16, UK.

Fox, J.（2009）*The Myth of the Rational Market: A History of Risk, Reward, and Delusion on Wall Street*, HarperCollinse, N. Y.（遠藤真美訳(2010)『合理的市場という神話—リスク，報酬，幻想をめぐるウォール街の歴史』東洋経済新報社)。

Francis, J. C., William, W. T., Whittaker, J. G.（2000）*The Handbook of Equity Derivatives*, revised, John Wiley & Sons, N.J.

French, K. R.（1988）"Crash - Testing the Efficient Market Hypothesis," in Fischer(ed.)（1988）277-285.

French, K. R., Roll, R.（1986）"Stock Return Variances: The Arrival of Information and the Reaction of Traders," *Journal of Financial Economics* 17(1), 5-26.

Friedman, B., Laibson, D.（1989）"Economic of Implications of Extraordinary Movement in Stock Prices," *Brooking Paper on Economic Activity* 20(2), 137-190.

Friedman, M.（1953）*The Case for Flexible Exchange Rates, in Essay in Positive Economics*, University of Chicago Press, Chicago.（佐藤隆三，長谷川啓之訳(1978)『実証的経済学の方法と展開』富士書房)。

Friedman,M.(1971)"The Need for Future Markets Currecy（to CME），"*Cato Journal* Vol.31(3)（Fall 2011).

Froot,K.A.,Perold,A.F.(1995)"New Trading Practices and Short-Run Market Efficiency,"*Journal of Futures Markets* 15(7),731-765.

Galbraith,J.K.(1990)*A Short History of Financial Euphoria*, Whittle Direct Books, N.Y.（鈴木哲太郎訳(1991)『バブルの物語』ダイヤモンド社）。

Gammill,J.F.Jr.,Marsh,T.A.(1988)"Trading Activity and Price Behavior in the Stock and Stock Index Futures Markets in October 1987,"*Journal of Economic Perspective* 2(3), 25-44.

Garber,P.M.,Weisbrod,S.R.(1992)*The Economics of Banking, Liquidity, and Money*, D.C. Heath and Company, Lexington, Massachusetts.（吉野直行，真殿達，渡邊博史監訳(1994)『アメリカ金融入門』日本評論社）。

Garcia,C.B.,Gould,F.J.(1987)"An Empirical Study of Portfolio Insurance,"*Financial Analysts Journal* 43(4), 44-54.

Garman,M.(1976)"Market Microstructure,"*Journal of Financial Economics* 3(3), 257-275.

Gatheral,J.(2006)*The Volatility Surface*, John Wiley & Sons, N.J.

Gennaioli,N.,Shleifer,A.,Vishny,R.(2012)"Neglected risks, financial innovation, and financial fragility,"*Journal of Financial Economics* 104(3), 452-468.

Gennotte,G.,Leland,H.(1990)"Market Liquidity, Hedging, and Crashes,"*American Economics Review* 80(5),999-1021.

Glosten,L.,Milgrom,P.(1985)"Bid, Ask and Transaction Price in a Specialist Market with Heterogenously Informed Traders,"*Journal of Financial Economics* 13(1),71-100.

Goldstein,M.A.,Evans,J.E.,Mahoney,J.M.(1998)"Circuit Breakers, Volatility, and the U.S. Equity Markets: Evidence from NYSE Rule 80A"October 1998.（Presented at 1998 FMA Meetings and at the 1998 Risk Measurement and Systematic Risk Research Conference, Bank of Tokyo, Japan.）385-405.

Goldstein, M.A., Kavalecz, K.A.(2000)"Liquidity Provision During Circuit Breakers and Extreme Market Movements,"*Rodney L. White Center for Financial Research Working Papers*, 1-31.

Gordon,M.(1959)"Dividends, Earnings and Stock Prices,"*Review of Economics and Statistics* 41(2), 99-105.

Gordon,M.(1962)*The Investment, Financing, and Valuation of the Corporation*, Irwin, Chicago.

Government Accountability Office（GAO）(1988)*Preliminary Observation on the October 1987 Crash* in Ream（compl.）(1988) Volume Ⅱ Document No.7.

Greene,W.H.(1999)*Econometric Analysis*,(4th ed.)Prentice Hall, Boston（斯波恒正，中妻照雄，浅井学訳(2000)『計量経済分析ⅠⅡ』（改定第4版）エコノミスト社）。

Greenspan, A.(2008)*The Age of Turbulence: Adventures in a New World*, Penguin Books,（Reprint）N.Y.（山岡洋一，高遠裕子訳(2007)『波乱の時代(上下)』日本経済新聞出版社，山岡洋一訳(2008)『波乱の時代 特別版—サブプライム問題を語る』日本経済新聞出版社）。

Greenwald, B., Stein, J.(1988)"The Task Force Report: The Reasoning Behind the

参考文献

Recommendations" *Journal of Economic Perspective* 2(3), 3-23.

Greenwald,B.,Stein,J.(1991)"Transactional Risk, Market Crashes, and the Role of Circuit Breakers," *Journal of Business* 64(4),443-463.

Grossman, S. J.(1976) "On the Efficiency of Competitive Stock Market Where Trades Have Diverse Information," *Journal of Finance* 31(2),573-585.

Grossman, S. J.(1988a) "Program Trading and Stock and Future Price Volatility," *Journal of Futures Market* 8(4),413-419.

Grossman,S.J.(1988b) "An Analysis of the Implications for Stock and Future Price Volatility of Program Trading and Dynamic Hedging Strategies," *Journal of Business* 61(3),275-298.

Grossman,S.J.(1988c) "Program Trading and Market Volatility: A Report on Intraday Relationships," *Financial Analysts Journal* 44(1),18-28.

Grossman,S.J.(1988d) "Introduction to NBER Symposium on the October 1987 Crash," *Review of Financial Studies* 3(1),1-3.

Grossman,S.J.,Miller,M.H.(1988) "Liquidity and Market Structure," *Journal of Finance* 43(3), 617-637.

Grossman,S.J.,Stiglitz,J.E.(1980) "On the Impossibility of Informationally Efficient Markets," *American Economic Review* 70(3),393-408.

Grundy,B.D.,McNicholas,M.(1989) "Trade and Revelation of Information Through Prices and Direct Disclosure," *Review of Financial Studies* 2(4),495-526.

Hamilton,J.D.(1994) *Time Series Analysis*, Princeton University Press, N.J. (沖本竜義，井上智夫訳(2006)『時系列解析』シーピーエー出版)。

Hankansson, N.H.(1976) "The Purchasing Power Fund: A New Kind of Financial Intermediary," *Financial Analysts Journal* 32(6),49-59.

Harris, L. (1989a) "The October 1987 S&P500 Stock-Futures Basis," *Journal of Finance* 44(1), 77-99.

Harris, L.(1989b) "S&P500 Cash Stock Price Volatilities," *Journal of Finance* 44(5), 1155-1175.

Harris,L.(1997) "Circuit Breakers and Program Trading Limits: What Have We Learned?"(The October'87 Stock Crash Ten Years Later : Perspectives on the Causes and Consequences of Stock Market Volatility,1-34.October17-18,and at the Brooking-Wharton).

Harris, L. (2003) *Trading and Exchanges*, Oxford University Press, N.Y. (宇佐美洋監訳(2006)『市場と取引』(上下) 東洋経済新報社)。

Harrison,J.H.,Kreps,D.M.(1979) "Martingale and Arbitrage in Multiperiod Securities Markets," *Journal of Economics Theory* 20(3),381-408.

Hasbrouck,J.,George Sofianos,G.D. (1993) "New York Stock Exchange Systems and Trading Procedures," *NYSE Working Paper* #93-01, 1-60.

Hasbrouck,J.(2007) *Empirical Market Microstructure*, Oxford University Press, N.Y.

Hayke,F.H.(1945) "The Use of Knowledge in Society," *American Economic Review* 35(4), 519-530.

Hellwig, M. F.(1980) "On the Aggregation of Information in Complete Markets," *Journal of*

Economic Theory 26(3),279-312.

Hendershott, T., Moulton, P. C.(2010) "Automation, Speed, and Stock Market Quality: The NYSE's Hybrids," *SSRN (Social Science Research Network) Working Paper*,1-37.

Hendershott, T., Jones, C. M., Menkveld, A. J.(2011) "Does Algorithmic Trading Improve Liquidity," *Journal of Finance* 66(1),1-33.

Heston, S. L.(1993) "A Closed-Form Solution for Option with Stochastic Volatility with Applications to Bond and Currency Option," *Review of Financial Studies* 6(2), 327-343.

Hillebrand, E.(2004) "A Mean-Reversion Expectations and the 1987 Stock Market Crash; An Empirical Investigation," *Louisiana State University Economics Working Paper* No. 2003-10.

Holden, C. W., Subrahmanyam, A.(1992) "Long-Lived Private Information and Imperfect Competition," *Journal of Finance* 47(1),247-270.

Holthausen, R., Leftwich, R., Myers, D.(1987) "The Effect of Large Block Transactions on Security Prices: A Cross-Sectional Analysis," *Journal of Financial Economics* 19(2), 237-268.

Hong, H. D., Stein, J. C.(2003) "Difference of Opinion, Short-Sales Constraints, and Market Crashes," *Review of Financial Studies* 16 (2),487-525.

Hong, H.D., Kubik, J.D., Stein, J.C.(2004)"Social Inter Action and Stock-Market Partici-pations," *Journal of Finance* 59(1), 137-163.

Hoshi, T.(1986) "A Test of Stock Price Volatility: The Case of Japan,"『ファイナス研究』(第5号), 日本証券経済研究所, 1-10。

Hull, J.C.(1989)*Option, Futures, and Other Derivative*(3rd. ed.), Prentice Hall, Boston.（東京三菱銀行商品開発部訳(1998)『フィナンシャル・エンジニアリング』(第3版)きんざい）。

Hull, J.C.(2007)*Risk Management and Financial Institutions*,(2nd. ed.)Prentice Hall, Boston.（竹谷仁宏訳(2008)『フィナンシャルリスク・マネジメント』(第1版)ピアソン・エデュケーション）。

Huang, J., Wang, J.(2009)"Liquidity and Market Crashes," *Review financial Studies* 22(7), 2607-2643.

Jacklin, C.J., Kleindon, A.W., Pfleiderer, P.(1992) "Underestimation of Portfolio Insurance and the Crash of October 1987," *Review of Financial Studies* 5 (1),35-63.

Jackson, M., Staunton, M.(2003)*Advanced Modelling in Finance using Excel and VBA*, John Wiley & Sons, N.J.（近藤正紘監訳(2005)『EXCEL と VBA で学ぶ先端ファイナンスの世界』パンローリング）。

Jacobs, B.I.(1999)*Capital Ideas and Market Realities*, Blackwell, Massachusetts.

Jarrow, R. A., Maksimovic, V., Ziemba, W. T.(eds.)(1995)*Finance*. Elsevier Science, Amsterdam.

Jevons, W. S.(1884) *Investigations in Currency and Finance*, Macmillan, London（1973-81 ed.）.

Johnson, S., Kwak, J.(2010) *13 Bankers: The Wall Street Takeover and the Next Financial Meltdown*, Pantheon, Maryland.（村井章子訳(2011)『国家対巨大銀行—金融の肥大化による新たな危機』ダイヤモンド社）。

Kahneman, D., Tversky, A., Slovic, P.(eds.)(1982)*Judgment under Uncertainty: Heuristics and Biases*, Cambridge University Press, N.Y.

参考文献

Karatzas,I.,Shreve,S.E.(1998)*Browian Motion and Stochastic Calculus*, Springer Verlag,N.Y. （渡邊壽夫訳(2001)『ブラウン運動と確率積分』シュプリンガー・フェアラーク東京）。

Karier,T.(2010) *Intellectual Capital: Forty Years of the Nobel Prize in Economics*, Cambridge University Press, N.Y.（小坂恵理訳(2012)『ノーベル経済学受賞の40年』（上/下）筑摩書房）。

Katzenbach, N.(1987) *An Overview of Program Trading and its Impact on Current Market Practices*, New York Stock Exchange, N.Y.

Keynes,J.M. (1930) "Economic Possibilities for our Grandchildren,"Th*e Collected Writings of John Maynard Keynes, Vol.IX, Essay in Persuasion*, 321-332, Macmillan,London. 1972（宮崎義一訳(1981)「わが孫たちの経済的可能性」『ケインズ全集：説得論集』（第9巻）393-400，東洋経済新報社）。

Keynes,J.M. (1936)*The General Theory of Employment, Interest, and Money*, Macmillan, London （塩野谷祐一訳(1995)『雇用・利子及び貨幣の一般理論』東洋経済新報社）。

Kindelberger,C.P.(1978)*Manias, Panics, and Crashes*(4th ed.), John Wiley & Sons, N.J.（吉野俊彦，八木甫訳(2004)『熱狂，恐慌，崩壊：金融恐慌の歴史』（第4版）日本経済新聞社）。

Kirilenko,A.,Kyle,A.S.,Samadi,M.,Tuzun,T.(2011)"The Flash Crash: The Impact of High Frequency Trading on an Electronic Market," *SSRN Working Paper*,137- 156.

Kirman,A.P. (1993)"Ants, Rationality and Recruitment," *Quarterly Journal of Economics* 108 (1),137-156.

Kissell,R.,Glantz, M.(2003)*Optimal Trading Strategies: Quantitative Approach for Managing Market Impact and Trading Risk*, Amacom Books, N.Y.

Kleidon, A.W.(1986) "Variance Bounds Tests and Stock Price Valuation Models,"*Journal of Political Economy* 94(5),953-1001.

Kleidon, A.W.(1992) "Arbitrage, Nontrading and Stale Prices: October 1987,"*Journal of Business* 65(4),483-507.

Kleidon, A.W.(1995) "Stock Market Crash" in **Jarrow et al.**(eds.) (1995) 465-495.

Kleidon, A.W.,Whaley,R.E.(1989) "One Market? Stocks, Futures, and Options During October 1987," *Journal of Finance* 47(3),51-877.

Kokot,S.(2004) *The Econometrics of Sequential Trade Models*, Springer, Heidlberg.

Kolb,R.W.(2010) *Lessons from the Financial Crisis-Cause, Consequences and Our Economic Future*, John Wiley & Sons, N.J.

Krisha,V.(2009) *Auction Theory* (2nd ed.), Academic Press, Salt Lake City.

Kroszner,R.S.,Shiller,R.J.(2011) *Reforming U.S. Financial Markets*, MIT Press, Cambridge, Massachusetts.

Krugman,P.R.(1987) "Trigger Strategies and Price Dynamics in Equity and Foreign Exchange Markets," *NBER Working Paper* No.2459,1-32.

Krugman,P.R.(1996) *Self-Organizing Economy*, Blackwell, Oxford, UK.（北村行伸，妹尾美起訳(1997)『自己組織化の経済学』東洋経済新報社）。

Kuhn,T.S.(1962) *The Structure of Scientific Revolutions*, University of Chicago Press,Chicago

（中山茂訳（1971）『科学革命の構造』みすず書房）。

Kyle, A.S. (1985)"Continuous Auctions and Insider Trading," *Econometrica* 53(6),1315-1336.

Kyle, A. S., Obizhaeva, A. A. (2009)"Market Microstructure Invariants, Preliminary Version" 1-39.

Kyle, A.S., Obizhaeva, A.A. (2011a)"Market Microstructure Invariants: Theory and Implications of Calibration," *SSRN Working Paper*, 1-35.
www.haas.berkeley.edu/ .../ 20130607_Kyle_Obizhaev

Kyle, A.S., Obizhaeva, A.A. (2011b)"Market Microstructure Invariants: Empirical Evidence from Portfolio Transitions," *SSRN Working Paper*, 1-43. http:// ssrn.com/ abstract=1978932

Kyle, A.S., Obizhaeva, A.A. (2012a)"Market Microstructure Invariants:Theory and Implications of Calibration," *Minor revision*s, January 24, 2012,1-35.
https://www. tinbergen. nl/~sofie2012/papers/KyleObizhaeva2012. pdf#search = '%E2%80%9C Market + Microstructure + Invariants + %3ATheory + and + Implications + of + Calibration

Kyle, A. S., Obizhaeva, A. A. (2012b)"Market Microstructure Invariants and Stock Market Crashes," *Conference on Instabilities in Financial Markets Pisa Italy*, 1-6.
www.quantlab.it/ IFM/ 2-Kyle_IFM-18Oct2012.pdf.

Kyle, A. S., Obizhaeva, A. A. (2013a)"Market Microstructure Invariance: Theory and Empirical Tests," *Minor revisions*, January 24, 2012, 1-67.
www.haas.berkeley.edu/ .../ 20130607_Kyle_Obizhaev

Kyle, A.S., Obizhaeva, A.A. (2013b)"Large Bets and Stock market Crashes," *Draft* (JEL.), 1-49.

Kyle, A.S., Obizhaeva, A.A. (2013c)"Market Microstructure Invariants," *Fields Institute*, Toronto Canada. www.fields.utoronto.ca/programs/cim/12.../Kyle.pdf

Kyle, A. S., Obizhaeva, A. A. (2014)"Market Microstructure Invariance: Theory and Empirical Tests," *Draft* ,1-75. www2.warwick.ac.uk/.../20141017-kyle-obizhaeva-in.

Kyle, A.S., Obizhaeva, A.A., Wang, Y. (2014)"Smooth Trading with Overconfidence and Market Power," 1-71, December 23, 2014. *Robert H. Smith School Research Paper* No. RHS 2423207.

Lee, C.M.C., Ready, M.J., Seguin, P.J. (1994)"Volume, Volatility, and New York Stock Exchange Trading Halts," *Journal of Finance* 49(1),183-214.

Lee, I.H. (1997)"Market Crashes and Informational Avalanches,"*Review of Economic Studies* 65 (4),741-759.

Leland, H.E. (1980)"Who Should Buy Portfolio Insurance," *Journal of Finance* 35(2), 581-594. in Luskin (ed.) (1988)278-293.

Leland, H.E. (1988)"Black Monday: The Catastrophe Theory," *Risk Magazine* 1(10),6-13.

Leland, H. E., Rubinstein, M. (1976) "The Evolution of Portfolio Insurance,"in Luskin (ed.) (1988) 3-10.

Leland, H.E., Rubinstein, M. (1988)"Comments on the Market Crash: Six Month After,"*Journal of Economic Perspective* 2(3),45-50.

Leroy, S., Porter, R. (1981) "The Present-Value Relation: The Tests Based on Implied Variance Bounds," *Econometrica* 49(3),555-574.

Leroy, S., Werner, J. (2001)*Principles of Financial Economics*, Cambridge University Press, N.Y.

参考文献

Lewis,M.(2014) *Flash Boys: A Wall Street Revolt*（1st ed.）,W. W. Norton, N.Y.（渡会圭子訳（2014）『フラッシュ・ボーイズ 10 億分の 1 秒の男たち』文藝春秋）。

Lhabitant, F. S., Gregoriou, G. N.(eds.)(2008) *Stock Market Liquidity-Implication for Market Micro-structure and Asset pricing*, John Wiley & Sons, N.J.

Li, D. X.(2000) On Default Correlation: Copula Function Approach, *Journal of Fixed Income*（march）, 43-45.

Lindsey,R.R.,Pecora,A.P.(1998) "Ten Years After: Regulatory Development in the Securities Markets Since the 1987 Market Break," *Journal of Financial Service Research* 13(3),283-314.

Lo,A.W.,Mackinlay,A.C.(2002) *A Non-Random Walk down Wall Street*, Princeton University Press, N.J.

Lucas,R.E.(1972) "Expectations and the Neutrality of Money," *Journal of Economic Theory* 4(2), 103-124.

Lucas, R. E.(1973)"Some International Evidence on Output-Inflation Tradeoffs," *American Economic Review* 63(3), 326-334.

Lucas,R.E.(1981) *Econometric Policy Evaluation: A Critique, Studies in Business Cycle Theory*, MIT Press, Massachusetts.

Luenberger,D.G.(2013) *Investment Science*（2nd ed.）, Oxford University Press, N.Y. （今野浩, 鈴木賢一, 枇々木規雄訳（2015）『金融工学入門』（第 2 版）日本経済新聞社）。

Luskin,D.L.(ed.)(1988)*Portfolio Insurance*, John Wiley & Son, N.J.

Mackenzie,D.(2004) "The Big Bad Wolf and The Rational Market: Portfolio Insurance, the 1987 Crash the Performativity of Economics," *Economy and Society* 33(3),303-334.

Mackenzie,D.(2008)End-of the-World Trade, *London Review of Book,*Vol.30, N0.9, 24-26.

Madhavan,A.(1991) "Security Price and Market Transparency," *SSRN Working Paper*, 1-17.

Magee,B.(1985)*Philosophy and the Real World: An Introduction to Karl Popper*, pen Court, a Salle, Illinois.（花希一訳(2001)『哲学と現実社会—カール・ポパー入門』恒星社厚生閣)。

Magill,M.,Quinzii,M.(2002)*Theory of Incomplete Markets*, MIT Press, Massachusetts.

Malkiel, B. G.(1986) "The Brady Commission Report: A Critiques," *Journal of Portfolio Management* 14(4),9-13.

Mandelbrot,B.(1963) "The Variation of Certain Speculative Prices," *Journal of Business* 36(4), 394-419.

Mandelbrot, B.(1966) "Forecast of Future Prices, Unbiased Markets and Martingale Models," *Journal of Business* 39(1), 242-255.

Mandelbrot,B.(1977)*The Fractal Geometry of Nature*, Freeman, San Francisco（広中平祐監訳（1985)『フラクタル幾何学』日経サイエンス社)。

Mandelbrot,B.,Hudson,R.L.(2004)*The(Mis)Behavior of Market*, Basic Books, N.Y.（高安秀樹, 雨宮絵理訳(2008)『禁断の市場—フラクタルでみるリスクとリターン』東洋経済新報社)。

Markowitz,H.M.(1959) *Portfolio Selection: Efficient Diversification of Investments,* John Wiley & Sons, N.J.（鈴木雪夫監訳(1969)『ポートフォリオ選択論—効率的分散投資法』東洋経済新報社)。

Marsh,T.,Merton,R.(1986) "Dividend Variability and Variance Bounds Tests for the Rationality of Stock Market Prices," *American Economic Review* 76(3),483-498.

Marshall, A. (1890) *Principles of Economics*. (1st ed.), Macmillan, London, (Retrieved 2012-12-07). (馬場啓之助訳 (1965-67)『経済原理』（Ⅰ-Ⅳ)東洋経済新報社)。

Marshall, A. (1919) *Industry and Trade*, Macmillan, London.(永澤越郎訳 (1986)『産業と商業』岩波ブックサービスセンター)。

Marshall, A. (1923) *Money, Credit and Commerce*, Macmillan, London.(永澤越郎訳 (1988)『貨幣信用貿易』岩波ブックサービスセンター)。

McKeon,R., Netter,J.(2009) "What Caused the 1987 Stock Market Crash and Lessons for the 2008 Crash," *Review of Accounting and Finance* 8(2),123-137.

Melamed,L.(2009) *For Crying Out Loud: From Open Outcry to the Electronic Screen*, John Wiley & Sons, N.J. (可児滋訳(2010)『先物市場から未来を読む』日本経済新聞出版社)。

Melamed,L.,Tamarkin,B.(1996) *Escape to the Futures*, John Wiley & Sons, N.J. (可児滋訳 (1997)『エスケープ・ツゥ・ザ・フューチャーズ：ホロコーストからシカゴ先物市場へ』ときわ総合サービス)。

Melevergne,Y.,Sonette,D.(2006)*Extreme Financial Risk*, Springer Verlag, N.Y.

Menezes, F. M., Monteiro, P. K.(2005)A*n Introduction to Auction Theory*, Oxford University Press, N.Y.

Merton,R.C. (1974) "On the Pricing of Corporate Debt:The Risk Structure of Interest Rates," *Journal of Finances* 29(2), 449-470.

Metz,T.(1988) *Black Monday: The Stock Market Catastrophe of October 19,1987*, Beard Books, Washington, D.C.

Migrom, P., Stokey, N.(1982) "Information, Trade and Common Knowledge," *Journal of Economic Theory* 26(1), 17-27.

Miller,J.D, Miller,M.,Brennan,P.J.(1989)*Program Trading*, J.K.Lasser Institute, Chicago. (日興證券米州株式部訳(1991)『プログラム・トレーディング』東洋経済新報社)。

Mill, J. S. (1848) *Principles of Political Economy, with some of their Applications to Social Philosophy,* (2 vols.), John W. Parker, West Strand, London. (末永茂喜訳(1959-1963)『経済学原理』(1)-(5)岩波文庫)。

Miller, M. H.(1986) "Behavioral Rationality in Finance: The Case of Dividends," *Journal of Business* 59(4),451-468.

Miller, M. H.(1991) *Financial Innovations and Market Volatility,* Blackwell, Cambridge, Massachusetts.

Miller, M.H.(1997) *Merton Miller on Derivative*, John Wiley & Sons, N.J. (斎藤治彦訳(2001)『デリバティブとは何か』東洋経済新報社)。

Miller, M.H.(2002)*Selected Works of Merton Miller: A Celebration of Market*, *Economics & Finance,*(Vol.1-2) University of Chicago, Chicago.

Miller,M.H.,Modiliani,F.(1958) "The Cost of Capital, Corporation Finance and the Theory of Investment,"*American Economic Review'*, 48(3),261-297.

Miller,R.M.(2002)*Experimental Economics: How We can Build Better Financial Markets*, John

Wiley & Sons, N.J.（川越敏司，望月衛訳(2006)『実験経済学入門』日経 BP 社）。

Montier,J.(2005)*Behavioural Finance*,John Wiley & Sons, N.J. （真壁昭夫監訳(2005)『行動ファイナスの実践』ダイヤモンド社）。

Morris,S.,Shin,H.S.(2003) "Liquidity Black Holes," *Review of Finance* 8(1),1-18.

Muth,J.F.（1961）"Rational Expectations and the Theory of Price Movements," *Econometrica* 29(6),315-335.

Neftci, S. N.(2000)*An Introduction to the Mathematics of Financial Derivatives*（2nd ed.），Academic Press, Salt Lake City（投資工学研究会訳(2001)『ファイナンスへの数学』（第2版）朝倉書店）。

Nelsen,R.B.(2006)*An Introduction to Copulas*(2nd ed.)Springer Verlag, N.Y.

Nielson, L.T.(1999) *Pricing and Hedging of Derivative Securities*, Oxford University Press, N.Y.

O'Hara, M.（1995）*Market Microstructure Theory*, Backwell Publishers, Massachusetts （大村敬一，宇野淳，宗近肇訳（1996）『マーケットマイクロストラクチャー』きんざい）。

O'Hara,M.(2003) "Liquidity and Price Discovery," *Journal of Finance* 58(4),1335-1354.

O'Hara,M.(2014) "High Frequency Markets Microstructure", *Discussion Paper*, 1-44.
http://www2.warwick.ac.uk/fac/soc/wbs/subjects/finance/fof2014/programme/maureen_ohara.pdf

Omberg,M.(2000) "Market Crashes,Market Regimes, and Regime-Separating Barriers," *SSRN Working Paper*, 1-33.

Oreléan,A.(1999) *Le Pouvoir de la finance,* Odile Jacob, Paris.(坂口明義，清水和巳訳(2001)『金融の権力』藤原書店)。

Oreléan,A.(ed.)(2012) *Ananlyse economique des Conventions,* QUADRIGE/ PUF, Paris.

Osterrieder, J.(2007) *Arbitrage, Market Microstructure and the Limit Order Book*, SVH. Saarbrücken Deutschland.

Peek,J.,Rosengren,E.S.(1988) "The Stock Market and Economic Activity," *Federal Reserve bank of New England Economic Review*88(3),39-50.

Pepper,G.,Oliver,M.J.（2006）*The Liquidity Theory of Asset Prices*, John Wiley & Sons,West Sussex, UK.

Peraude,A.(2001) "Liquidity Black Holes," *State Street Bank Working Papers*,1-13.

Perold, A. F.(1988) "The Implementation Shortfall: Paper Versus Reality," *Journal of Portfolio Management* 14(3), 4-9.

Perold,A.F.,Sharpe,W.F.(1988) "Dynamic Strategies for Asset Allocation," *Financial Analyst Journal* 45(1),16-27.（寺田徳訳(1989)「アセット・アロケーションの動態的戦略」『証券アナリスト・ジャナール』89.8 号）。

Peterson,E.G.,Weber,L.S.(2011) *The Stock Market Flash Crash of 2010*（Economic Issues, Problems and Perspectives), Nova Science, N.Y.

Popper,K.(1957) *The Poverty of Historicism*, Routledge & Kegean Paul, London.（久野収，市井三郎訳(1961)『歴史主義の貧困』中央公論社)。

Poterba, J. M., Summers, L. H.(1988)"Mean Reversion in Stock-Price; Evidence and Implications," *Journal of Financial Economics* 22(1),27-59.

Radner, R. (1979) "Rational Expectations Equilibrium: Generic Existence and the Information Revealed by Price," *Econometrica* 47(3),655-678.

Raiffa,H.,Schaifer,R. (2000) *Applied Statistical Decision Theory*, John Wiley & Sons, N.J.

Read,C. (2013) *The Efficient Market Hypothesists*, Palgrave Macmillan, N.Y.

Ream,B.D (compl.) (1988) The Stock Market Crash of October 1987, *Federal Documents and Materials on the Volatility of the Stock Market and Stock Index Future Markets* (Vol.1-6) William S.Hein, Buffalo, N.Y.

Roll,R.A. (1984) "A Simple Implicit Measure of the Effective Bid-Ask Spread in an Efficient Market," *Journal of Finance* 39(4),1127-1139.

Roll,R.A. (1988a) "The International Crash of 1987," *Financial of Analysts Journal* 44(5),19-35. in **Barro et al.**(eds.) (1989) 35-69.

Roll,R.A. (1988b) "R2," *Journal of Finance* 43(2),541-566.

Romer,D. (1993) "Rational Asset-Price Movements without News," *American Economics Review* 83(5), 1112-1130.

Romer,D. (2005) *Advanced Macroeconomics*(3rd. ed.), McGraw-Hill, N.Y. (堀雅博, 岩成博夫, 南條隆訳(2010)『上級マクロ経済学』(第3版) 日本評論社)。

Ross,S.A. (1976) "Options and Efficiency," *Quarterly Journal of Economics* 90(1),75-89.

Rouah,F.D.,Vainberg,G. (2007) *Option Pricing Models & Volatility*, John Wiley & Sons, N.J.

Rubinstein,M. (1974) "An Aggregation Theorem for Securities Market," *Journal of Financial Economics* 1(1), 225-224.

Rubinstein,M. (1985a) "Alternative Paths to Portfolio Insurance," *Financial Analysts Journal* 41(4),42-52. (阿部鉄弥訳(1987)「ポートフォリオ・インシュランスのため選択的経路」『証券アナリスト・ジャーナル』87.2号)。

Rubinstein,M. (1985b) "Nonparametric Tests of Alternative Option pricing Models Using All Reported Trades and Quotes on the 30 Most Active CBOE Option Classes from August 23,1987 through August 1978,"*Journal of Finance* 40(2),455-480. (進藤久佳訳(1988)「ポートフォリオ・インシュランスと株価市場の暴落について」『証券アナリストジャーナル』88.5号)。

Rubinstein,M. (1990a) "The Super Trust," *Working Paper* 1-19, unpublished.

Rubinstein,M. (1990b) "Merton Miller's Financial Innovation and Market Volatility," *Journal of Finance* 47(2),819-823.

Rubinstein,M. (1994a) "Supershares," in **Francis et al.**(2000) 405-414.

Rubinstein,M. (1994b) "Presidential Address: Implied Binomial Trees," *Journal of Finance* 49(3), 771-818.

Rubinstein,M. (1998) "Edgeworth Binomial Trees," *Journal of Derivatives* 5(3), 20-27.

Rubinstein,M. (2006) *A History of Theory of Investment*, John Wiley & Sons, N.J.

Rubinstein, M.,Leland.H.E. (1981) "Replication Options with Positions in Stock and Cash," *Financial Analysts Journal* 37(4),63-72 (阿部鉄弥訳(1986)「株式及びキャッシュ・ポジションによるリプリケーション・オプション」『証券アナリスト・ジャーナル』86.12号)。

Runkle, D. (1988) "Why no Crunch from the Crash?" *Federal Reserve Bank of Minneapolis Quarterly Review* 88(1), 2-7.

Salanié, B. (1997) *The Economics of Contracts: A Primer* (2nd, ed.), MIT Press, Massachusetts. (細江守紀, 三浦功, 堀宣昭訳 (2000)『契約の経済学』勁草書房)。

Salem, L. (1987) *Le Krach de* 1987, Éditions n° 1, Paris.

Salmon, F. (2009) "Recipe for Disaster: The Formula that Killed Wall Street," *Wired Magazine* (17 March).

Samuelson, P.A. (1965) "Rational Theory of Warrant Pricing," *Industrial Management Review*, (Spring), 13-39.

Samuelson, P.A. (1973) "Mathematics of Speculative Price," *Society for Industrial and Applied Mathematics* 15(1),1-42.

Santoni, G. J. (1988) "The October Crash: Some Evidence on the Cascade Theory," *Federal Reserve Bank of St. Louis Review* 70(3),18-33.

Santoni, G.J., Liu, T. (1993) "Circuit Breakers and Stock Market Volatility," *Journal of Future Markets*, 13(3),261-277.

Sargent, T.J. (1983) "The Ends of Four Big Inflations," 41-98.
www.nber.org/chapters/c11452.pdf.

Savage, L.J. (1954) *The Foundations of Statistics*, John Wiley & Sons, N.J.

Schaefer. S. M. (2012) "Vasicek's Model of Distribution of Losses in a Large, Homogeneous Prortfolio," power point, 1-25.
dse.univr.it/.../SSEFCANAZEI2012/07_correlation_-_modeling.pdf.

Schlösser, A. (2008) *Pricing and Risk Management of Synthetic CDO's*, Springer, Munich.

Schmidt, A.B. (2011) *Financial Markets and Trading*, John Wiely & Sons, N.J.

Schönbucher, P. J. (2003) *Credit Derivatives Pricing Models: Models, Pricing and Implementation*, John Wiley & Sons, West Sussex, UK. (望月衛訳 (2005)『クレジット・デリバティブ』東洋経済新報社)。

Schumpeter, J.A. (1908) *Wesen und Hauptinhalt der theoretischen Nationalökonomie, Nabu Press. Carolina* (2010). (大野忠男, 安井琢磨, 木村健康訳 (1983)『理論経済学の本質と主要内容』〈上下〉岩波書店)。

Schumpeter, J.A. (1939) *Business Cycle*, McGraw-Hill, N.Y. (吉田昇三監修 金融経済研究所訳 (1985)『景気循環論：資本主義過程の理論的・歴史的・統計的分析』(復刻版) I -5 有斐閣)。

Schumpeter, J. A. (1954) *History of Economic Analysis*, Allen & Unwin (Pubishers) Ltd, N. Y. Oxford University Press (Reprinted, Edited from Manuscript by Elizabeth Boody and New Introduction by Mark Perlman, Publication Date - March 1994). (東畑精一, 福岡正夫訳 (2005)『経済分析の歴史』岩波書店)。

Schwert, G.W. (1990) "Stock Volatility and the Crash of' 87," *Review of Financial Studies* 3(1), 77 -102.

Securities Exchange Commission (SEC) (1988) The October 1987 Market Break, Washinton, D. C.in Ream (compl.) (1988) Volume II Document No.8.

312

Securities Exchange Commission & Commodity Future Trading Commission（SEC & CFTC）（2010a）*Preliminary Finding Regarding the Market Events of May* 6. 2010, The Securities and Exchange Commission and The Commodity Futures Trading Commission（2010.5. 18），1-151, Washigton, D.C.

Securities Exchange Commission & Commodity Future Trading Commission（SEC & CFTC）（2010b）*Finding Regarding the Market Events of May* 6. 2010, The Securities and Exchange Commission and The Commodity Futures Trading Commission （2010.9.30），1-104, Washington, D.C.

Sedlacek, T.（2011）*Economics of Good and Evil: The Quest for Economic Meaning from Gilgamesh to Wall Street*, Oxford University Press,N.Y.（村井章子訳（2016）『善と悪の経済学』東洋経済新報社）。

Seligman,J.（1995）*The Transformation of Wall Stree*t（revised ed.）, Northeastern University Press, Boston（田中恒夫訳（2006）『ウォールストリートの変革—証券取引委員会（SEC）の歴史』創成社）。

Seyhun,H.N.（1990）"Overreaction or Fundamentals: Some Lesson from Insiders' Response to the Market Crash of 1987," *Journal of Finance* 45（5），1363-1388.

Sharpe,W.F.（1964）"Capital Asset Prices: A Theory of Market Equilibrium under Conditions of Risk," *Journal of Finance,* 19（3），425-442.

Sharpe,W.F.（1970）*Portfolio Theory and Capital Markets*, McGrow-Hill, N.Y.

Sharpe,W.F.（1991）"Integrated Asset Allocation," *Financial Analyst Journal* 47（1），25-32.

Sharpe,W.F.（2007）*Investors and Market*, Princeton University Press, N.J. （川口有一郎監訳（2008）『投資家と市場』日経 BP 社）。

Shefrin,H.（2005）*A Behavioral Approach to Asset Pricing*, Elsevier Academic Press, Burlington, Massachusetts.

Shiller,R.J.（1981）"Do Stock Prices Moves Too Much to Be Justified by Subsequent Changes in Dividends?" *American Economic Review* 71（3），421-435.

Shiller,R.J.（1984）"Stock Prices and Social Dynamics," *Brookings Papers on Economic Activity* 2, 457-498.

Shiller,R.J.（1988a）"Fashion, Fads, and Bubble in Financial Markets," in Shiller（2001）49-68.

Shiller,R.J.（1988b）"Portfolio Insurance and Other Investor Fashion as Factors in the 1987 Crash Stock Market Crash," in Fischer（ed.）（1988）287-295.

Shiller, R. J.（1989）"Investor Behavior in the October 1987 Stock Market Crash: Survey Evidence," in Shiller（2001）379-402.

Shiller,R.J.（1996）"Price-Earnings Ratios as Forecasters of Returns: The Stock Market Outlook in 1996," Web Paper. aida.wss.yale.edu/~shiller/ data/ peratio.html

Shiller,R.J.（2000）*Irrational Exuberance*, Princeton University Press, N.J.（植草一秀監訳（2001）『根拠なき熱狂』ダイヤモンド社）。

Shiller,R.J.（2001）*Market Volatility*, MIT Press, Massachusetts.

Shiller,R.J.（2008）*The subprime solution: How today's global financial crisis happened, and what to do about it*, Princeton University Press, Chicago.

313

Shiller,R.J.,Fumiko KonYa.,Yoshiro Tsutsui.（1991）"Investor Behavior in the October 1987 Stock Market Crash: The Case of Japan," *Journal of the Japanese and International Economies* 5 (1)，1-13.（筒井義郎，平山健二郎（2009）「ブラックマンデーにおける投資家の行動」『日本の株価─投資家行動と国際連関』（第 12 章）311-326，東洋経済新報社）。

Shiller,R.J.,Akerlof,G.A.（2009）*Animal Spirits: How Human Psychology Drives the Economy, and Why It Matters for Global Capitalism*, Princeton University Press, N.J.

Shin,H.S.（2010）*Risk and liquidity*, Oxford University Press, N.Y.（大橋和彦,服部正純訳（2015）『リスクと流動性』東洋経済新報社）。

Shleifer,A.（1990）"The Limits of Arbitrage: Back to Supply and Demand in Finance."（翻訳掲載（1990）『フィナンシャル・レビュー』（12 月号）1-19, 大蔵省財政金融研究所）。

Shleifer, A.（2000）*Inefficient Markets*, Oxford University Press, N.Y.（兼広崇明訳（2001）『金融バブルの経済学』東洋経済新報社）。

Shleifer, A., Summers, L. H.（1990）"The Noise Trader Approach to Finance," *Journal of Economic Perspectives* 4(1),19-33.

Shleifer,A.Vishny,R.W.（1995）"Limit to Arbitrage," *Journal of Finance* 45(1),35-55.

Shreve, S. E.（2004a）*Stochastic Calculus for Finance I: The Binomial Asset Pricing Model*, Springer Verlag, N.Y.（長山いづみ訳（2006）『ファイナンスのための確率解析＜ 1 ＞─二項モデルによる資産価格評価』シュプリンガー・フェアラーク東京）。

Shreve,S.E.（2004b）*Stochastic Calculus for Finance II: Continuous- Time Models I*, Springer Verlag, N.Y.（今井達也，河野佑一，田中久充，長山いづみ訳（2008）『ファイナンスのための確率解析＜ 2 ＞─連続時間モデル』シュプリンガー・フェアラーク東京）。

Siegel,J.J.（1992）"Equity Risk Premia, Corporate Profit Forecasts,and Investor Sentiment around the Stock Crash of October 1987," *Journal of Business* 65(4),557-70.

Siegel,J.J.（2016）"The Shiller CAPE Ratio: A New Look," *Financial Analysts Journal* 72(3), 41-50.

Simon,H.A.（1955）"A Behavioral Model of Rational Choice," *Quarterly Journal of Economics* 69 (1)，99-118.

Skidelsky,R.（2009）*Keynes: The Return of the Master*, Penguin, N.Y.（山岡洋一訳（2010）『何がケインズを復活させたのか』日本経済新聞社）。

Skjeltorpx,J.A., Sojliy,E.,Thamy,W.W.（2010）"Tapping hidden liquidity: Flash Orders at the NASDAQ," *Norges Bank Erasmus University Microstructure Workshop*.

Smith,V.L.（1991）*Paper in Experimental Economics*, Cambridge University Press, N.Y.

Sobel,R.（1999）*Panic on Wall Street*: *A History of America's Financial Disasters*（reprint）, Beard Books, Washington. D.C.

Solmon,F.（2009）"Recipe for Disaster: The Formula that killed Wall Street," *Wired Magazine*（17 March）.

Sornette,D.（2002）*Why Stock Markets Crash*: *Critical Events in Complex Financial Systems*, Princeton University Press, N.J.（森谷博之訳（2004）『入門 経済物理学─暴落はなぜ起こるのか？』PHP 研究所）。

Sprott,J.C.（2003）*Chaos and Times-Series Analysis*, Oxford University Press, N.Y.

Spulber, D. F. (1999) *Market Microstructure: Intermediaries and the Theory of the Firm*, Cambridge University Press, N.Y.

Statman, M. (1999) "Behavioral Finance: Past Battle and Future Engagements," *Association for Investment Management and Research* Dec/ Nov,18-27.

Stigler, G. J. (1964) "Public Regulation of the Securities Markets," *Journal of Business* 37(1), 117-142.

Stigler, G.J. (1966) *The Theory of Price* (3rd ed.), Macmillan, N.Y. (南部鶴彦・辰巳憲一訳 (1991)『価格の理論』(第4版) 有斐閣)。

Stigler, G. J. (1971) "The Theory of Economic Regulation," *Bell Journal of Economics and Management Science* 2(spring),2-19.

Stiglitz, J. E. (2010) "The Financial Crisis of 2007-8 and its Macroeconomic Consequences," in Griffith-Jones, S., Ocampo, J. A., Stiglitz, J. E, (eds.) *Time for a Visible Hand*, 19-49, Oxford University Press, UK.

Stiglitz, J. E. (2012) *The Price of Inequality*, W.W. Norton, N.Y. (楡井浩一，峰村利哉訳 (2012)『世界の99％を貧困にする経済』徳間書店)。

Stiglitz, J. E. (2014) *Conference Paper 2014 Financial Markets Conference Atlanta Fed.* (from Salmon, F. (2014) "The problem of HFT, Joe Stiglitz edition"). https://reszatonline.wordpress.com/2014/.../salmon-stig.

Stoll, H. R. (1978) "The Supply of Dealer Services in Securities Markets," *Journal of Finance* 33 (4),1133-1151.

Stoll, H. R. (eds.) (1998) *Stock Market Policy Since the* 1987 *Crash,* Kluwer Academic Publisher, Boston.

Stoll, H. R. (1998) "Special Issue: Ten Years Since the Crash of 1987," *Journal of Financial Service Research* 13(3),183-186.

Stoll, H. R. (ed.) (1999) *Microstructure: The Organization of Trading and Short Term Price Behavior*, Edward Elgar Publishing, London.

Stoll, H.R. (1999) "Introduction," in Stoll (ed.) (1999) xi-xviii.

Stoll, H. R. (2003) "Market Microstructure," in Constantinides, Harris&Stulz. (eds.) (2003) 553-601.

Stoll, H. R., Whaley, R. E. (1990) "Stock Market Structure and Volatility," *Review of Financial Studies* 3(1),37-71.

Strang, G. (1976) *Linear Algebra and its Applications*, Academic Press, Salt Lake City. (山田昌哉監訳，井上昭訳(1978)『線形代数とその応用』産業図書)。

Subrahmanyam, A. (1991) "Risk Aversion, Market Liquidity, and Price Efficiency," *Review of Financial Studies* 4(3),417-422.

Subrahmanyam, A. (1994) "Circuit Breakers and Market Volatility: A Theoretical Perspective," *Journal of Finance* 49(1),237-254.

Subrahmanyam, A. (1995) "On Rules Versus Discretion in Procedures to Halt Trade, Circuit Breakers and Market Volatility: A theoretical Perspective," *Journal of Economics and Business* 47(1),1-16.

Subrahmanyam, A. (2013) "Algorithmic Trading, The Flash Crash, and Coordinated Circuit Breaker," *Borsa Istanbul Review* 13(3), 4-9.

Summers, L.H. (1986) "Does the Stock Market Rationally Reflect Fundamental Values?" *Journal of Finance* 41(3), 591-602.

Sydsæter, K., Hammond, P., Seierstad, A., Strφm, A. (2005) *Further Mathematics for Economic Analysis*, Prentice Hall, Boston.

Taleb, N.N. (2007) *The Black Swan: The Impact of the Highly Improbable*, Random House, N.Y. (望月衛訳(2006)『ブラック・スワン―不確実性とリスクの本質』(上下) ダイヤモンド社)。

Thaler, R.H. (ed.) (1993) *Advances in Behavioral Finance*, Russell Sage Foundation, N.Y.

Thaler, R.H. (1999) "The End of Behavioral Finance," *Financial Analysts Journal* 56(6), 12-17.

Thaler, R.H. (ed.) (2005) *Advances in Behavioral Finance* Vol. Ⅱ, Russell Sage Foundation, N.Y.

Tobin, J. (1984) "Fred Hirsch Memorial Lecture: On the Efficiency of the Financial System" in Jackson (ed.) (1987) *Policies for Prosperity-Essays in Keynesian Mode*, 282-296, Wheatsheaf Books, Sussex, UK.

Toporowski, J. (1993) *The Economics of Financial Markets and the* 1987 *Crash*, Edward Elgar,

Vasicek, O.A. (1997) "The Distribution of Loan Portfolio Value", *Journal of Financial Economics* 5(2), 177-188.

Vasicek, O.A. (2002) "The Distribution of Loan Portfolio Value," *RISK* 15(December) 160-162.

Vayanos, D., Wang., J. (2012) "Market Liquidity Theory and Empirical Evidence," *The Paul Woolley Center Working Paper Series* No. 32, Financial markets Group Discussion Paper No.709.

Vayanos, D., Wang., J. (2012) *Theories of Liquidity,* Now Publishers, Hanover, M.A.

Veblen, T. (1919) *The Theory of Business Enterprise* (Social Science Classical Series, Transaction Publishers (1978) N.Y. (小原敬士訳(2005)『企業の理論』勁草書房)。

Verma, R., Baklaci, H., Turkey, I., Soydemir, G. (2008) "The Impact of Rational and Irrational Sentiments of Individual and Institutional Investors on DJIA and S&P500 Index Returns," *Applied Financial Economic* 18(16), 1303-1318.

Vives, X. (2008) *Information and Learning Markets*, Princeton University Press, N.J.

White, E.N. (1996) *Stock Market Crash and Speculative Mania*, Edward Elgar Publishing, Cheltenham.

Whitcomb, D.K. (1988) Discussion Paper (of Grossman, S.J. & Miller, M,H. (1988)) *Journal of Finance* 43(3), 634-637.

Wigmore, B.A. (1997) *Securities Markets in the 1980s: The New Regime 1979-1984* (Vol. I), Oxford University Press, N.Y.

Wigmore, B.A. (1998) "Revisiting the October 1987 Crash," *Financial Analysts Journal* 54(1), 36-48.

Williams, J.B. (1938) *The Theory of Investment Value*, Oxford University Press, N.Y. (長尾慎太郎, 岡村桂訳(2010)『投資価値理論』パンローリング)。

浅野幸弘(1989)『先物・オプションの活用戦略』東洋経済新報社。

伊藤宣広(2016)『投機は経済を安定させるか？』現代書館。

岩田暁一(1983)『経済分析のための統計的手法』（第2版）東洋経済新報社。

岩田暁一(1989)『先物とオプションの理論』東洋経済新報社。

植田和男，鈴木勝，田村達朗(1986)「配当と株価:シラー・テストの日本の応用」『フィナンシャル・レビュー』58-67。

大崎貞和(2014)「HFT（高頻度取引）と 複雑化する米国の株式市場構造」『月刊資本市場』（2014年11月号）1-12。

　　https://fis.nri.co.jp/~/media/Files/knowledge/media/.../camri201411.pdf

大田亘，宇野淳，竹原均(2011)『株式市場の流動性と投資家行動―マーケット・マイクロストラクチャーの理論と実態』中央経済社。

大墳剛士(2014)「米国市場の複雑性とHFTを巡る議論」『JAXワーキング・ペーパー特別レポート』1-124。

　　http://www.jpx.co.jp/news-releases/ncd3se0000001a72-att/JPX_WP_SP.pdf

大村敬一(1996)「マーケットマイクロストラクチャー・モデルの展開」『経済志林』64(2)，法政大学経済学部，29-87。

大村敬一，宇野淳，川北英隆，俊野雅司（編）(1998)『株式市場のマイクロストラクチャー』日本経済新聞社。

小河原誠(1997)『ポパー―批判的合理主義』講談社。

奥島真一郎(2013)「理論モデル・政策分析・政策科学者―政策分析における倫理」『CCES Discussion Paper Seies』No.53，一橋大学大学院（経済学），1-18。

　　hermes-ir.lib.hit-u.ac.jp/rs/bitstream/10086/25926/4/070ccesDP_53.pdf

奥野正寛(2008)『ミクロ経済学』東京大学出版会。

金崎芳輔(1989)「ポートフォリオ・インシュアランスの理論と実証」日本経営財務研究学会編『経営財務研究双書』(9)（第6章），中央経済社，111-135。

刈屋武昭，矢島美寛，田中勝人，竹内啓(2003)『経済時系列の統計』岩波書店。

川越敏司(2007)『実験経済学』東京大学出版会。

熊谷義彰(2002)『金融時系列データのフラクタル分析』多賀出版。

木皿晶夫，吉川満(1989)『ウォール街・1990』近代セールス社。

小暮厚之(1996)『ファイナンスへの計量分析』朝倉書店。

齋藤誠(1999)「高度化した資本主義におけるリスクと市場流動性：マーケット・メーカーとアービトラージの役割」『フィナンシャル・レビュー』(51)6月号，1-23。

齋藤誠(2000)『金融技術の考え方使い方』有斐閣。

齋藤誠(2001)「資産価格形成における流動性要因：覚書」『一橋論叢』126(4)，386-399。

齋藤誠(2006)『新しいマクロ経済学』有斐閣。

齋藤誠(2010)「長期均衡への収斂としてみた金融危機―金融システム改革へのインプリケーション」『フィナンシャル・レビュー』(101)7月号，77-97。

斎藤誠，柳川範之(2002)『流動性の経済学』東洋経済新報社。

榊原茂樹(1992)『株式ポートフォリオのリスク管理』東洋経済新報社。

櫻井豊(2016)『数理ファイナンスの歴史』金融財政事情研究会。

参考文献

櫻川昌哉・福田慎一(2013)『なぜ金融危機は起こるのか』東洋経済新報社。

佐藤猛(2000)「PIの基本的理論展開―市場リスクに対応して」『会計学研究』(12)日本大学商学部会計学研究所，44-61。

佐藤猛(2002)「Excelによる効率的ポートフォリオの実験」『情報科学』(11)，日本大学商学部情報科学研究所，1-14。

佐藤猛(2003a)「Black and Scholesオプションモデルとポートフォリオ・インシュランス―米国1987年10月クラッシュを視座に(1)」『商学集志』73，(2)1-18.日本大学商学部商学研究会。

佐藤猛(2003b)「マーケット・マイクロストラクチャーにおける基本的情報ベースモデルの展開―米国1987年10月クラッシュを視座に(2)―」『商学集志』73(3/4)，1-18。

佐藤猛(2004a)「情報ベースモデルによるクラッシュのシナリオ―米国1987年10月クラッシュを視座に(3)」『商学集志』73(3/4)，19-38。

佐藤猛(2004b)「Bradyレポートのクラッシュ分析の本質」『日本大学商学部創設100周年記念号』107-126。

佐藤猛(2005a)「市場流動性モデルからの米国1987年10月クラッシュに関する示唆（Ⅰ）」『商学集志』75(1)，15-32。

佐藤猛(2005b)「市場流動性モデルからの米国1987年10月クラッシュに関する示唆（Ⅱ）」『商学集志』75(2)，49-63。

佐藤猛(2006a)「フラクタル分析による米国1987年10月クラッシュのシナリオ」『商学集志』76(1)，71-89。

佐藤猛(2006b)「プライシング・モデルにおけるファンダメンタルズと行動ファイナンスの融合―米国1987年10月クラッシュを視座から」『商学集志』76(3)，1-18。

佐藤猛(2007)「DSSWモデルによるクラッシュ究明―米国1987年10月クラッシュを視座に」『商学集志』77(3)，1-10。

佐藤猛(2008a)『証券市場の基礎理論』税務経理協会。

佐藤猛(2008b)「サーキット・ブレーカーに関する一考察―米国1987年10月―クラッシュの遺物」『商学集志』78(3)，13-23。

佐藤猛(2008c)「資本概念からフィッシャー・モデルへ―現代ファイナンスの源流を求めて」日本大学商学部商学・会計学研究所(編)『資本とはなにか：現代商学と資本概念』日本評論社，77-92。

佐藤猛(2009a)「オプションの変容―米国1987年10月クラッシュの遺物」『商学集志』78(4)，1-15。

佐藤猛(2009b)「証券市場の均衡理論に関するノート―アロー・ドブリュー均衡の視点から」（研究ノート）『商学研究』25号，日本大学商学部商学研究所，41-51。

佐藤猛(2010)「フランスにおけるサブプライム危機の捉え方―2009年夏の回顧」『商学集志』79(3)，1-12。

佐藤猛(2012)「CDOの正規コピュラ・モデルの解析―金融危機（2008）の視点から」『商学集志』81(3/4)，1-12。

佐藤猛(2013)「アンドレ・オルレアンによるブラック・マンデーの分析についての覚書」（研究ノート）『商学集志』82(4)，日本大学商学部，47-58。

佐藤猛(2015a)「ブラック・マンデーが提起した課題の今日的意義」『証券経済学会年報』第 49 号（別冊），1-13。
http://www.sess.jp/publish/annual_sv/sv_49.html

佐藤猛(2015b)「インパクト・モデルによるクラッシュ分析の進展」『商学集志』85(1/2)，1-19。

佐藤猛(2016)『証券理論の新体系』税務経理協会。

沢木勝茂(1994)『ファイナンスの数理』朝倉書房。

佐和隆光(1984)『虚構と現実』新曜社。

繁桝算男(1985)『ベイズ統計入門』東京大学出版会。

清水克俊(2016)『金融経済』東京大学出版会。

清水葉子(2014)「アメリカの証券市場構造と HFT（高頻度取引）」『証研レポート』2014 年度（1687 号）52-59。

杉原慶彦(2011)「執行戦略と取引コストに関する研究の進展」『金融研究』31(1)，227-292。

芹田敏夫(2000)「証券市場のマイクロストラクチャー」筒井義郎(編)(2000)273-310。

宅和公志(2005)『ケインズ一般理論論考』日本評論社。

竹内啓(1963)『数理統計学』東洋経済新報社。

竹田聡(2009)『証券投資の理論と実際― MPT の誕生から行動ファイナンスへの理論史』学文社。

竹原均(1997)『ポートフォリオの最適化』朝倉書店。

橘木俊詔，筒井義郎(1996)『日本の資本市場』日本評論社。

辰巳憲一(2015)「HFT の金融仲介機能：その行動と影響に関する堰モデルの展開」『経済論集』第 51 巻第 3・4 号(2015.1.11)，学習院大学経済学部，167-180。

田畑吉雄(2001)『金融工学の入門』エコノミスト社。

谷川寧彦(2002)「マーケット・マイクロストラクチャーと流動性」斎藤誠，柳川範之(2002)181-208。

筒井義郎(編)(2000)『金融分析の最先端』東洋経済新報社。

津野義道(2001)『ファイナンスの確率積分』共立出版。

寺西重郎(2003)『日本の経済システム』岩波書店。

東京証券取引所(1988a)「ブレイディー・リポートとその評価」『証券』63.2 号，65-70。

東京証券取引所(1988b)「米国における株価暴落関係報告書の概要と最近の動向」『証券』63.5 号，6-16。

日本証券経済研究所(1986)『図説アメリカの証券市場』日本証券経済研究所。

野家啓一(2008)『パラダイムとは何か』（講談社学術文庫）講談社。

野下保利(2016)「証券市場，投資家行動，そして効用価値論―ジェヴォンズ自由資本概念の含意」『証券経済研究』94 号。

廣松毅，浪花貞夫(1993)『経済時系列分析の基礎と実際』多賀出版。

福田祐一(1996)「合理的バブルの検証」橘木俊詔，筒井義郎(1996)43-53。

福田祐一(2000)「ファンダメンタルズと合理的バブル」筒井義郎(編)(2000)221-244。

福田祐一(2001)「マクロ経済動学における期待の役割」『フィナンシャル・レビュー』

（59）, 4-27。

伏見正則(2004)『確立と確率過程』朝倉書店。

藤井眞理子(2009)『金融革新と市場危機』日本経済新聞出版社。

松葉育雄(2000)『非線形時系列解析』朝倉書店。

丸茂俊彦(2016)『証券化と流動性の経済理論』千倉書房。

みずほ総合研究所編(2007)『サブプライム金融危機』日本経済新聞出版社。

三井秀俊(2004)『オプション価格の計量分析』税務経理協会。

三井秀俊(2014)『ARCH 型モデルによる金融資産分析』税務経理協会。

宮原孝夫(2003)『株価モデルとレヴィ過程』朝倉書房。

森村英典,木島正明(1991)『ファイナンスのための確率過程』日科技連。

矢島美寛(2003)「長期記憶を持つ時系列モデル」刈屋武昭他(2003) 104-202。

吉田繁治(2003)『膨張する金融資産のパラドックス』ビジネス社。

早稲田大学ファイナンス研究センター（編），宇野淳，大崎貞和（編著）(2012)『証券市場のグランドデザイン』中央経済社。

渡部敏明(2000)『ボラティリティ変動モデル』朝倉書店。

■ 著者紹介

佐藤　猛（さとう　たけし）

静岡県沼津市生まれ（1949年）。
東京証券取引所（1972年—1996年）を経て日本大学商学部（1996年—現在）教授
（証券市場論担当）。
明治大学大学院経営学研究科後期博士課程単位取得後，商学博士（日本大学）。
主要著書は　編共著『金融と経済』白桃書房 2017年，単著『証券理論の新体系』
税務経理協会 2016年，単著『証券市場の基礎理論』税務経理協会 2008年，共著
『資本とは何か』日本評論社 2008年　等がある。

■　証券理論モデルによるブラック・マンデーの原因究明

■　発行日──2018年1月16日　初版発行　　　　〈検印省略〉

■　著　者──佐藤　猛

■　発行者──大矢栄一郎

■　発行所──株式会社　白桃書房

　　　　　〒101-0021　東京都千代田区外神田5-1-15
　　　　　☎03-3836-4781　℻03-3836-9370　振替00100-4-20192
　　　　　http://www.hakutou.co.jp/

■　印刷・製本──藤原印刷
　Ⓒ T. Sato　2018　Printed in Japan
　ISBN978-4-561-96302-8 C3033

本書のコピー，スキャン，デジタル化等の無断複製は著作権法上での例外を
除き禁じられています。本書を代行業者等の第三者に依頼してスキャンやデ
ジタル化することは，たとえ個人や家庭内の利用であっても著作権法上認め
られておりません。

　JCOPY　〈㈳出版者著作権管理機構　委託出版物〉
本書の無断複写は著作権法上での例外を除き禁じられています。
複写される場合は，そのつど事前に，㈳出版者著作権管理機構
（電話 03-3513-6969，FAX 03-3513-6979，e-mail: info@jcopy.or.jp）の許諾
を得てください。
落丁本・乱丁本はおとりかえいたします。

好 評 書

鈴木芳徳【著】
わかりやすい
証券市場論入門 本体 2,500 円

太田康信【著】
ファイナンスの数理 本体 4,000 円
　―金融リスクと縮減法

中村竜哉【著】
コーポレート・ファイナンス 本体 2,800 円
　―理論と現実

上田和勇【編著】岩坂健志【著】
現代金融サービス入門 本体 2,000 円
　―ゼロから学ぶ金融の役割

花枝英樹【著】
企業財務入門 本体 3,900 円

T. ヴァーガ【著】新田　功・永原裕一【訳】
複雑系と相場 本体 4,200 円

―――――――――― 東京　白桃書房 神田 ――――――――――

本広告の価格は本体価格です。別途消費税が加算されます。